CORTEZ

A saga de um sonhador

CB014439

Dados Internacionais de Catalogação na Publicação (CIP)
(Câmara Brasileira do Livro, SP, Brasil)

Sales, Teresa
  Cortez : a saga de um sonhador / Teresa Sales, Goimar Dantas. — São Paulo : Cortez, 2010.

  ISBN 978-85-249-1601-4

  1. Cortez, José 2. Editores de livros – Brasil 3. Editores e indústria editorial – Brasil – Biografia I. Dantas, Goimar. II. Título.

10-03816   CDD-920.4

Índices para catálogo sistemático:

1. Brasil : Editores : Biografia e obra   920.4

Teresa Sales
Goimar Dantas

CORTEZ
A saga de um sonhador

Título: "CORTEZ A SAGA DE UM SONHADOR"
Teresa Sales e Goimar Dantas

Capa: Moema Cavalcante
Preparação de originais: Agnaldo Alves
Revisão: Maria de Lourdes de Almeida
Composição: Linea Editora Ltda.
Coordenação editorial: Danilo A. Q. Morales

1ª reimpressão

Direitos para esta edição
CORTEZ EDITORA
R. Monte Alegre, 1074 – Perdizes
05014-001 – São Paulo – SP
Tel.: (11) 3864-0111   Fax: (11) 3864-4290
e-mail: cortez@cortezeditora.com.br
www.cortezeditora.com.br

Impresso no Brasil – dezembro de 2010

Sumário

PARTE II
Goimar Dantas

Prefácio

Sucessivo como a vida

*Flávio Paiva**

Poucos dias antes da festa de abertura das comemorações dos 30 anos da Cortez Editora, realizada no dia 1º de março de 2010, no TUCA, teatro da PUC/SP, o editor José Cortez comentou comigo que ainda não estava tão confortável com a ideia de ter sua história publicada em vídeo e livro. Lembrei-lhe de que certa vez ele me disse que gostava do jeito entusiasmado como eu falo dos meus livros e de eu ser um autor que não tem vergonha de vibrar com o que faz. Devolvi-lhe o comentário, com o intuito de reforçar o quão é importante para a sociedade conhecer a vida e a obra de uma pessoa caracterizada por um obstinado espírito realizador, como o dele.

Comentei que a relutância demonstrada por ele é natural, mas isso não deveria inibi-lo de tornar pública a sua trajetória exemplar. A história de José Cortez se mescla com a história da livraria e da editora que levam o seu nome. Por todos esses anos ele não permitiu holofotes voltados para si. Sempre jogou luzes para que o pensamento crítico brasileiro se libertasse das sombras do

---

* Flávio Paiva é jornalista e escritor, colunista semanal do Diário do Nordeste, e autor, dentre outros de *Como Braços de Equilibristas* (Edições UFC) e *Eu era assim – Infância, Cultura e Consumismo* (Cortez Editora).

determinismo colonial. Disse-lhe que já é hora de ele ser visto, de ser homenageado e de desfrutar do respeito conquistado com tanta sensibilidade e garra. Ele fez um gesto de "se é assim" e despediu-se no seu simpático passo puxadinho.

O evento passou, o vídeo "O semeador de livros", dirigido por Wagner Bezerra, foi lançado e dias depois ele me telefona para perguntar se eu poderia fazer o prefácio do livro "A saga de um sonhador", escrito pela socióloga Teresa Sales e pela jornalista Goimar Dantas. Meu aceite foi imediato. Não é todo dia que se tem a satisfação de ler os originais e de poder se pronunciar nas páginas iniciais de uma obra tão especial, sobre alguém que é sucessivo como a vida; alguém que não tem medo de admirar e que é admirado; alguém que aprendeu a ser grato e por quem muitos têm gratidão; alguém que enfrentou situações muito difíceis, agarrado ao ímpeto de quem entende que a vida sempre reserva um cantinho para quem está disposto a abraçar uma boa causa. Ele abraçou o livro.

O modo de se relacionar de José Cortez rima brejeiro com por inteiro. Ele tem a inspiração de se sentir à vontade com a vida prática. Não há espaço para simulacro em quem compreende que merece ter um lugar no mundo. José Cortez é assim, um ser humano surpreendente. Criado no barro do chão, nas brenhas, Zé de Mizael – como é conhecido na família, que se estende pela comunidade do sítio Santa Rita, município de Currais Novos, no Rio Grande do Norte, onde nasceu – aprendeu traços de uma etiologia cariboca, modelada nos valores do trabalho, da família, da solidariedade e da moral sertaneja, que ele posteriormente levou para a empresa.

À primeira vista, as duas partes que compõem "A saga de um sonhador" parecem dois livros em um só volume. Um com viés acadêmico e outro com abordagem jornalística. Mas não são dois livros, são dois jeitos de tratar os dois momentos definidores da vida do editor, mantendo a configuração inversora e casual da sua história: o livro não foi pensado assim, mas aconteceu assim, com duas autoras cuidando de duas vertentes narrativas, que se unem pelo que há de positivo nas imperfeições humanas. A consequência dessa concatenação suplementar é que a obra de Teresa Sales e Goimar Dantas fala com emoção de uma vida e de uma obra seladas na confiança de quem está sempre pronto para reacontecer.

Com base na experiência de um sonhador em busca permanente de concretização dos seus sonhos, nota-se que a segunda parte depende da primeira, menos por sequência cronológica e mais por sincronicidade. Sem o alicerce erguido nas aventuras do menino e do jovem Cortez, dificilmente haveria o empresário de sucesso, transbordando senso de dever e amor pelo que faz. O livro aborda os feitos de José Cortez pela evocação das essências fundantes do seu caráter, condição que resultou na concretude lastreada pelo desejo de realização à procura de fazer acontecer.

Na primeira parte, a vida do biografado, mais voltada para a relação da infância e da sobrevivência, momento de preparação da sua alteridade, é contada e bem contada por quem estuda e conhece profundamente o ambiente onde ele se formou para a vida, a professora Teresa Sales. Socióloga, presidente do Conselho Diretor do Centro Josué de Castro, pesquisadora e autora de livros que abordam as temáticas relativas às transformações no mundo rural nordestino e em migrações internas brasileiras, Teresa Sales oferece mais do que uma biografia, ela presenteia o leitor com um retrato sociocultural, econômico e histórico do sertão. Com olhar atento, ela faz uma síntese nordestina em recorte que concilia o povoamento do semiárido, as relações no campo, o etos da família camponesa, a questão fundiária, a escravidão e as migrações. Ao mesmo tempo, mostra um José Cortez de alma tapuia, em um trançado de infância que diz muito da infância do Brasil.

Na segunda parte, a maneira mais solta de condução do texto foca José Cortez em sua fase mais madura, depois que foi expulso da Marinha, momento em que enfrentou os desafios de se estabelecer na capital paulista e passou a acolher familiares para trabalhar e estudar. Goimar Dantas, que é jornalista potiguar radicada em São Paulo, onde realiza trabalhos de valorização da memória da cidade, coloca a saga de José Cortez em um "guarda-garoa" modulado por referências culturais: recorre ao "E agora, José?" de Drummond, ao rapaz latino-americano de Belchior, à máxima de que "um país se faz com homens e livros", de Monteiro Lobato, ao grito de "um por todos e todos por um" dos três mosqueteiros de Alexandre Dumas, ao "Grande Sertão", de Guimarães Rosa, ao "Xote das meninas", de Luiz Gonzaga e Zé Dantas, e alusões a J. D. Salinger, James Dean, Fred Astaire, Menudos e Pedro Almodóvar.

Ambas as partes, com seus diferentes sotaques estilísticos, unem-se no ponto de coesão e coerência da personalidade do biografado: a coragem de existir nos sonhos, nos gestos e nas ações. Da soma das duas partes, resultam linguagens complementares que se projetam em uma obra inteira e disruptiva. Quer na primeira, quer na segunda parte, José Cortez aparece sempre fiel ao seu espírito criativo e à busca de realização, como um hábil mediador na cena cultural entre autores e leitores. Como acontece nas duas partes da sua biografia, ele rompe com a linearidade dos modelos mentais dominantes, para contribuir com a inserção do Brasil como protagonista do mundo multipolar, pluriétnico e inclinado ao que chamo de social ambientalismo participativo.

O livro de Teresa Sales e Goimar Dantas apresenta com curiosos fatos e depoimentos as circunstâncias que levaram José Cortez a ser um agitador de ideias, um cidadão orgânico, no desempenho do seu papel de editor, por meio do qual espalhou dedicação ao livro e à leitura, numa inusitada capacidade empreendedora. Cortez é um dos emblemas do livro no Brasil, uma pessoa com notável respeitabilidade, capaz de unir em si grande modéstia e muita determinação. Aprendeu a escala da liberdade de apreciação e a tecedura entre o universo do saber e do conhecimento, na cultura e na ciência. Sua biografia destaca o articulador de um fio condutor da educação, das ciências sociais e mais recentemente da literatura infantil.

No garimpo, descrito por Teresa na primeira parte do livro, José Cortez buscava minerais preciosos, tempo em que – ele me disse certa vez – costumava comer preá assado embaixo dos matos para se proteger do sol inclemente. Na editora, parte reportada por Goimar Dantas, ele aparece garimpando e publicando bons originais, rodeado por uma equipe de apaixonados por livros que, sem pretensões professorais, educam e instigam pensar, movidos pelo pendor democrático do saber e do conhecimento, e pela convicção de que ler é um ato de aspiração.

Sempre respondendo com postura afirmativa a cada momento brasileiro, José Cortez está entre os atores culturais de maior relevância das últimas décadas. Como formador de intelectuais e preparador de cidadãos, passou a ocupar lugar de destaque na galeria dos grandes editores brasileiros. Financiou o próprio sonho com trabalho duro e em condições precárias de realismo social, para fazer educação no Brasil. Sem ele e sem os autores que vem editando ao longo dos anos, certamente muitos estudiosos e educadores não seriam os mesmos. Por tudo isso, "A saga de um sonhador" é um livro que merece ser ouvido como se ouve a quem verdadeiramente tem algo a contar.

PARTE I

Teresa Sales

Dedicatória

ao Hamilton
In memoriam

e a Miguel e Pedro
nossos filhos

Agradecimentos

A o CNPq, cuja bolsa de produtividade me permitiu fazer a pesquisa sociológica que originou minha parte nesse livro; a todos os que colaboraram nas entrevistas realizadas, nomeados na Introdução; e aos que me ajudaram em diferentes momentos da pesquisa e da redação: Denis Bernardes, Gilson Medeiros, Maria de Nazareth Wanderley, Maria do Socorro Ferraz, Maria Flora Gonçalves, Ulrich Hoffmann, Wilson Fusco.

Introdução

Conheci José Xavier Cortez em 1998, nas negociações para publicação de meu livro *Brasileiros longe de casa* (1999) pela sua editora. A empatia nordestina se estabeleceu de imediato. Lembro de quando estive com ele na editora pela primeira vez. Em sua sala tinha um quadro: uma fotografia que focava pés de trabalhadores rurais, de Sebastião Salgado. Fiquei curiosa sobre aquela fotografia tão expressiva que ainda não conhecia. Cortez olhou com uma quase reverência para o quadro. Confessou-me então que o mantinha na sua parede para não esquecer que um dia já tivera aqueles mesmos pés descalços.

Aos poucos fui conhecendo a sua história, contada por ele próprio e depois pela leitura de um artigo de Moacir Gadotti publicado no *Diário de Natal* em 26 de março de 1996, do qual ele me deu uma cópia quando viu meu interesse pela sua vida. Assim, quando tive a ideia de um novo projeto de pesquisa sobre trajetórias de migrantes nordestinos bem-sucedidos em São Paulo, o Cortez me pareceu um dos personagens a ser estudado.

O projeto de pesquisa que deu suporte às pesquisas sobre a trajetória migratória de José Xavier Cortez teve início em 2005, com suporte financeiro de uma bolsa de produtividade do CNPq. Ao término do período de bolsa, eu dispunha de um rico material de pesquisa sobre o único personagem escolhido, o Cortez, e um capítulo escrito, o primeiro, que foi enviado como relatório final. O compromisso com o CNPq estava cumprido. Ficou, porém, o desejo, tanto meu como do biografado, de concluir as entrevistas e todos os capítulos.

Circunstâncias dos compromissos acadêmicos e da vida, que incluíram minha migração de retorno de São Paulo para o Recife, impossibilitaram a conclusão da pesquisa e atrasaram a escrita, que finalmente agora se conclui, depois de um acordo com o editor Cortez para eu escrever apenas a primeira parte do livro, para a qual tinha os dados já pesquisados. A continuidade da pesquisa e a segunda parte do livro ficaram ao encargo da jornalista Goimar Dantas. Entrego meu personagem a Goimar, a partir do momento em que ele é expulso da Marinha no Rio de Janeiro e começa a trajetória que o levaria a ser um empreendedor no mundo dos livros.

Usei como fonte de informações para os cinco capítulos que escrevi nesse livro, uma pesquisa de campo realizada por meio de entrevistas qualitativas, individuais e principalmente em grupos, com familiares e outros informantes, no Sítio Santa Rita e nas cidades de Currais Novos e Natal (RN). Realizei também um levantamento de dados do Censo Demográfico e uma pesquisa documental na Fundação José Augusto em Natal e nas bibliotecas da Universidade Federal de Pernambuco (UFPE) e da Universidade Federal do Rio Grande do Norte (UFRN). Ademais, beneficiei-me enormemente da fita gravada por Íris, irmã de Cortez, com seus pais, que foi a base para começar este livro.

A maior parte das entrevistas foi realizada em 2005. A primeira com o próprio Cortez em sua editora em São Paulo, em começos de maio. Levei para ouvir em casa, depois da entrevista, a fita gravada por Íris, o que originou uma segunda entrevista com Cortez em fins de maio. Organizamos então a ida a campo para entrevistar sua família e conhecer a origem de tudo, o Sítio Santa Rita, o que aconteceu em junho daquele ano de 2005.

Tão importante quanto as informações obtidas com os irmãos, parentes e amigos de Cortez, foram seus próprios depoimentos. Com algumas exceções, ele estava presente em todas as entrevistas, a maioria delas tendo sido feitas em grupo. E eu consegui assim o que era meu intento quando lhe propus a viagem ao Rio Grande do Norte, a Currais Novos e ao Sítio Santa Rita: provocar situações que despertassem suas lembranças mais remotas. O objetivo foi alcançado com sucesso. Estimulado pela paisagem local, pelos depoimentos dos irmãos e até pela recorrência das mesmas comidas sertanejas — o feijão-verde, a carne de bode, a embuzada, o cuscuz com leite, o queijo de coalho assado com inhame, macaxeira, as comidas de milho-verde (pamonha, canjica, milho cozido e assado), a coalhada —, servidas na mesma mesa e na mesma sala de sua infância e adolescência, Cortez acrescentou muito, ou quase tudo, às suas duas entrevistas realizadas na sua sala da Cortez Editora em São Paulo. Ali não estava o Cortez editor. Ali estava Zé de Mizael.

As situações de entrevistas foram todas muito agradáveis, regadas frequentemente com as comidas sertanejas tão ao gosto também da entrevistadora. Muito riso na recordação do passado, muita alegria, mesmo quando os assuntos eram as surras do pai, a vida de sacrifício no duro trabalho do campo, as privações das brincadeiras de criança em favor do trabalho, a incompreensão dos pais. O sabor da infância e o forte sentido de família conservado a ferro e fogo pelo hoje líder da família à distância, que é o Cortez, tudo isso amenizava a lembrança, transformando-a em doce lembrança.

Diversas pessoas foram entrevistadas no Sítio Santa Rita, individualmente ou em grupo, uma ou mais vezes. As entrevistas foram todas gravadas e depois transcritas. Os entrevistados no Sítio Santa Rita, em diferentes momentos, foram: o próprio Cortez; seus irmãos Antonio Xavier Gomes, Luiz Gomes Xavier, Francisca Xavier Gomes (conhecida como Santa), Enilson Xavier Gomes e José Nizário Gomes; uns palpites de seu sobrinho Mizael, filho de Santa e de um primo que deu alguns depoimentos sobre a mineração; vários primos que foram convidados por Cortez para uma entrevista coletiva — José Nilton Dantas, Severina Diva Gomes, Carmelita Xavier Gomes de Assis e José Gomes Xavier.

Belmira também foi entrevistada no Sítio Santa Rita, sozinha e junto com vários dos grupos formados. Ela foi uma de minhas importantes fontes de referência. Belmira era cria da casa, que chegou ao Sítio Santa Rita trazida por seus tios (ela diz na entrevista que só morou uns tempos com a mãe, mas ainda pequena foi morar com esses tios), ainda quase menina, e lá ficou ajudando Alice a criar os filhos e, junto com os filhos, na faina agrícola, até se casar com Zé de Santino, com 20 anos de idade. Assim como os irmãos de Cortez referidos acima, Belmira ficou hospedada no Sítio Santa Rita durante os dias em que estive também lá hospedada para o trabalho de campo.

Dos irmãos de Cortez, entrevistei ainda Cleodon Xavier Gomes e Adailson Xavier Gomes. Eles, assim como as duas irmãs não entrevistadas, Vera Lúcia Xavier Gomes e Íris Xavier Gomes, foram ao Sítio Santa Rita apenas no domingo, o último dia de nossa permanência no Sítio. Um dia de confraternização, comidas, e até um improvisado forró. A entrevista com Cleodon e Adailson foi feita na Livraria deles em Natal, Potylivros. Em Natal, entrevistei ainda uns primos de Cortez, na casa de seu tio Alfredo, onde ele ficou hospedado por uns meses no ano de 1954 até março de 1955, enquanto aguardava ser chamado para a Marinha: Napion, Dalva, Salete e Albaniza. Nessa entrevista estavam presentes também Da Luz, viúva de José Umbelino, que era dono do estacionamento onde Cortez trabalhou em São Paulo quando saiu da Marinha em 1964; e Maria, que trabalhou por mais de vinte anos na casa de Cortez nas Perdizes, em São Paulo.

Na volta de Natal para São Paulo fizemos escala no Recife, para iniciar as entrevistas relacionadas ao período de Cortez na Marinha. Não tivemos sucesso em visitar a Escola de Aprendizes-Marinheiros de Pernambuco, pois a burocracia exigia uma série de entendimentos prévios por escrito, que foram feitos depois, e essa visita só veio a ser feita em outubro de 2005. Realizei porém, naquela passagem pelo Recife em junho de 2005, uma excelente entrevista coletiva com ex-marinheiros, organizada previamente por Cortez, que estava presente e atuante entre os seus ex-colegas da Marinha reunidos no apartamento de Moacir Omena, em Boa Viagem.

Em novembro de 2005, realizei a última parte das entrevistas, na cidade do Rio de Janeiro. Naquela cidade fiz duas entrevistas coletivas, ambas com a presença atuante de Cortez. A primeira, com um primo de seu pai, João Dantas Cortez, sargento da Marinha aposentado, sua esposa Maria Luiza e as duas filhas mais velhas do casal. Essa entrevista foi realizada na casa do casal, seguida de um almoço em restaurante, onde as conversas informais trouxeram ainda mais subsídios sobre o período em que Cortez morou na casa deles enquanto estudava no Colégio Santa Cruz, em Bonsucesso. E a segunda, com ex-colegas da Marinha, na sede do Movimento Democrático pela Anistia e Cidadania — MODAC, presidido à época por Raimundo Porfírio.

A minha parte nesse livro se compõe de cinco capítulos. No primeiro, sobre a origem sertaneja de Cortez, faço uma incursão sociológica pelos sertões do Seridó, no Rio Grande do Norte, a partir basicamente das informações bibliográficas e da preciosa entrevista gravada por Íris com Mizael e Alice, os pais de Cortez. O segundo capítulo tem no algodão (o "ouro branco", no dizer de Luís Gonzaga) o centro das explicações que, começando pelos aspectos mais gerais de seu cultivo no sertão, busca responder a um questionamento do próprio Cortez em seus depoimentos sobre aquele tempo no Sítio Santa Rita: como foi possível para Mizael criar seus dez filhos com fartura, quando hoje não se cria mais quase nada naqueles sertões? O terceiro capítulo é sobre a sociabilidade camponesa no Sítio Santa Rita, onde descubro de onde vem alguns traços que marcaram a vida e o sucesso de Cortez: os valores da família, do trabalho e da solidariedade.

Nesses três primeiros capítulos, a vida do José Xavier Cortez, Zé de Mizael, esteve a todo momento quase que subsumida pelo contexto mais geral de um lugar e de um tempo. Sua trajetória ficou confundida com a trajetória dos sertões do Seridó, do tempo da fartura para os sitiantes daqueles rincões, das histórias que não foram somente a dele, mas também de seus irmãos e de seus pais.

O quarto capítulo é um dos poucos em que o enfoque é quase exclusivamente voltado para o personagem José Xavier Cortez, abordando a sua trajetória de estudos e trabalhos antes de entrar na Marinha. E, finalmente, o quinto e último capítulo aborda a vida de Cortez marinheiro. Tal como nos três primeiros capítulos, também nesse último prevalece a história coletiva mais do que a história individual do personagem Cortez. A bibliografia consultada, também nesse último capítulo, foi tão importante quanto foi para a redação dos dois primeiros.

Capítulo I

Origem Sertaneja

Introdução — os pais

Numa quarta-feira de verão, no dia 18 de novembro de 1936, nascia o primeiro filho de uma família de camponeses no sertão do Seridó, no Rio Grande do Norte, José Xavier Cortez. O pai se chamava Mizael Xavier Gomes e a mãe Alice Cortez Gomes. O município era Currais Novos, mas para aqueles sitiantes seu lugar no mundo tinha nome de santa. Tanto que em 11 de dezembro de 1984, quando a filha mais nova do casal, Íris, teve a boa ideia de gravar uma fita cassete com seus pais e perguntou a sua mãe onde ela morava, a resposta veio rápida e sem hesitação: eu moro em Santa Rita.

Imagem do Sítio Santa Rita por volta da década de 1960

O Sítio Santa Rita fica a 25 quilômetros da cidade de Currais Novos, no município do mesmo nome no Rio Grande do Norte. O sítio é herança que vem da parte de Mizael, originário do clássico processo de divisão de terras que caracterizou o minifúndio nordestino. Ao tempo do pai de Mizael, a propriedade da família era maior e tinha como principal atividade produtiva a pecuária bovina, com 400 a 500 cabeças de gado.

O casal Mizael e Alice teve 17 filhos, dos quais se criaram 10.

Mizael e Alice (sentados) acompanhados dos 10 filhos
por ocasião dos 1950 anos de casamento dos pais

Impressiona ouvir a fala de Alice dizendo à filha do que morreram esses filhos, num tom de voz tão natural como se estivesse se referindo à fatalidade da semente que, plantada no roçado, não vingou: "morreu de doença mesmo". Que doença? "Disenteria, garganta e outras coisas." Era assim naquele tempo, naquele lugar e para grande parte das famílias camponesas. As famílias se reproduziam segundo o ciclo biológico da mulher e, se essa tivesse a desventura de morrer, em geral morrer de parto, o ciclo recomeçaria em um novo casamento e em famílias sempre muito grandes.

A combinação de altas taxas de fecundidade da mulher, resultando em elevados níveis de crescimento populacional nas áreas de pequena produção agrícola foram fatores que contribuíram para o processo de minifundização da agricultura familiar em amplas áreas do agreste e sertão nordestinos. A família de Mizael era bastante representativa dessa realidade.

Alice não era diferente em nada das mulheres de sua época: dedicada ao marido e aos filhos, ajudando, quando os afazeres de casa e o cuidado com os filhos permitiam, no trabalho do campo. Sua vida era limitada ao espaço do Santa Rita, do Ubaieira, o sítio de seu pai, da redondeza dos outros sítios e da rua do povoado de Mulungu, hoje São Sebastião, que eram o seu mundo, de onde ela tirava os motivos de sua alegria de viver ou das desventuras da vida. Os filhos mais velhos aprenderam as primeiras letras com professores particulares contratados pelos sitiantes da redondeza, que eram em geral parentes. Pois bem, quando acontecia dessas aulas serem em sua casa, os filhos contam que Alice, às vezes, de forma dissimulada, do espaço de seu quarto que era contíguo à sala onde estavam a professora e os alunos, dizia uma graça, somente pra ver os meninos rirem e a professora ficar braba e ralhar com eles. Outras vezes, ia com o marido às festas da rua, geralmente no povoado de Mulungu, com o intuito maior de mangar das pessoas, já que não gostava de dançar.

Uma das histórias da família que os filhos gostam de recordar, e que está documentada na entrevista de Íris, é um episódio de briga do casal. Respondendo se ela brigava com o marido, Alice diz que às vezes, mas que "a gente só brigava de dia, de manhã até o meio dia. Do meio dia pra tarde ninguém brigava mais, porque se nós brigasse, ia dormi separado". Isso tinha acontecido uma vez, quando Mizael chegou do trabalho um pouco mais tarde e adormeceu na rede da sala. Ela não o chamou. No dia seguinte ele quis saber por que ela não o chamou, e isso foi motivo suficiente para dar um mal-entendido. "Nós não achava graça um no outro." Dezoito dias se passaram em que Alice dormia na cama e Mizael na rede, aproveitando do costume de sempre se ter armadores de rede em todos os quartos. Alice pensou: sabe de uma coisa? Meu velho vai atrás de outra. O que é que eu faço? Naquela noite, ela se deitou na cama e botou o pé na beira da cama, de tal forma que, quando a rede balançava, Mizael batia no pé dela. "O que é isso, é seu pé?" "É" "Você quer que eu vá pra cama?" "Venha". Desintrigaram, nas palavras de Alice.

Dos 17 filhos, 14 foram gerados e dados à luz naquela casa, no mesmo quarto em Santa Rita, o quarto principal da casa onde dormiu a autora dessa primeira parte do livro quando lá esteve para fazer sua pesquisa sobre a trajetória migratória do filho mais velho do casal. Um quarto modesto, com apenas a cama de casal, uma mesa com um oratório e naturalmente os armadores de rede para serem usados, se necessário. Nos tempos em que era marinheiro, em sua primeira viagem por outros países, esse filho mais velho, José Xavier Cortez, trouxe de sua visita ao Santuário de Fátima, Portugal, uma imagem de Nossa Senhora de Fátima para a mãe e outra para uma namorada no Rio de Janeiro. Na base da imagem havia uma caixa de música cujo funcionamento se dava através de uma engrenagem, em que se dava corda manualmente através de uma chave. E dela solava o lindo cântico Treze de Maio. Uma outra curiosidade que essa imagem trazia era o fato de ela iluminar-se à noite, o que foi motivo de muita admiração de toda a redondeza, que gostava de vê-la iluminada quando vinha até o Santa Rita. Era o presente do filho viajeiro.

Acervo Família Cortez

A imagem de Nossa Senhora de Fátima, trazida por Cortez após sua viagem a Portugal, ocupa lugar de destaque no oratório do Sítio Santa Rita

O sentido de família é muito forte nas culturas camponesas de produção familiar na agricultura. Vai muito além do que se conhece no meio urbano, mesmo nas famílias mais unidas. O elemento diferenciador fundamental é que nas famílias de pequenos produtores agrícolas há uma imbricação vital entre a família e as atividades produtivas. O pai não é apenas o pai, mas também o patrão, que está à frente das atividades produtivas, o chefe da família e da produção. Seu poder é portanto enorme, maior mesmo do que o dos pais mais patriarcais do meio urbano. Seu poder é absoluto e dificilmente contestado. Advém daí a noção de respeito e de obediência de toda a família — mulher e filhos — e dos agregados.

Mizael era incontestavelmente um chefe de família com essas características. Porém, além de seu poder de mando absoluto, próprio aos chefes de família na agricultura familiar de outrora, era também de uma enorme severidade na relação com os filhos homens. Todos os filhos, especialmente José Xavier Cortez, talvez por ter sido o mais velho dos irmãos, têm guardada do pai essa memória de severidade associada ao mando.

Nesse primeiro capítulo vou abordar mais detalhadamente vários dos assuntos levantados nessa introdução. A trajetória da família Xavier Cortez Gomes é emblemática para situar o contexto da formação da agricultura camponesa e decadência da produção algodoeira no sertão do Seridó no Rio Grande do Norte.

Propriedade da terra — antecedentes

Além dos filhos de Mizael e Alice terem nascido no Sítio Santa Rita, também ele próprio nasceu nesse sítio em 1910. Veio à luz do mundo pelas mãos de uma negra escrava, a Mãe Rosa, parteira do lugar. Mãe Rosa, Maria Negra, Mãe Chica e o escravo André, negro muito baixinho e cego, todos estavam vivos na memória de Mizael quando de sua entrevista a sua filha em 1984, com 74 anos portanto. Ao ser perguntado se ele havia alcançado o tempo dos escravos, foi preciso: "Escravo eu alcancei, eu não alcancei a escravidão. Alcancei os escravos de meu avô José Gomes de Melo, ou melhor, de minha avó Conceição, que morreu em 1919" (avós maternos de Mizael).

A maneira como Mizael descreve esses escravos, ou ex-escravos, denota dois fatos importantes na história da escravidão no Brasil. Primeiro, como tantos outros pelo Brasil afora, também esses escravos que ele "alcançou" permaneceram a serviço dos amos mesmo depois de abolida a escravidão. E segundo, pela própria nomeação (as mães pretas) e pertencimento à avó e não ao avô, seriam antes escravos domésticos que de produção agrícola. Câmara Cascudo, numa rica descrição de uma viagem pelo sertão acompanhando alguns políticos, faz menção aos raros negros que encontrou na viagem, o que ele atribui tanto ao processo de miscigenação como sobretudo à explicação histórica de que no Rio Grande do Norte nunca houve vasta escravaria. "Para o sertão ficou o escravo de confiança, o negro fiel, companheiro de trabalho. Ficou também a mãe-negra, mãe de leite, contadeira de história de Trancoso e responsável pelo 'pavor cósmico' de que falava Graça Aranha" (Cascudo, 1984:23).

Mizael conta ainda que esses escravos viviam em uma casa separada da dos pais, feita de pedra e encostada à casa-grande. Quando a avó morreu, eles ainda estavam por lá. O negro André, já velho, foi levado pelo pai dele para uma casa que ele tinha no Mulungu — a casa da rua —, para servir de companhia a uma velhinha que lá morava e também para a velha servir de companhia pra ele. Ficou lá até morrer. Mas as escravas, ele não se lembra onde morreram, mas descreve com detalhes as vestimentas dessas negras: longas e rodadas saias de algodão tecido por elas mesmas no tear. Além de tecer, essas negras também faziam renda de bilro, que mais tarde suas irmãs viriam a aprender e faziam também, com os bilros e a almofada. Conforme a largura da renda, era o tanto de bilro que se usava. E tinha os alfinetes, mas quando faltavam estes, usavam-se os espinhos de xique-xique. Tirava-se o espinho do pé de xique-xique, raspava bem raspadinho até ficar qual um alfinete. "Menina, tinha umas saias que era uma beleza mesmo, com aqueles bicos, com aquelas rendas, era bonito".

Sem pretender fazer propriamente uma árvore genealógica, a ascendência paterna e materna de Mizael, embora fragmentária, pois baseada apenas nas informações contidas na entrevista gravada por sua filha, rebate com a história da propriedade da terra no sertão do Seridó, onde está o Sítio Santa Rita.

Os pais de Mizael, Seu Xavier e Dona Francisca, tiveram uma extensa prole, sobretudo se se considerar que Dona Francisca foi sua segunda esposa e ele já possuía vários filhos do primeiro casamento. Mizael era o caçula e quando sua mãe morreu, em 1922, ele com 12 anos, terminou de ser criado pelas irmãs Conceição, Terezinha, Iria e Ninosa. Mizael refere-se a todas elas como comadres. Aliás, todos os personagens da mesma geração são sempre referenciados como compadres e comadres, pois são muitos os filhos a batizar e assim a menção ao compadrio é inevitável. O pai não mais casou depois que morreu sua segunda esposa, permanecendo viúvo até morrer, em 1935.

Mizael tinha uma lembrança muito positiva do avô paterno, Antônio Severino Dantas, que casou quatro vezes e morreu viúvo aos 95 anos. Era um homem alto, media 1,90m, alvo, de olhos azuis. Lembra quando foi com sua mãe visitá-lo na garupa do cavalo, o avô já doente de morte em sua casa no Livramento. Isso foi em 1915 e Mizael tinha, portanto, apenas 5 anos de idade. Os avós maternos, José Gomes de Melo e Conceição, moravam na fazenda em São Miguel. Ele lembra-se bem das tias maternas Úrsula, Guilhermina e Zefa, esta casada com o velho Manoel Antônio, homeopata que tratou de sua mãe com remédios à base de ervas, mas não conseguiu curar a doença que lhe levou ao túmulo: uma dor decorrente de ter tomado coalhada e depois comido melancia, ou teria sido melancia e depois coalhada.

Os ancestrais de Mizael dos quais ele tem memória, moravam todos no município de Currais Novos, sertão do Seridó, em localidades que são sempre referenciadas pelos nomes dos sítios, no sentido rural nordestino do que significa sítio.

Gradativamente, ocorreu o povoamento do Seridó, obedecendo a duas correntes ou fluxos: do leste para oeste, através do Boqueirão de Parelhas; e do sul para o norte, partindo da Borborema. Surgiram as doações de terras. O colonizador, muitas vezes ex-combatentes nas lutas contra o Tapuia (1687-1697, em sua fase mais aguda), chegava a um local ermo, onde descobria um poço d'água permanente, um olho d'água, uma lagoa. Aí se fixava, introduzindo a sua semente de gado. Esta, na sua expressão mais simples, era representada por um touro e três vacas. *A esse local, com aguada certa, permitindo a fixação do binômio homem-boi, dava-se, na linguagem usada na época, o nome de sítio* (...) Quando em um sítio, o seu descobridor introduzia os seus gados, levantando um rancho e uma caiçara, primeiros estágios do uso da terra, tal sítio, já caracterizada a sua finalidade econômica, passava a ter a denominação de fazenda (...) Atualmen-

te, a designação de sítio é aplicada à propriedade pequena, subdividida, fazen-
dola (Medeiros Filho, 1986: 9-10, grifo meu).

Câmara Cascudo tem outro sentido para o sítio no contexto do Rio
Grande do Norte: "Apenas para frutos, pequena agricultura, ausência de gado
(...) era também qualquer espaço limitado na terra, com viabilidade produtora
em plantio, não pecuária" (Cascudo, 1968: 40 e 45). Diferente da Fazenda que,
segundo Câmara Cascudo, era privativa e típica da criação de gado.

No sentido atual de pequena propriedade familiar, Santa Rita, onde Mizael e Alice criaram os filhos, é um sítio, ou seja, uma pequena propriedade
agrícola de produção familiar, com predomínio de atividades agrícolas e não
pecuárias. Antes, quando pertencente a seus ancestrais, foi fazenda de gado e
seus limites territoriais ultrapassavam as terras do que é hoje Santa Rita, esten-
dendo-se por São Miguel, Sant'Ana, Bom Jardim, Mulungu. A origem da
propriedade rural dessa família, tanto nos ascendentes paternos quanto maternos de Mizael, é portanto a propriedade pecuária, ou seja, a Fazenda, seguida
da agricultura do algodão, tendo todas a lavoura de subsistência como compo-
nente auxiliar da produção. Ler a entrevista de Mizael sobre a história de seus
ancestrais é ver, em escala reduzida e circunscrita a um período mais recente
(do último quartel do século XIX até o século XX), a própria história de povoamento do sertão do Seridó no Rio Grande do Norte.

Povoamento do sertão do Seridó

A bibliografia nos permite voltar mais atrás na história do povoamento
do sertão do Seridó em seu conjunto.

No Rio Grande do Norte, diferentemente de outras regiões do Brasil,
fracassaram as capitanias hereditárias, pela impossibilidade das expedições dos
donatários enfrentarem as tribos indígenas ali presentes. Somente em 1598, ou
seja, já ao prenúncio do século XVII, é iniciado o movimento de recuperação
do território, por ocasião da centralização administrativa dos Governos Gerais
no Brasil.

"Até então, o Rio Grande do Norte, conhecido pelo Rio dos Tapuias e mais
tarde pelo Rio Potengi, a cinco graus da linha equatorial, foi o ponto conver-

gente dos navegantes d'além mar, especialmente dos piratas que, abastecendo-se com índios potiguares do que precisavam, seguiam depois o seu destino pelas costas do Brasil. Dentre esses piratas, assim considerados os súditos das nações inconformadas com a divisão papal do mundo entre portugueses e espanhóis, destacam-se os franceses" (Medeiros, 1973:23).

O final do século XVII é a época do início do povoamento efetivo dos sertões do Rio Grande do Norte. José Augusto Bezerra de Medeiros descreve esse período referindo-se à região do Seridó.

"O povoamento da região começou nos fins do século XVII, quando da guerra dos bárbaros, luta que durou muitos anos e durante a qual, após crueldades inomináveis, o homem civilizado exterminou os selvagens que habitavam as margens do rio Açu e seus afluentes, um dos quais, como se sabe, é o rio Seridó. Um dos encontros sangrentos e cruéis ocorreu no lugar Acauã, localizado no atual município de Acari. Exterminados os índios, chegaram ao Seridó os seus primeiros desbravadores civilizados, vindos de Pernambuco (Goiana e Igarassu) e da Paraíba" (Medeiros, 1961:13).

As primeiras terras concedidas e registradas nos livros da Capitania do Rio Grande do Norte, estudadas pelo mesmo José Augusto na citada obra, datam de 1676 e estão localizadas justamente em Acauã. Um dos beneficiários dessas terras foi Antônio de Albuquerque da Câmara, um dos comandantes da tropa contra os índios.

Também teria havido, segundo outra fonte histórica consultada, uma expedição enviada pelo Governador-Geral do Brasil à região, em 1688, com a finalidade de reprimir a revolta dos índios Canindés e Janduís, iniciada um ano antes e que o Governo da Capitania do Rio Grande do Norte não conseguira debelar. "A expedição, comandada pela paulista Governador de Armas Domingos Jorge Velho, atravessou o sertão do Acauã e alcançou a localidade onde nasceu a povoação de Currais Novos" (Morais, 1998:72). Como essa Guerra dos Bárbaros durou pelo menos dez anos (em sua fase mais aguda), possivelmente foram muitas as expedições enviadas ao local, além dessas duas aqui referenciadas.

Capistrano de Abreu (1976) se refere às bandeiras paulistas como um fenômeno despovoador, pois, embora tenham conquistado terras para a Coroa portuguesa alargando as suas fronteiras na Colônia, dizimaram muitas tribos indígenas. Domingos Jorge Velho notabilizou-se por ter expandido essa prática para além do território paulista, pelo Brasil afora. E o Rio Grande do Norte foi talvez o território mais afetado por essa avalanche destruidora dos colonizadores aos gentios nos primeiros séculos de colonização.

Há uma vertente histórica que afirma ter sido feito o povoamento do sertão do Rio Grande do Norte predominantemente por posseiros. Eram homens de pouco capital que, somente depois de terem se apossado da terra, montado seu curral e formado algum patrimônio, faziam a solicitação de Data. "Sem dúvida, esses foram os verdadeiros colonizadores do nosso sertão. Os lugares de origem eram diversos, embora uma boa parte desse contingente fosse oriunda da população livre do litoral pernambucano, das grandes proles dos engenhos, também, dos recém-chegados do reino" (Araújo, 2003: 53). Câmara Cascudo é um dos que defenderam originariamente essa tese: os posseiros teriam vindo

> "do litoral e arredores urbanos, investindo o desertão, saco às costas, facão à cintura, arma de fogo no ombro, seguido pela cunhã caçada a casco de cavalo, o cachorro farejante, e lá ia plantar choça e taipa-de-bofete, matando a onça a terçado e Paiacu a tiro de clavinote. Tangia o touro, duas vacas, casal de cabras puladeiras e o bode cavanhaque, bufando de importância. Chegava e ia ficando, *colono de si mesmo*, alimentado pela esperança de sobrevivência" (Cascudo, 1968:26. Grifo meu).

O povoamento do sertão do Nordeste, como se sabe, está ligado à formação e expansão do ciclo do gado. Que por sua vez, também tinha a ver com a dinâmica da atividade econômica primordial dos primeiros séculos de colonização, a economia açucareira. "Foi a necessidade de animais de tiro, cuja criação tornava-se incompatível com as atividades agrícolas dentro dos engenhos, o que levou ao desbravamento dos sertões, onde a população dedicada às atividades criatórias cultivava também lavoura de subsistência para sua automanutenção" (Suarez, 1977:23). Em relação ao sertão do Seridó, Manuel Correia de Andrade afirma que

> "nas terras secas do Rio Grande do Norte e do Ceará, os pernambucanos iriam desenvolver a pecuária e nisso pensaram desde os primeiros momentos (...)

Graças a essa tremenda expansão que cada dia ocupava mais terras e semeava currais onde havia água permanente, é que os índios foram levados à revolta. Revolta que se estendeu por mais de 10 anos e que entrou para a história com o nome de Guerra dos Bárbaros" (Andrade, 1973:181).

A descrição desse autor sobre essa guerra é das melhores:

"Vivendo na idade da pedra, retirando o sustento principalmente da caça e da pesca, o indígena julgava-se com o direito de abater os bois e cavalos dos colonos, como fazia com qualquer outra caça. Abatido o animal, vinha a vindita e a reação do indígena e, finalmente, a guerra. Guerra que provocou muitas mortes e devastações, que atraiu os bandeirantes paulistas, hábeis na luta contra os índios, que provocou o devassamento do interior e que se concluiu com o aniquilamento de poderosas tribos e com o aldeamento dos remanescentes. Guerra que possiblitou a ocupação, pela pecuária, do Ceará, do Rio Grande do Norte e de quase toda Paraíba" (Andrade, 1973:182).

Câmara Cascudo dá também a sua versão desse período e dessa guerra.

"O sertão foi povoado, dos fins do século XVII para o correr do século XVIII por gente fisicamente forte e etnicamente superior. *Enfrentava os índios quem não tinha medo de morrer nem remorsos de matar.* As famílias seguiam o chefe que ia fazer seu 'curral' nas terras sabidamente povoadas pelos paiacus, janduís, panatis, pégas, caicós, nômades atrevidos, jarretando o gado e trucidando os brancos. O gado era o fixador. (...) Em 1630 a gadaria é vasta em toda orla atlântica para o sul. A penetração se dá ao longo dos rios, pelas ribeiras, aproveitando as vazantes para a pequena granjearia necessária ao povo da fazenda. (...) Tivemos, pois, como fundamento da família sertaneja, o homem pastoril, afeito às batalhas do campo, às necessidades das descobertas de novas pastagens. *Uma vasta toponímia marca o trabalho antigo. Currais Novos, Pastos-bons, Boi Gordo, Poltros Mortos, Currais, Malhada, Logradouro, Bebedouro,* são nomes verdadeiramente retirados da pastorícia" (Cascudo, 1984:31. Grifo meu).

Em outro livro, o mesmo Câmara Cascuro diz que "somos filhos do grande ciclo de vaqueiros" (Cascudo, 1968:35), citando uma quantidade ainda maior de topônimos que, às centenas, denunciam a obstinação campeira.

Historiador recente retoma com perspicácia a luta perdida dos silvícolas.

"O sertão potiguar tem uma espécie de história arqueológica desses dois primeiros séculos de colonização do Nordeste brasileiro. São batalhas soterradas pelo esquecimento, pelo pouco registro dos acontecimentos, das refregas e lutas. Os deuses da guerra volvendo vitórias e derrotas, ceifando vidas de todas as fileiras das partes envolvidas, por vezes mudando os êxitos das batalhas de um lado para o outro e vice-versa, numa epopeia quase sem fim. Câmara Cascudo, historiador e etnógrafo zeloso, conseguiu, com sua perspicácia, desterrar os gritos de dor, de vitória, de fuga, de medo e até de esperanças, contidos sonoramente nos topônimos da região, revelando, em parte, esses acontecimentos de outrora" (Araújo, 2003:44).

Parece mais plausível a tese de que a Guerra dos Bárbaros sucedeu às primeiras incursões desbravadoras do homem branco e não o contrário, que primeiro as expedições derrotaram os índios e depois se estabeleceram os brancos com suas fazendas de gado. Mais possivelmente, os dois processos se imbricaram dialeticamente. O certo, porém, é que, mesmo derrotados, os índios do sertão do Seridó deixaram marcas ainda hoje muito fortes. Tanto na toponímia (basta lembrar que o principal município do sertão do Seridó se chama Caicó), como sobretudo nas características físicas dos habitantes daquela região.

Os traços físicos do rosto, a estatura, os cabelos muito lisos e o comportamento arredio que o levaram, a ele e aos irmãos, a serem estigmatizados, nos primeiros contatos fora do círculo da família e da parentela da vizinhança (com os 'brancos'?), como "beiradeiros", são uma herança indígena inconteste de José Xavier Cortez. Esse assunto será retomado ao tempo certo. Mas foi sem dúvida essa intuição da escritora que a levou a se demorar, mais do que o necessário, nas passagens relativas à chamada Guerra dos Bárbaros.

Mais presente do que essas lutas entre brancos e índios no sertão do Seridó, como ademais em todo o sertão nordestino, é a tradição da pecuária, sobretudo a pecuária bovina, que, no dizer de Manuel Correia de Andrade (1973), forma uma civilização *sui generis.* Foi a pecuária que imprimiu a marca mais característica da civilização sertaneja, motivo de obras literárias da grandeza de *Os sertões,* de Euclides da Cunha (1979) — "o sertanejo é antes de tudo um forte" — e *Grande sertão: veredas* — de João Guimarães Rosa (1965) — "o sertão está em toda parte". O mestre Capistrano de Abreu (1930), analisando o complexo cultural que dominou o sertão, afirmou ser essa uma "civilização do couro". E Câmara Cascudo (1980:114) cunhou a expressão: "sertão é uma palavra mágica".

Escrevendo a história do Rio Grande do Norte, é ainda Câmara Cascudo quem afirma que

> "A 'fazenda', outrora curral, nome ainda vivo na toponímia, indicava a partida do povoamento. Era a fazenda de gado, com seus agregados ao derredor. Erguia-se a capela e o capelão batizava, casava, encomendava. Era a semente fixadora. As ruas faziam pião desse templo, em forma retangular. Era o pátio, a praça da matriz, a rua grande, comum na quase totalidade das cidades brasileiras nascidas ao redor das capelas" (1984a:326).

Nesse mesmo livro, Câmara Cascudo afirma ainda que, no Rio Grande do Norte, 99% dos municípios nascem das fazendas de gado. Segundo José Augusto Medeiros (1961:16), foi o gado que levou o homem civilizado para o Seridó. E mais: "o Rio Grande do Norte foi, por largo tempo, através da sua criaçao de gado, o sustentáculo das três outras capitanias vizinhas, e os soldados holandeses morreriam de fome, se não fôra o Rio Grande do Norte com o fornecimento de suas rezes" (1961:19).

A pecuária esteve portanto na raiz do povoamento do Rio Grande do Norte e do sertão do Seridó. O cultivo de subsistência, dentro do complexo rural sertenajo, para a alimentação dos moradores, era parte integrante da fazenda pecuarista. Somente ao final do século XIX, uma cultura agrícola comercial, o algodão, viria a tomar conta dos campos seridoenses, junto à pecuária, que perdura ainda até nossos dias. Depois veio a fase da mineração, e todos esses ciclos produtivos deram conformação distinta à região, acoplando-se às vezes, substituindo-se outras.

Na próxima seção deste capítulo será abordada a origem de Currais Novos e a evolução de sua população. Para analisar o crescimento de sua população, faz-se referência às suas atividades econômicas, sobretudo às atividades extrativas, já que a atividade algodoeira, predominante em largo período de tempo no município, será objeto de análise do Capítulo II.

Currais Novos

Praça Cristo Rei, por volta da década de 1960, tendo ao fundo o Mercado Municipal

Se a pecuária foi a responsável pelo povoamento do Rio Grande do Norte, com maior propriedade ainda o foi no sertão do Seridó e, neste, no município de Currais Novos, cuja origem está visceralmente ligada à pecuária, até no nome. Segundo um dos autores consultados,

> "apenas em 1755 o povoamento começou a se desenvolver com a presença do Coronel Cipriano Lopes Galvão, que fundou uma fazenda de gado na Data Tororó. Como pioneiro da localidade, Cipriano Lopes também exerceu indireta influência histórica na escolha do nome do povoado, quando construiu novos currais nas proximidades da confluência dos rios Tororó e Maxinaré, iniciando os trabalhos de uma outra fazenda para seu filho Sebastião Galvão. Tempos depois, a designação da localidade passou naturalmente a ser *Currais Novos* (Morais, 1998:72).

Leia-se outra explanação, mais bonita e detalhada, para o nascimento de Currais Novos:

> Titular da Data de Sesmaria do Tororó, e Primeiro Coronel do Regimento de Cavalaria da Ribeira do Seridó, o Cel. Cipriano Lopes Galvão, de Goianinha

(Rio Grande do Norte), casado em Igarassu (Pernambuco) com D. Adriana de Holanda e Vasconcelos, passam a ser os primeiros povoadores do chão currais-novense, nele se situando com fazenda de gadaria (Tororó) e aviamento para fabrico de farinha (Serra de Santana), depois de 1755.

Obedecendo à vontade paterna, o Capitão-Mór Cipriano Lopes Galvão, casado com D. Vicência Lins de Vasconcelos, senhor da Data de Sesmaria de Currais Novos, construiu uns currais novos de aroeira, numa elevação, entre os rios Maxinaré e Tororó, 'légua e meia' da primitiva casa grande do Tororó, vindo ali também a erigir uma capela dedicada a Nossa Senhora Santana de Currais Novos, mediante Provisão obtida do Bispo de Olinda (Pernambuco), datada de 24 de fevereiro de 1808, dando nascimento à povoação do mesmo nome, Currais Novos (Gomes, 1975:10).

Cada cidade guarda com zelo as suas origens, frequentemente associadas a mitos fundadores. Assim acontece também em relação a Currais Novos, tendo na figura do capitão-mor Galvão um de seus ícones. Um bispo natural de Caicó realçou o ingrediente cristão no ritual de criação daquele município do sertão do Seridó.

Em princípios da década de 1960, Dom José Adelino Dantas era bispo de Garanhuns, em Pernambuco. A autora dessa primeira parte do livro, natural daquele município, ainda se recorda do discurso de Dom Adelino numa cerimônia com muitos representantes da comunidade católica local, onde também estavam as meninas do Colégio Santa Sofia e os meninos do Colégio Diocesano de Garanhuns, todos nos seus uniformes de gala para receber o novo bispo da cidade. Seria a posse do bispo? Seu discurso começava assim: "Saí de Caicó e vim cair cá". Para lá, Garanhuns, levou consigo seus arquivos históricos dos tempos em que era bispo de Caicó, sua terra natal. E escreveu um livro no qual reúne uma série de crônicas que haviam sido publicadas no jornal *A Folha* de Caicó, sobre homens e fatos do Seridó antigo.

No primeiro capítulo, "A certidão de batismo de Currais Novos", o bispo afirma que

"no dia 5 de janeiro de 1808, numa vigília de Reis, o capitão-mor Cipriano Lopes Galvão e sua mulher, Dona Vicência Lins de Vasconcelos, convidaram o tabelião de Caicó, Manuel Pereira da Silva e Castro, a comparecer na sua fazenda Tototó, a fim de lavrar uma escritura de doação 'de meia légua de terras de plantar lavouras na Ponta da Serra do Catunda para se erigir a Capella da Senhora Sancta Anna'. (...) Com muita sabedoria pensava o capitão-mor currais-novense que um marco mais nobre e duradouro deveria sobrepor-se aos rebanhos de gados, fixando definitivamente, cristãmente, o destino do lugar e da gente que ia surgir. (...) A história de Currais Novos assenta suas raízes nesse dia memorável" (Dantas, 1961:90-91).

A história de Currais Novos é orgulhosa em atestar que

"O povoado participou ativamente da campanha abolicionista, com a ação efetiva de um dos núcleos da Sociedade Libertadora Norte-Rio-Grandense, tendo à frente Cipriano Lopes Galvão de Vasconcelos, Laurentino Bezerra de Medeiros e Juventino da Silva Borges, entre outros. Tiveram os curralenses o mérito de libertar o último escravo no dia 19 de março de 1888, três meses antes da proclamação da Lei Áurea" (IDEMA, 2003:6).

O município de Currais Novos está encravado na Região do Seridó, a 180 quilômetros de distância da capital do Estado, Natal, com uma área de 887 quilômetros quadrados. Seus principais açudes são Tororó, Dourado, Currais Novos, Gangorra, Barra do Catunda, Mulungu, Malhada de Dentro e Olho D'Água dos Brandão, que, juntos, somam uma capacidade de quase 30 milhões de metros cúbicos d'água.

Em termos de organização política do município, a Lei Provincial número 893 de 20 de fevereiro de 1884 criou o distrito de Currais Novos; e o Decreto Estadual número 59 de 15 de outubro de 1890 desmembrou-o de Acari, tornando-o município do Rio Grande do Norte. O novo município, por sua vez, elevou-se à categoria de cidade pela Lei número 486 de 29 de novembro de 1920. Hoje em dia, pela divisão de microrregiões homogêneas do IBGE, o município pertence ao Seridó Oriental. O Perfil do Município (IDEMA, 2003) identifica ainda um clima muito quente e semiárido, com a estação chuvosa atrasando-se para o outono. A formação vegetal é de caatinga subdesértica do Seridó, com uma vegetação das mais secas do estado, onde se encontram arbustos e árvores baixas, ralas e de xerofitismo mais acentuado. Nesses tipos de vegetação, as espécies mais encontradas são o pereiro, o marmeleiro, o facheiro, a macambira, o mandacaru, o xique-xique e a jurema-preta.

A tabela apresentada a seguir, baseada nos Censos Demográficos do IBGE, mostra a evolução da população do município de Currais Novos nos últimos 60 anos do século XX. De forma semelhante ao que se observa na população brasileira de uma maneira geral, há um predomínio da população rural até a década de 1950. Na década de 1960, a população urbana ultrapassa a rural, chegando em 1970 a representar 60, 6% da população total do município. Daí por diante, observa-se um predomínio crescente da população urbana, que no ano de 2000 representa 87% da população total.

DISTRIBUIÇÃO POPULACIONAL DE CURRAIS NOVOS
SEGUNDO A SITUAÇÃO DE DOMICÍLIO — 1940 A 2000

ANO / SITUAÇÃO DO DOMICÍLIO	1940		1950		1960		1970	
	Absoluto	%	Absoluto	%	Absoluto	%	Absoluto	%
Urbana	3.271	14, 0	6.897	23, 8	8.522	40, 0	15.863	60, 6
Rural	20.008	86, 0	22.036	76, 2	12.778	60, 0	10.316	39, 4
Total	23.279	100, 0	28.933	100, 0	21.300	100, 0	26.179	100, 0

ANO / SITUAÇÃO DO DOMICÍLIO	1980		1991		2000	
	Absoluto	%	Absoluto	%	Absoluto	%
Urbana	25.674	73, 4	33.819	84, 1	35.529	87, 1
Rural	9.305	26, 6	6.408	15, 9	5.262	12, 9
Total	34.979	100, 0	40.227	100, 0	40.791	100, 0

Fonte: Censos Demográficos de 1940, 1950, 1960, 1970, 1980, 1991 e 2000

A década de 1940, quando estava no auge a produção algodoeira no município de Currais Novos, como será visto no próximo capítulo, repercute em um aumento tanto de sua população rural, que passa de 20 mil habitantes em

1940 para 22 mil em 1950, quanto da população urbana, que praticamente dobra de tamanho, muito embora ainda represente menos de um quarto da população total do município. Já na década de 1950, o que se observa é um decréscimo do número de habitantes de Currais Novos, que passa de 28.933 habitantes em 1950 para 21.300 em 1960. Embora a população rural ainda predomine, com 60% da população total do município, ela decresce em quase 50%, passando de 22.036 habitantes em 1950 para 12.778 em 1960, enquanto a população urbana continua em crescimento, porém também em uma taxa menor do que a observada na década anterior.

A partir da década de 1950, a área rural de Currais Novos continua se des-povoando progressivamente até chegar ao ano de 2000 com apenas 5.262 habi-tantes, pouco mais de 10% da população total do município. A família de Mizael e Alice, como tantas outras, foi uma das últimas a ter condições de sustentar uma família numerosa com as atividades agrícolas e morando na área rural. Os fato-res desse despovoamento é o assunto que será retomado no próximo capítulo.

Na década de 1970, conforme se pode ver ainda na tabela acima, observa-se outro momento de impulso do crescimento da população de Currais Novos, que passa de 26.179 habitantes em 1970 para 34.979 em 1980, sendo nessa década que se observou a maior taxa de crescimento da população, de 3, 4%. Nessa época, a produção algodoeira já entrara em crise e possivelmente o fator explicativo para esse novo impulso da população do município, e sobretudo da cidade, que é onde se observa o maior crescimento da população, deveu-se a uma atividade econômica muito importante do município: a mineração.

Quase todas as cidades têm o seu historiador de plantão. Em Currais Novos, tive ocasião de conhecer e entrevistar por duas vezes Joabel Rodrigues de Souza, que hoje em dia tem na sua casa em Currais Novos um verdadeiro arquivo particular da história, sobretudo a história educacional, do município de Currais Novos. Na época da entrevista, 2005, Joabel preparava um livro sobre sua cidade, posteriormente publicado (Rodrigues, 2008). Pelas suas cui-dadosas informações, é possível ter um quadro sintético da mineração em Currais Novos, que suplantam os dados que ele me passou em sua entrevista. Currais Novos tem reservas minerais, segundo ele, tais como enxofre, berilo, turmalina, opala, malaquita, fluorita, calcita vermelha, além de grandes jazidas de xelita. "Xelita é um tungstato natural de cálcio, encontrada, geralmente, nos

Da esquerda para direita: Cortez, Teresa Sales e Joabel Rodrigues

pegmatitos graníticos e sempre associada a molibdenita, pirita, granada e outras, constituindo-se no minério de tungstênio" (Rodrigues, 2008:57). A xelita é matéria-prima para várias indústrias, como a mecânica, a bélica, a elétrica, a ótica, a automotiva, a química. Teve importância fundamental na indústria bélica durante a Segunda Guerra Mundial, segundo Dantas (2008), que também ressalta, tal como Rodrigues, as outras serventias da "scheelita" como matéria-prima para várias outras indústrias.

A scheelita foi descoberta em Currais novos em 1943, no Sítio Brejuí, de propriedade do desembargador Tomaz Salustino Gomes de Melo, quando o morador do sítio, José Dias, encontrou uma pedra diferente no leito do riacho Brejuí. Porém, a exploração só teve início em 1954, quando a mina foi constituída como empresa com o nome de Mineração Tomas Salustino S. A. A exploração começou de forma rudimentar, com a bateia e a banqueta, como faziam vários parentes da família de Cortez na Mina do Poço Entupido, como veremos no próximo capítulo.

"Depois, a comunidade foi estruturada, morando em barracas. Surgiu a vila operária, que dispunha de agremiações desportivas e religiosas. A escola foi construída para ministrar todo o ensino de primeiro grau. O serviço social manteve clube de mães e jovens e grupo de escoteiros. Funcionou, também, um clube para danças e encontros artísticos utilizando o serviço de alto-falante. As atividades folclóricas desenvolveram-se em torno de pastoris, lapinhas e bumba meu boi. A Mina Brejuí recebeu o esmerado monumento religioso consagrado a Santa Teresa d'Ávila" (Rodrigues, 2008:59)

A Mina Brejuí foi uma das maiores reservas de scheelita do Brasil, porém entrou em declínio na década de 1980. O município de Currais Novos contou também com outros grupos nacionais e estrangeiros na extração e exploração de minérios, tais como a Mineração Wachang; a Mineração Sertaneja; a Mineração Termoliga; a Mina São Francisco; a Mina Poço Entupido; a Mineração Acauã; a Tungstênio do Brasil; a Mineração Canapu.

O declínio da atividade de mineração em Currais Novos teve sem dúvida influência numa certa estagnação de sua população a partir da década de 1990, conforme se pode observar ainda na tabela apresentada antes: a população do município praticamente se mantém estável de 1991 (40.227 habitantes) para 2000 (40.791 habitantes).

Os próximos dois capítulos terão como objeto o Sítio Santa Rita, onde se passaram os primeiros anos da vida de Cortez e que, a meu juízo, foram fundamentais para a conformação de sua personalidade futura. No capítulo II, o foco principal de análise se concentra no cultivo de algodão, que foi decisivo para a sobrevivência da produção camponesa no sertão do Seridó. E no capítulo III analisa-se a sociabilidade camponesa.

Capítulo II

Complexo Rural Camponês — O Sítio Santa Rita

O Complexo Rural e o cultivo do algodão

Cana-de-açúcar, pecuária e agricultura de subsistência formaram a base da economia nordestina até o século XIX. A agricultura de subsistência era mero apêndice das duas outras e se constituía em um elemento importante para que o sistema perdurasse sem maiores abalos nos momentos de crise. Assim foi em relação à agricultura canavieira, uma cultura totalmente voltada para a produção do açúcar para exportação. Nessa cultura, a produção para subsistência era realizada dentro dos limites da grande propriedade ou em terras ainda não alcançadas pela expansão da plantação do produto principal, a cana-de-açúcar. Daí se estabeleceu o chamado "complexo rural", que era condicionado pela maior vinculação da população empregada às atividades da economia de mercado ou de subsistência, dependendo das condições do mercado externo, no sentido de maior ou menor demanda pelos produtos de exportação[1].

Esse mecanismo do complexo rural teve efeitos para além do espaço da agricultura canavieira e se estendeu para a economia pecuária. Assim,

---

1. O conceito de "complexo rural" é desenvolvido por vários autores, entre os quais se pode citar o pioneiro Rangel (1956), e depois dele Paim (1957) e Lopes (1968).

"Não havendo ocupação adequada na região açucareira para todo o incremento de sua população livre, parte desta era atraída para a fronteira móvel do interior criatório. (...) As possibilidades da pecuária para receber novos contingentes de população — quando existe abundância de terras — são sabidamente grandes, pois a oferta de alimentos é, nesse tipo de economia, muito elástica a curto prazo" (Furtado, 1964:81).

Já foi visto no capítulo primeiro que o povoamento do sertão do Seridó, no Rio Grande do Norte, teve uma presença marcante de posseiros vindos sobretudo de Pernambuco. As consequências da crise canavieira e os mecanismos do complexo rural estiveram portanto vinculadas também ao povoamento do sertão do Seridó, seja pela mão do posseiro, seja pela mão de obra enquanto extensão do complexo rural.

Pecuária e cultura de subsistência reinaram absolutas no sertão do Seridó, até o advento de uma cultura comercial que veio a revolucionar o *modus vivendi* daqueles sertões, que foi o algodão. O "ouro branco", no dizer da lírica de Luís Gonzaga. Também o algodão continuaria dividindo seu cultivo com a agricultura de subsistência, qual mecanismo do complexo rural. E, em alguns casos, também com a pecuária, nos conhecidos contratos de "renda pela palha", que serão objeto de consideração mais adiante.

Segundo Manuel Correia de Andrade, vários fatores contribuíram para o desenvolvimento da cultura algodoeira no Nordeste: o aumento da população e consequente aumento da demanda por tecidos para roupas; a revolução industrial na Inglaterra, com a descoberta da máquina a vapor e sua utilização na indústria têxtil; a abertura dos portos brasileiros às nações amigas em 1808; e finalmente a Guerra da Secessão norte-americana (1861-64), que eliminou por um bom tempo um importante fornecedor de algodão à Inglaterra. Assim, "desde 1750 até 1840, o algodão foi um dos principais produtos nordestinos e o único que enfrentou a cana-de-açúcar com algum êxito, na disputa às terras e aos braços" (Andrade, 1973:150-151).

Na comparação do algodão com a cana-de-açúcar, Andrade se refere a dois aspectos que vão rebater também na expansão do cultivo algodoeiro do sertão do Seridó. O primeiro aspecto é que "não só os grandes proprietários, utilizando mão de obra escrava e assalariada, cultivam-no, como também pequenos proprietários, foreiros e moradores. A industrialização mais barata e menos urgente que a da cana, colocou o beneficiamento do algodão na mão de comerciantes que, com suas bolandeiras, a princípio, e seus descaroçadores, depois, estabeleciam-se nas cidades, vilas e povoações, passando a comprar a matéria prima ao agricultor para vendê-la, após o beneficiamento, aos exportadores" (Andrade, 1973:151).

E o segundo aspecto é que, devido a esse processo de beneficiamento do algodão nas cidades, essa cultura contribuiu "desde os primeiros tempos, para o desenvolvimento da vida urbana, ao contrário do que ocorria com a cana-de-açúcar" (Andrade, 1973:151).

Câmara Cascudo, referindo-se ao seu estado natal, o Rio Grande do Norte, afirma também que

"o algodão tem explicado muito mais a criação dos povoados que a velha granjearia ou pastorícia primitiva. Junto aos grandes roçados do herbáceo, verdão e mocó, as casinhas de tijolo vermelho pululam. Anos depois seguem ao longo da estrada, sem ordem, mas numa contínua direção. A unidade de produção conduz a população a densificar-se em derredor de um trabalho que será, mais ou menos, constante e seguro" (Cascudo, 1984:36).

O algodão seria, na economia seridoense, com o decorrer dos tempos, a sua cultura predominante. "Para isso concorreu decisivamente a qualidade da fibra do algodão preferentemente ali cultivado, melhor que a de qualquer outro tipo brasileiro, e rival das melhores do mundo, prestando-se admiravelmente para a confecção de tecidos finos" (Medeiros, 1954:30).

Devido à importância do cultivo algodoeiro no sertão do Seridó, será dedicado a ele um espaço privilegiado nesse capítulo. O que quero priorizar é, no entanto, o título que nomeia esse capítulo: o complexo rural camponês. O complexo rural camponês, que será abordado ao final do capítulo, não tem a grande propriedade como o polo aglutinador das atividades agrícolas, e sim o sítio (pequena propriedade agrícola), entendido sítio como uma típica produção e cultura camponesa, da qual o Sítio Santa Rita é um exemplo.

Algodão na Fazenda de Criação

O sertão do Seridó, no Rio Grande do Norte (bem como na Paraíba), veio a se constituir, pelas próprias qualidades de seu solo e de seu clima, a principal região de cultivo do algodão e notabilizou-se por um tipo superior de fibra do algodão cultivado, a fibra mais longa do chamado algodão Mocó ou também nomeado algodão do Seridó. Era o algodão arbóreo, que nessa região predominava sobre o tipo herbáceo, que mais tarde viria a estender seu cultivo cada vez mais.

> "No Rio Grande do Norte, o algodão era tradicionalmente produzido e descaroçado no interior das grandes fazendas sertanejas. O caroço servia para o gado comer e a pluma era vendida às firmas exportadoras que, após a reprensagem e enfardamento, colocavam a mercadoria nas praças consumidoras do Centro-Sul do Brasil e do exterior, ou melhor, onde se localizasse a indústria têxtil, consumidora dessa matéria-prima" (Clementino, 1987:26).

Até o início da industrialização brasileira, no caso, da indústria têxtil, que toma impulso nos anos 30 do século XX, o destino do algodão em pluma era principalmente o mercado externo. No caso do algodão arbóreo do sertão do Seridó, destaca-se o destino de Liverpool na Inglaterra. Até então, o complexo da produção e exportação do algodão estava centrado na pluma, sendo o caroço um refugo que se aproveitava *in natura* para a alimentação do gado, já que o algodão era, via de regra, produzido no interior da fazenda de criação.

O cultivo do algodão no interior da fazenda de criação era feito principalmente no regime de parceria. Essa relação de trabalho perdurou até enquanto durou o ciclo do algodão, não apenas na região do Seridó, como em todo o Nordeste brasileiro. Era a conhecida e tradicional parceria "pela palha": o fazendeiro cedia um pedaço de terra ao pequeno agricultor para o cultivo de lavouras de subsistência e de algodão, com a condição dele deixar os restos da produção, depois de colhida a lavoura (o feijão, o milho, etc.) para a alimentação do gado. No caso do algodão, a parceria era feita também na venda do produto, pois o contrato de parceria implicava que uma parte, que poderia ser metade (era o mais comum), um terço, um quarto, do algodão produzido pelo parceiro, pertencia ao proprietário da terra como pagamento pelo uso da mesma.

Manoel Correia de Andrade (1973) se refere a uma outra forma muito comum de cultivo de algodão no interior da grande propriedade pecuária no Nordeste, que era o arrendamento. Essa relação de trabalho implicava o pagamento de um foro anual pago em dinheiro pelo arrendatário ao dono da terra. O senhor da grande propriedade tinha às vezes seu próprio cultivo de algodão (sempre associado às lavouras de subsistência), para o qual utilizava os trabalhadores residentes na propriedade, seus moradores de condição, sujeitos ao "cambão", aos quais pagava salário apenas no período da colheita.

A relação dos parceiros, arrendatários e moradores com o fazendeiro não se limitava ao estabelecimento das condições de trabalho. Era uma relação que se estendia tanto para a fase de financiamento, como para a fase de comercialização da produção.

Na fase de financiamento da produção,

> "o proprietário emprestava dinheiro para que o pequeno produtor pudesse plantar o seu roçado e fazer as limpas necessárias. Basicamente, existiam duas formas de empréstimos. Uma delas assumia a simples forma de capital usurário. O dinheiro era adiantado, para ser devolvido após a colheita do algodão e dos cereais, mediante juros elevadíssimos acrescidos do capital adiantado. Outra forma, generalizada no Nordeste inteiro, é a chamada 'venda do algodão na folha', o que redunda em elevada margem de lucro para o comprador, no caso, o proprietário rural. Esse comprava antecipadamente ao pequeno produtor a safra de algodão que estava sendo cultivado, por preço inferior àquele pelo qual seria vendido no mercado" (Clementino, 1987:37).

A comercialização da produção implicava numa fase prévia de processamento do algodão em pluma, um processo que fugia inteiramente do controle do pequeno produtor de algodão, fosse ele parceiro, rendeiro ou morador. A relação comercial do dono da terra com o agricultor que plantava o algodão era portanto anterior ao processamento do algodão para ser exportado e estava inteiramente nas mãos do dono da terra, que detinha todo o controle sobre a produção plantada em seus domínios e fora dele. O controle do fazendeiro sobre a comercialização do algodão era o resultado de sua dupla condição: de proprietário da terra e de industrial.

A comercialização do algodão estava condicionada ao seu descaroçamento prévio, pré-requisito essencial para a sua comercialização como matéria-prima para a indústria têxtil. Esse beneficiamento do algodão era feito inicialmente com um maquinário conhecido como bolandeira, que ficava dentro dos domínios da fazenda pecuário-algodoeira, que foi sendo depois substituído por outros maquinários mais modernos, como o locomóvel e a usina. O processo de comercialização do algodão e a mudança de seus principais agentes de produção, caracterizados na figura do "maquinista do algodão", têm no livro de Maria do Livramento Clementino uma de suas melhores análises (Clementino, 1987).

Feito o processamento do algodão pelo maquinismo em uso, o produto era vendido às casas exportadoras, que se encarregavam de sua venda à indústria têxtil, fosse essa no mercado externo ou interno. O maquinista (em geral o proprietário rural) não tinha então articulação alguma com a indústria têxtil. A casa exportadora detinha ainda uma parcela complementar dos meios de produção para o beneficiamento do algodão, pois era ela que fazia a prensagem e o enfardamento para exportação.

> "Retira, assim, a possibilidade do 'maquinista' exercer plenamente sua condição. Se por um lado o 'maquinista' era detentor do principal meio de produção (a descaroçadora), ficava subordinado à dependência não só comercial e financeira da agroexportação, mas ainda dividia os lucros da atividade de beneficiar, pois a casa exportadora, no fundo, é também maquinista" (Clementino, 1987:79).

A dupla condição de proprietário e industrial conferia porém ao fazendeiro, mesmo tendo que dividir seu lucro com as casas exportadoras, grandes lucratividades no seu negócio, conforme muito bem assinala Clementino (1987:80):

> "É portanto, a propriedade fundiária que lhe garante a condição de maquinista com a qual faz frente ao capital agroexportador, assegurando para si maior parcela na distribuição da mais-valia. Como vimos, isso é possível porque ele

é um comerciante que, apesar de não conseguir vender caro, pode comprar barato duas vezes. Enquanto comerciante, compra barato; e porque também é proprietário fundiário subordinando o trabalhador rural, compra mais barato ainda: ao 'dar' a terra 'de meia', sob o regime de parceria e de resguardar para si preferência de compra da outra metade da produção, ou impondo sua venda 'na folha', comprava barato o algodão para vender caro. É como se o ato de comprar fosse desdobrado."

A fazenda pecuário-algodoeira não passou por grandes transformações no que diz respeito às relações de trabalho mantidas com a mão de obra a seu serviço. Porém, sim no que diz respeito às relações externas à propriedade, conforme será visto a seguir.

A década de 1930 se constituiu em um marco importante para a produção algodoeira no Nordeste e da região do Seridó. Após o final da grande crise de 1929, cresce a demanda externa pela fibra do algodão, ao mesmo tempo em que a industrialização brasileira nascente passa a demandar cada vez mais a fibra do algodão para as fábricas têxteis que tomam grande impulso não apenas no Sudeste do país, como também no Nordeste. Dois outros fatores também se desencadeiam nesse período, com consequências importantes para a produção algodoeira nordestina. São Paulo dá início a sua própria produção algodoeira, em substituição ao cultivo do café, produção essa lastreada em apoio governamental e tecnológico por meio de pesquisas desenvolvidas pelo Instituto Agronômico de Campinas. E, por outro lado, o surto algodoeiro do Brasil nesse período, termina por chamar a atenção de empresas multinacionais que controlavam os mercados distribuidores no mundo, sendo que três delas vêm a se instalar no Brasil: a Sanbra (Sociedade Algodoeira do Nordeste Brasileiro), pertencente ao grupo financeiro Burge & Born; a Anderson Clayton & Cia. Ltda; e a Louis Drayfus & Cia. Essas três grandes multinacionais foram na verdade precedidas pela Cotonniére Brasil Ltda., instalada no Maranhão e voltada apenas para o mercado francês; e a Machine Cotton, de capital inglês, instalada no Rio Grande do Norte desde 1924.

A concorrência da produção algodoeira paulista, feita com níveis mais elevados de produtividade, tanto na fase do plantio, quanto na do descaroçamento do algodão, afetou a produção algodoeira nordestina. Por ser a única região plantadora do algodão Mocó de fibra longa, a região do Seridó resistiu por mais tempo à concorrência de São Paulo.

O fator que afetou mais decisivamente o rumo da produção algodoeira do sertão do Seridó foi a entrada das multinacionais, na medida em que afetou fortemente a lucratividade dos antigos produtores de algodão no complexo pecuário-algodoeiro dessa região. Isso porque essas firmas passaram a concorrer com os fazendeiros na demanda pela matéria prima. Os fazendeiros-maquinistas, que até então vendiam o algodão descaroçado pelas suas máquinas às casas exportadoras pela cotação do dia estabelecida pela Bolsa de Mercadoria de São Paulo, passaram a sofrer uma concorrência imbatível das empresas multinacionais, que ofereciam melhores preços, abaixo da cotação da Bolsa de Mercadoria, aos produtores de algodão.

O fator determinante dessa vantagem comparativa em favor das firmas multinacionais, que puderam oferecer melhores preços aos produtores de algodão, foi o beneficiamento integral do algodão. Elas não apenas descaroçavam o algodão, como também beneficiavam o caroço, transformando-o em óleo, torta e farelo, além de aproveitar também o linter.

Com isso, é inaugurada uma nova ordem na produção algodoeira do sertão do Seridó. A emergência da fase da Usina do Algodão ocorre junto a esse processo de expansão da indústria de óleos retirados da semente do algodão. Agora, para que o antigo maquinista pudesse se tornar usineiro, ele teria que passar a financiar os agricultores em larga escala, à semelhança do que faziam as empresas estrangeiras, bem como pagar pelo algodão um preço mais elevado do que o vigente no mercado, que era o que elas ofereciam.

Nessa nova ordem, ressurgem possibilidades antes inexistentes para algum nível de acumulação do pequeno produtor rural que era proprietário de sua terra, o sitiante. É o assunto que vou abordar a seguir.

Algodão na pequena propriedade — o sítio

Em todas as entrevistas que fiz na pesquisa de campo em Currais Novos e no Sítio Santa Rita, assim como na entrevista concedida por Mizael (pai de

Cortez) a sua filha Íris, já citada no capítulo I, o plantio do algodão no roçado do sitiante é sempre referenciado como o elemento monetário principal de sua atividade produtiva.

Mizael se refere a esse sentido eminentemente comercial do cultivo do algodão. Ele cultivou sempre algodão, desde que herdou o sítio Santa Rita dos pais. Numa passagem de sua entrevista, referindo-se a uma certa resistência da família de Alice ao seu casamento com ela, ele diz que isso era devido ao fato dele beber. E ele se justifica: "Bom, eu gostava muito de beber, mas nunca dei trabalho a ninguém. Bebia com o que era meu. Trabalhava, plantava algodão e quando vendia gastava tudo na farra". Era seu tempo de solteiro.

O dinheiro no bolso está aí identificado com a venda do algodão.

A referência de Mizael ao cultivo de algodão, quando já pai de família e chefe da casa, é inteiramente diferente, mas com o mesmo sentido de identificação da venda do algodão como o elemento monetário de sua atividade produtiva. À pergunta da filha, que tinha lembrança de que ele, além de produtor rural, era também comerciante, Mizael responde que vendia sim, farinha, rapadura, feijão, açúcar, tinha de tudo. Mas ressalva que ele não era comerciante. Tinha sim moradores em seu sítio. "Aquela nação de morador", nas suas palavras. Então, quando terminava a safra, ele vendia o algodão, saldava o dinheiro[2], e comprava os mantimentos que não produzia no sítio para fornecer aos seus moradores. "Comprava farinha, aquelas sacas de farinha, você ainda alcançou, não foi? Comprava vinte e tantas cargas de rapadura, 25 ou 30 sacos de açúcar, você se lembra disso? E tudo isso eu guardava para fornecer aos moradores. Era assim." E a filha pergunta mais: "O senhor sempre produziu para consumir? Levava alguma coisa para vender na feira?" E o pai responde: "Só aos moradores. Vendia a eles, ganhando alguma coisa. Porque eu também empregava o dinheiro e fornecia aquelas mercadorias (às quais ele se referiu antes, não produzidas no sítio) e também fornecia dinheiro a quem precisava".

---

2. Mizael não se refere a quem ele saldava o dinheiro, mas possivelmente, no contexto de sua época, seria com o dono do equipamento de processar o algodão, o usineiro, que teria lhe emprestado o dinheiro para sua produção, assim como ao banco que lhe financiava a produção. Em relação ao banco ele é mais explícito, quando diz, em outro momento da entrevista, que fazia sim empréstimos e que, apesar do banco dar muita maçada, ele era bem atendido e nunca teve prejuízo, nunca ficou devendo a banco.

Esse era o tempo da fartura. Na entrevista que fiz com um contemporâneo de Cortez dos tempos da escola primária, Joabel Rodrigues de Souza, já referida no capítulo anterior, Cortez recorda que com o rendimento do Sítio Santa Rita, e somente com ele, o pai criou os 10 filhos. E hoje não daria pra criar nem dois filhos, aliás, não dá mais pra nada. E se pergunta Cortez: "Nesses 50 anos, o que ocorreu?"

Antes de chegar ao ocaso da pequena produção familiar na região do sertão do Seridó, vejamos mais de perto o tempo da fartura proveniente da nova ordem na produção algodoeira naquela região sertaneja.

Fartura aqui significa pouco para os padrões modernos da cidade. Fartura é ter comida na mesa, é não faltar comida na mesa. O conforto, também aos padrões citadinos modernos, passa longe desse tempo da fartura. A casa é rústica, os cômodos tanto podem servir de quarto de dormir, como podem, no momento da colheita, servir de depósito para os cereais colhidos, sobrando pouco ou nenhum espaço para a dormida, que se improvisava nas redes. A faina agrícola é sem descanso, sem domingo nem feriado, começando antes do sol raiar e só terminando ao final do dia. O próprio Cortez se lembra, quando na entrevista coletiva com seus irmãos, que, mesmo quando não tinha trabalho no roçado, tinha sempre que botar capim para o gado, levar o gado para beber água.

A divisão de trabalho era rudimentar: todos faziam de quase tudo, a não ser na idade mais tenra da infância. Mesmo então, na infância, os meninos ajudavam o pai nos afazeres de campo e as meninas ajudavam a mãe nos afazeres domésticos, sendo que todos, sem exceção, trabalhavam em maior ou menor tempo no roçado. Enilson, um dos irmãos de Cortez, diz nessa mesma entrevista que tinha muito feijão no roçado e tinha que apanhar o feijão, mas que esse era um serviço leve, que todos faziam. "Era muito feijão que a gente apanhava", aparteia Santa, a irmã, "fazia aquelas trouxas de feijão e carregava na cabeça. Era pesado. Eu mais minha tia, comadre Isaura, a gente carregando aquelas trouxas de feijão na cabeça, pegava a dar risada e aí caía a trouxa de feijão no chão e papai quando via ficava brabo: 'Vocês estão brincando em vez de trabalhar'. E quando chegava em casa, estava mamãe com aquela panelona de feijão-verde, lembra compadre?" E Cortez confirma. que se lembra sim. Todos, naquele tempo, trabalhavam sem trégua sob a tutela do chefe da produção e da casa, o pai, Mizael, que não queria ver ninguém parado. Essa era a lei.

Mizael Xavier Neto

O trabalho de puxador de boi

Tanto Cortez quanto Belmira se referem a um dos trabalhos próprios para crianças no âmbito da agricultura familiar praticada no Sítio Santa Rita e em todos os sítios da redondeza. Era o trabalho de puxar boi. Botava o boi na capinadeira para capinar o mato, e o menino (menino, para os que não estão habituados ao linguajar nordestino, significa aqui o genérico de menino e menina) ia na frente do boi, para ele não se desviar do caminho. O menino era o puxador. Até o boi se acostumar a andar sozinho sem destruir o roçado. Cortez diz que se lembra que se cansava muito nesse trabalho, pois era um serviço muito pesado e arriscado. Segundo a transcrição de sua entrevista ele diz que:

"puxava o boi na várzea, carreira acima, carreira abaixo, com a capinadeira atrás, arando e semeando, limpando o mato que nascia e crescia entre as carreiras de milho, feijão, algodão, e cuja largura entre elas era em torno de 1,5 metro. Às vezes, com o sol ardente, o boi, cansado, com fome, em meio aqueles pés de milho verdinhos, dava uma 'focinhada' com a cabeça, o bastante para tomar o cabresto das minhas mãos. Nesse momento eu levava aquela bronca do meu pai: 'segure o boi, José!' ou 'segure o boi, cabra!'"

Também se destinava para menino o trabalho de tirar retoque. O trabalho da capinadeira deixava mato no pé da lavoura. Tirar retoque era, nas palavras de Belmira, o trabalho de tirar esse mato com a enxada e juntar a terra até o pé da lavoura.

Transporte de água

Cortez complementa mais detalhes sobre trabalhos que ele fazia no Sítio Santa Rita no seu tempo de menino:

"Certa vez, meu pai fez um grande plantio com mudas de coqueiros novos. Eram 70 a 80 pés nas duas margens do rio, cuja distância entre eles era de uns 30 metros. E ele encarregou eu e Antônio de, todos os sábados, regar esses coqueiros com duas latas d'água em cada pé. Íamos buscar água em três cacimbas em locais diferentes, às vezes com 3 ou 4 metros de profundidade. Enchíamos a lata, na qual cabiam 20 litros, prendíamos no meio de uma madeira roliça (2 metros de comprimento), e, cada um segurando numa ponta, caminhávamos, um na frente e outro atrás, numa espécie de bangalô. Assim dividíamos aquele peso todo para duas crianças. Do meio para o final, já cansados, às vezes só lambuzávamos o chão".

E acrescenta que

"nessa idade, eu já tinha minha enxada, meu roçado, cortava capim, palma para o gado. Já podia transportar um barril (20 litros) com água e, portanto, estava apto a carregar no jumento as cargas dágua, necessárias para encher os potes. No lombo do jumento colocava-se a cangalha em forma de "V" invertido e eram distribuídos os apetrechos próprios, como a 'argoleta', para colocar os dois barris de cada lado. O interessante é que sozinho, num animal adestrado, se conseguia pôr e retirar um barril de cada vez e a cangalha, presa a uma cinta de couro (cia) que circundava a barriga do aninal, não virava, isto é, mesmo com peso de 20 ou 30 quilos pendendo para um dos lados, a carga não caía".

O trabalho de menino no sítio implicava ainda pequenos favores, que consistia na prestação de serviços leves, mandados, como é de praxe para os meninos. "José, leve essa enxada em tal lugar." "Dê esse recado a fulano." "Vá buscar tal coisa." "Vá abrir a porteira." "Vá tanger o jumento." "Vá levar um cabaço de água no roçado." Com a idade de 12 para 13 anos, Cortez diz que já não fazia mais aqueles mandados, que ficavam agora ao encargo dos irmãos menores. "Nessa idade eu trabalhava, dependendo do serviço, ombro a ombro com qualquer pessoa, inclusive com adultos. Somente duas atividades não aprendi: montar a cavalo para ir ao campo procurar gado e tirar leite de vaca."

Voltemos ao algodão. O algodão, como elemento monetário principal do cultivo do sitiante, aparece com muita precisão no depoimento de um dos primos de Cortez, José Gomes Xavier, ou Zé de Xinda:

"O algodão era a principal coisa daqui, ninguém tinha nada enquanto não chegasse a safra de algodão. A safra de algodão era pra comprar roupa, roupa nova para a noite de Natal em dezembro, roupa para casa. Muitos compravam cereais e guardavam no estoque, era farinha, rapadura, de tudo se comprava, para guardar para o tempo do inverno."

O cultivo do algodão, como se sabe, era realizado em consórcio com as lavouras de subsistência (milho, feijão e fava) no roçado. Ninguém nas entrevistas se refere ao cultivo da roça de mandioca nem ao fabrico da farinha. Referem-se todos à compra da farinha, assim como dos demais cereais e produtos não produzidos no sítio. Os depoimentos são unânimes em apontar as características desse cultivo do roçado, que o identificam como uma agricultura tipicamente familiar. Falar do cultivo do algodão no âmbito da produção familiar é, portanto, falar também do cultivo do roçado.

Dentre as características do cultivo familiar, ressalta-se a participação de todos os membros da família, sob a batuta do chefe da produção e da família, em todas as fases do cultivo do roçado. Já foi dito antes que a divisão de trabalho era rudimentar, todos fazendo quase todas as tarefas. Era exclusividade do chefe da casa e da produção, o *pater familia*, as atividades de empréstimo e comercialização. Contratavam-se trabalhadores. Porém, sempre como elemento auxiliar ao trabalho familiar, no sistema de diaristas. Esses trabalhadores eram contratados sobretudo na colheita, mas também para a limpa do mato e o plantio do feijão, do milho, da fava e do algodão.

Moradores existiam, em pequeno número, para todas as tarefas auxiliares ao proprietário do sítio, sobretudo no trato com os animais. No sítio Santa Rita, Belmira foi quem se lembrou melhor dos moradores de sua época: Zé Galinha, que era meio doido; Manoel Cândido; e Sebastião de Tobias. Não necessariamente todos contratados ao mesmo tempo, mas em diferentes épocas.

A colheita era sempre o ápice das atividades agrícolas, sobretudo a colheita do algodão, onde iria se realizar o valor da produção. Carmelita, prima de Cortez e sua primeira namorada, faz um depoimento sobre a colheita do roçado: "Quando era na época da colheita, os vizinhos iam todos para a casa uns dos outros debulhar feijão, milho e ali se transformava numa festa". Ao que José Nilton, outro primo, acrescenta: "Realmente, esse trabalho de debulhar feijão e milho eu não fazia porque eu tocava para eles debulhar até tarde da noite. Era um tempo em que não existia rádio nos sítios e a música que eu tocava na sanfona animava o trabalho e a conversa". O trabalho de debulhar milho numa pedra carraspenta ou bater o feijão maduro era feito noite adentro, em rituais amenizados pela conversa, pela risadaria, pelos namoricos, pelo som do forró na sanfona.

Em relação ao algodão, colhido tanto pelos membros da família quanto pelos trabalhadores contratados por diária, José Nilton acrescenta que, antes de vender o algodão, era necessário preparar, ensacar. E aí se juntava também os parentes e vizinhos no mesmo ritual do trabalho coletivo sem remuneração, trabalho tipicamente familiar.

A esse trabalho coletivo, comumente nomeado de mutirão, chamava-se nessa região do sertão do Seridó de batalhão. O batalhão se reunia em várias fases produtivas do roçado, como na limpa do mato, na colheita, e no preparo dos produtos colhidos, tal como descrito acima. E também na queimada das "caieiras", que cozia os tijolos e telhas.

Segundo Sabourin (2007), batalhão era também a nomeação do mutirão em Massaroca, em Juazeiro da Bahia, assim como *boleia* ou *balaio* em outras regiões da Bahia. Procurando a origem da palavra mutirão, que é a nomeação mais comum para esse tipo de cooperação camponesa no conjunto do Brasil, Beaurepaire (1956) descobriu que ela vem do guarani *potirom*, que significa colocar a mão na massa.

Voltemos de novo ao algodão do sitiante. Voltemos especialmente ao algodão do Sítio Santa Rita de Mizael Xavier Gomes, que lhe deu condições de criar com fartura os 10 filhos. Um dos primos de Cortez entrevistado na casa de seu irmão Enilson em Currais Novos, Antônio Gomes de Medeiros, mais conhecido como Antônio de Marciano, reforça a função de elemento monetário do algodão, caracterizado por ele como a fonte da agricultura, "porque os outros cultivos a gente fazia pra comer, como o feijão, o milho, e o que vendia era o algodão. Vendia o algodão para comprar o açúcar, a rapadura, a carne, o arroz, tudo. Na safra do algodão, aí a metade que era do morador, ele vendia e pagava a Mizael o fornecimento e ainda sobrava dinheiro".

O algodão era então, para o morador, para o trabalhador, igual a dinheiro, moeda de troca. Nas palavras de Antônio de Marciano, ele comprava fiado no barracão de Mizael e no fim do ano vendia a metade da produção que lhe pertencia, pagava ao dono do barracão, Mizael, e ainda sobrava dinheiro.

Juntando os dados dessa entrevista de Antônio de Marciano com a entrevista de Mizael a sua filha Íris, reproduzida em várias passagens deste livro, conclui-se que a "nação de morador" de que fala Mizael não dizia respeito necessariamente aos seus moradores, pois, por todos os depoimentos obtidos, ele nunca teve muitos moradores morando no sítio. Aliás, nem casa de morador existia numa quantidade que justificasse o termo "nação de morador" para seus moradores. Talvez existisse no tempo de seus ancestrais, antes da divisão de propriedade que resultou no Sítio Santa Rita que veio a ficar somente para Mizael, sem divisão com os demais irmãos. A "nação de morador" era portanto constituída de todos os que, pela redondeza, trabalhavam na faina do algodão e que se abasteciam em seu barracão, grande parte deles sendo possivelmente constituída de parentes, primos, sobrinhos.

Barracão diferente daquele conhecido barracão da Usina de Açúcar, por não ter entre seus fregueses os moradores de dentro da propriedade, mas aqueles com os quais o dono do sítio e do barracão tinha uma relação de vizinhança, de parentesco e de compadrio.

Como pequeno proprietário rural familiar, o sitiante Mizael acumulava as funções de produtor rural, comerciante e usurário, pois, além de fornecer os alimentos que seriam pagos na venda da safra de algodão, ele também fornecia dinheiro, segundo o depoimento reproduzido ao início desta seção sobre "Algodão do Sitiante". O fato de ele próprio negar essa condição de comerciante em sua entrevista a sua filha Íris é justificável, tendo em vista que sua condição primordial era mesmo a de proprietário rural familiar, sitiante, sendo as suas funções de comerciante e usurário decorrentes da sua condição de propriedade da terra.

O tempo da fartura no Sítio Santa Rita não pode ser explicado sem juntar essas pedras do quebra-cabeça das várias entrevistas.

A condição de prosperidade de Mizael está relacionada, antes de tudo, aos fatores estruturais da economia algodoeira à época de entrada das multinacionais no processamento do algodão e do caroço do algodão, na medida em que eles passaram a concorrer com os antigos fazendeiros do complexo pecuária-algodão, possibilitando condições de acumulação para os produtores rurais, desde que eles detivessem a propriedade da terra. Mizael soube tirar proveito desse momento, tendo o algodão como o carro-chefe de sua produção rural.

Diferentemente do grande negócio capitalista na agricultura, porém, a pequena produção familiar tem uma lógica distinta de produção, em que, em primeiro lugar, está a reprodução da própria unidade produtiva. Somente tendo as condições de reprodução do sítio asseguradas, coloca-se a questão da criação do valor. A lógica própria da produção familiar do sitiante é que o leva a produzir não um único produto para o mercado, mas sim uma agricultura diversificada naquilo que é resumido no conceito de roçado. E mais: a aproveitar todas as brechas que aparecem para aumentar seu negócio, sempre, primordialmente, utilizando o trabalho familiar.

Esse trabalho familiar era explorado até os limites da força física compatível com idade e sexo dos membros da família. Nas entrevistas realizadas com Cortez e os irmãos no Sítio Santa Rita, eles lembram que lá não existia esse conceito urbano de domingo e feriado. "A gente trabalhava sempre. Sempre tinha que buscar capim para o gado, levar o gado para beber água. E quando tinha muito feijão no roçado, tinha que apanhar o feijão, que nesse caso era um serviço leve, mas que a gente tinha que fazer." Belmira complementa com uma observação pertinente: "ele (Seu Mizael) não queria ver ninguém parado".

Há que levar em conta ainda, no sucesso de Mizael em ter conseguido autonomia financeira para criar seus 10 filhos, dois fatores alheios à sua vontade e que foram decisivos. Primeiramente, o fato dele ter sido, dentre os irmãos, o único herdeiro do Sítio Santa Rita, que, a partir dele, não sofreu mais subdivisão, no clássico processo de minifundização ocorrido no agreste e no sertão do Nordeste como um todo. E em segundo lugar, o fato de ter tido sete filhos homens que se criaram (e se criaram com saúde, pois, segundo ele costumava dizer, os que morreram é porque não passaram pelo teste da seleção natural dos mais fortes). A ajuda desses filhos em maior medida, mas também da esposa Alice, das três filhas mulheres, e da cria da casa Belmira, foi um esteio importante para o sucesso de seu empreendimento rural.

Complexo Rural Camponês

O complexo rural camponês, conforme enunciei ao início deste capítulo, tem no sítio (pequena propriedade agrícola), entendido sítio como uma típica produção e cultura camponesas, o polo aglutinador das atividades agrícolas. Por toda a descrição feita na seção anterior deste capítulo, sobre o cultivo do algodão e do roçado no Sítio Santa Rita, fica claro esse entendimento.

Há ainda que complementar dois elementos desse complexo rural camponês; um generalizado para as pequenas propriedades; e outro específico ao Sítio Santa Rita, pela sua localidade geográfica.

O primeiro é o criatório em pequena escala, de gado, porco, galinha, etc. Esse criatório é em geral um elemento complementar à subsistência do camponês, muito embora possa também ser um produto a mais nas suas relações comerciais com o mercado. No caso de Mizael, ele praticou a atividade de marchante (matava gado e levava para vender no mercado em Campo Redondo, a cidade próxima ao sítio), sobretudo no período em que morou no Sítio São Miguel, de seu irmão Xinda (no próximo capítulo retomarei esse assunto, ao tratar da solidariedade camponesa), e continuou essa atividade depois que voltou para o Sítio Santa Rita. Como lembra seu irmão Antônio na entrevista que me concedeu no Sítio Santa Rita, com o dinheiro da venda do gado ele comprava mantimentos — farinha, rapadura, feijão etc. —, comprava tudo e trazia nos burros, quatro, cinco cargas de burro, para fazer o fornecimento aos moradores.

Cortez complementa essas observações de Antônio com alguns dados sobre essa atividade de marchante de seu pai, assim como sua participação nesse trabalho.

"Meu pai foi marchante por muitos anos. Matava um ou dois bois, dependendo do tamanho, toda sexta-feira, logo cedo. Tratava a carne, salgava e à noite, ao ar livre, deixava no sereno, estendida no estaleiro, bem alto, para que os cachorros não alcançassem. No sábado a carne permanecia estendida para tomar sol, 'curtir' e tornar-se a famosa 'carne de sol'. À noitinha, a carne era arrumada e acondicionada em esteiras trançadas feitas de palha de carnaúba. Fazíamos os fardos pesando uns 40, 50 quilos e no domingo, lá pelas 3 ou 4 horas da madrugada, me chamavam e preparávamos dois jumentos com as cangalhas e um com uma sela para mim.

"Às vezes, quando era pouca carne, para completar a carga, meu pai levava coco e/ou batata-doce, que vendia no atacado. Arrumadas as cargas, dois fardos em cada animal, e eu montado no outro, eu seguia na frente, devagar. Meu pai saía de casa mais tarde, passava por mim antes de chegar à cidade de Campo Redondo. Meu pai viajava num cavalo possante e se antecipava para ir acertando as coisas. Campo Redondo fica a uns 18 a 20 quilômetros de Santa Rita, indo por dentro, isto é, cortando caminho, passando por veredas, abrindo porteiras, etc. Era lá que aos domingos, no mercado municipal, os marchantes comercializavam a carne. Meus irmãos e eu gostávamos dessa época, porque nos alimentávamos melhor. Além disso, nosso pai ficava muito envolvido com esse trabalho e deixava um pouco de lado o roçado".

Um fato paralelo e inesquecível para o Cortez foi que,

"Numa dessas idas a Campo Redondo, num domingo qualquer, fui entregar uns kilos de carne na casa de um primo chamado Orestes, lojista, negociante de tecidos, que morava perto da Igreja e também do mercado.

Ao entrar na sala, vi numa prateleira um móvel bonito com um tipo de tecido transparente que cobria toda sua extensão, alguns botões e no meio do móvel uma circunferência de uns 20 ou 30 cm, meio escura, era um alto falante. Dentro dessa boca, cavidade, ou seja, dentro da circunferência, ouvia-se a voz de uma pessoa.

Fiquei ali parado, meio espantado, procurando por perto onde estava aquele homem falando. Alguém apareceu e ao perceber minha ignorância disse: 'isso aí é um rádio!'."

Essa atividade de marchante com a carne bovina terminou por concentrar os depoimentos de Cortez e Antônio. Mas o criatório em pequena escala, comum à produção camponesa de uma maneira geral, também existiu no Sítio Santa Rita. E marcou o imaginário telúrico de quem foi ali criado, de tal maneira que ainda hoje, tantas décadas depois de ter deixado a vida do sítio para trás, esse imaginário ainda persegue o Cortez de 68 anos de idade, ao tempo em que se iniciou nas caminhadas matinais no parque da Água Branca, em São Paulo. Em uma conversa sobre essas caminhadas, Cortez se refere com muito entusiasmo às galinhas e seus pintinhos ciscando atrás de alimentos, aos galos batendo asas e cantando ao alvorecer, às galinhas-da-angola. Elementos da natureza que lhe trazem lembranças do Sítio Santa Rita. Complementando os dados de uma das muitas entrevistas rápidas que fiz por telefone com Cortez, pedi para ele me mandar por e-mail uma descrição desse criatório no Sítio Santa Rita. Eis a sua descrição:

"No sítio, o poleiro das galinhas era feito com quatro forquilhas cravadas na terra, cuja altura girava em torno de 2 metros do chão, com varas dispostas paralelamente, normalmente roliças, equidistantes entre 10 e 15 centímetros. Em um dos lados do poleiro havia uma escada do mesmo material, também mal-acabada, bastante inclinada, com degraus que distavam de 15 a 20 centímetros para facilitar a subida das galinhas. O interessante é que a repetição desse evento — o recolher-se para pernoitar — se dava sempre no mesmo horário, ou seja, quando o sol começava a se pôr. Normalmente os galos subiam ao poleiro por último e sempre se aconchegavam ao lado ou entre as galinhas. E também era um dos primeiros, senão o primeiro, a descer. Por vezes, algumas das aves mais afoitas, principalmente os galos, voavam do chão direto para o poleiro sem usar a escada. Algumas se desequilibravam e caíam".

Mizael Xavier Neto

O poleiro das galinhas ainda compõe a paisagem do Sítio Santa Rita

O segundo elemento, específico ao Sítio Santa Rita e a outros de familiares na redondeza, é a atividade extrativa em mineração própria da família. Sabe-se que Currais Novos é um município rico em minérios no seu subsolo, conforme já visto no primeiro capítulo. O município é conhecido menos por suas atividades pecuárias, que estiveram na origem de sua fundação e ainda hoje existem, do que pela mineração, principalmente a mineração das grandes empresas. No caso da família Xavier Cortez Gomes, trata-se de uma mineração que foi explorada, à semelhança da própria exploração agrícola, em pequena escala.

Era mineração de ouro e colombita a céu aberto, descoberta a uns 5 quilômetros do Sítio Santa Rita. Uma dessas minas pertencia ao pai do tio Alfredo, chamada de Poço Entupido. Depois passou a se chamar, segundo o depoimento de Cortez, de Mina São Francisco. Em 1943, Lindolfo Severino vendeu essa mina aos Alencar, e esse assunto foi motivo de muita insatisfação na família, e é ainda hoje, pois essa venda foi vista como uma traição.

Artesanato reconstituindo extração de garimpo de ouro, no Sítio Santa Rita.
Criação do artesão Ivan, morador do Sítio Maxixe — Currais Novos - RN

Uma prima de Cortez, Carmelita, refere-se com entusiasmo a esse tempo em que muitos da família bateavam na mina. Era um trabalho mais de homem, mas mulher também bateava, sobretudo no domingo. "Eu mesma (diz Carmelita) bateei muito. Tenho um anel que fui eu que bateei e mandei fazer.

Tinha a família, mas tinha também muita gente de fora que trabalhava ali naquela mina, pois tinha muito ouro." Outro primo de Cortez, José Nilton, também diz que gostava muito de trabalhar em minério e em 1959 fez suas alianças de casamento com ouro 18 quilates bateado por ele. A informação dos familiares é imprecisa quanto ao tempo dessa mineração, que teria começado por volta de 1943 e terminado por volta de 1980, chegando a produzir ainda, embora em pouca quantidade, até 1990.

Cortez lembra na sua entrevista que fazia um pequeno comércio entre o Sítio Santa Rita e a área de mineração de Poço Entupido. Segundo suas próprias palavras,

"tínhamos na época várias vacas leiteiras e minha mãe fazia queijo de manteiga e coalho para vender. Meu pai fez um contrato com um comerciante, e todos os dias, inclusive aos domingos, lá pelas 7 horas, eu ia levar num jumento encangalhado dois engradados com divisões para cada garrafa, feitas com ripas de madeira bem finas. Deixava 30, 40 garrafas cheias de leite e trazia as vazias do dia anterior. Sempre ocorria um problema porque algumas vezes as garrafas não haviam sido lavadas ou faltavam as tampas de cortiça, que eram

Mizael Xavier Neto

Armadilha conhecida como quixó, utilizada para a captura de preás feitas em casa, tiradas de uma árvore chamada mulungu. Além disso, vez por outra, num 'solavanco', quebrava alguma garrafa.

"Com tanta gente na Mina, Antonio e eu começamos a armar 'fojo' e 'quixó', que são armadilhas usadas para pegar preá, roedor bastante comum em nosso sítio. Nós mesmos os tratávamos e levávamos para serem vendidos aos garimpeiros. Apuramos um bom dinheiro, que garantiu por um tempo boas 'farras'".

Seria essa a primeira experiência de comerciante de Cortez, que, conforme será visto mais adiante em outras passagens deste livro, tenderá a se repetir em diferentes contextos até chegar ao comerciante de livros que ele se tornaria muitos anos depois.

Os elementos do Complexo Rural Camponês presentes no Sítio Santa Rita se aproximam do que, na literatura sociológica, se conhece como a própria definição de campesinato, como uma forma particular de organização da produção. Vale uma ligeira digressão sobre o assunto.

Baseada em autores seminais sobre o campesinato, Wanderley (2003) afirma existir duas dimensões distintas e complementares para entendê-lo. A primeira define o campesinato historicamente como uma civilização ou como uma cultura, cujas dimensões econômicas, sociais, políticas e culturais se entrelaçam de tal forma que qualquer mudança em uma dessas dimensões afeta o conjunto social. O campesinato europeu se encaixa perfeitamente nessa definição. A segunda, aqui adotada por se aproximar mais, a meu juízo, da realidade brasileira, adota não o conceito de uma civilização camponesa, mas sim, mas restritamente, de uma agricultura camponesa,

"cuja base é dada pela unidade de produção gerida pela família. Esse caráter familiar se expressa nas práticas sociais que implicam uma associação entre patrimônio, trabalho e consumo no interior da família, e que orientam uma lógica de funcionamento específica" (Wanderley, 2003:44-45).

O Complexo Rural Camponês, no sentido aqui adotado, não se restringe às atividades produtivas, mas é todo um modo de vida social e cultural que será mais explorado no próximo capítulo, sobre a sociabilidade camponesa no Sítio Santa Rita.

Antes, porém, vale ainda algumas palavras sobre o ocaso do Sítio Santa Rita, que não é isolado do que se passou com outros sítios da redondeza.

A entrevista coletiva realizada com Cortez, os irmãos e os primos no Sítio Santa Rita foi uma ocasião privilegiada para se situar a questão da decadência não apenas do Santa Rita, mas de todos os sítios da redondeza. Três fatores foram apontados: a crise do algodão; o endividamento com os bancos; e as leis trabalhistas no campo. A crise do algodão, já analisada anteriormente, é pouco referida nas entrevistas às causas estruturais citadas na bibliografia. A praga do bicudo é o grande vilão apontado para a decadência da cultura algodoeira na região. E alguns dizem ter sido o bicudo trazido propositadamente pelos americanos, para que o Brasil não concorresse mais com o cultivo algodoeiro americano.

O endividamento com os bancos é associado ao processo de modernização da agricultura. A exigência de fazer os investimentos e benfeitorias requeridas para se continuar produzindo, leva à necessidade do empréstimo bancário, que por sua vez leva a dívidas que terminam pela alienação da propriedade ao banco. O depoimento de José Xavier é emblemático sobre o assunto:

> "Amadeu, vizinho a nós, tem uma vacaria com 60 vacas de leite. Mas praticamente essa vacaria é do Banco do Brasil e do Banco do Nordeste (Nota de Rodapé: Há uma música de Luís Gonzaga, gravada em 1979, chamada "Do Banco", que ilustra de modo bem-humorado essa situação) e ele está com a corda no pescoço. Ele tira 600 litros de leite por dia, mas cadê o lucro? Tem que fazer o silo, vem tudo de São Paulo. Quando faz a conta do pagamento do trabalhador, da ração, de tudo, acabou o lucro. Hoje aqui o relacionamento é esse. Foi muito bom e melhor pra gente no tempo antigo".

Antônio, o único irmão de Cortez que permanece morando no campo, refere-se ainda ao mais novo empréstimo bancário, que é dirigido aos aposentados e ele considera muito errado, porque já vem descontado no dinheiro da aposentadoria e só prejudica ao aposentado.

A aposentadoria rural, assim como a remessa dos parentes que emigraram para a cidade, é ainda o elemento que permite a permanência de alguns produtores rurais no campo.

Quanto às leis trabalhistas no campo, é citado principalmente o caso do próprio Mizael, que enfrentou questão trabalhista no Sindicato de Currais Novos movida por moradores e depois disso não quis mais saber de agricultura.

Capítulo III

A sociabilidade camponesa no Sítio Santa Rita

A família de Mizael e Alice

A família, conforme já foi salientado na Introdução do capítulo I, é o elemento de maior centralidade na sociabilidade camponesa. Tanto a família nuclear, que se amplia nos parentes próximos que porventura estejam morando sob o mesmo teto, quanto as crias da casa, que no caso da família de Mizael era a Belmira. Os moradores completam o ciclo da sociabilidade no sitio, embora eles mantenham a moradia afastada do mesmo teto da família nuclear e sua própria família independente. Todos se aglutinam em torno da autoridade incontestável do chefe da família, que também é o chefe da produção rural e com quem está sempre a última palavra.

O perfil do chefe de família no Sítio Santa Rita, Mizael Xavier Gomes, veio sendo delineado desde as primeiras páginas deste livro. Desde a primeira entrevista realizada com Cortez na sua editora em São Paulo, uma constante em suas observações era, por um lado, os valores familiares herdados de sua família e, por outro, a severidade do pai. Segundo seu depoimento de então, o pai foi muito severo, sobretudo com os três primeiros filhos, ele, Antônio e Luiz. Teria sido o homem que mais puniu os filhos. A mãe também era rígida na criação dos filhos, porém mais maleável do que o pai. Suas surras eram de chinelo, bainha de facão, diferente do pai, que usava para dar surras o reio, o cipó, que chegava às vezes até a ensanguentar em contato com a carne. Ele não expressa revolta com isso, dito já após a morte tanto do pai quanto da mãe. Mas sim uma certa mágoa e incompreensão: por que tanta severidade? Sugere que na conversa com seus irmãos no Sítio Santa Rita, na viagem a ser programada por ele por sugestão minha, eu aborde esse assunto para esclarecer melhor.

Ressalta porém o aspecto positivo de ter tido um bom exemplo do pai, que bebia só quando solteiro e depois de casado nunca mais bebeu nem também batia na mulher, só nos filhos homens. E sua conclusão é que foram os aspectos positivos que predominaram, sobretudo a dedicação ao trabalho, o valor mais importante que o pai deixou como herança.

A entrevista com os irmãos de Cortez no Sítio Santa Rita trouxe outros elementos sobre a severidade do pai Mizael na criação dos filhos e sobre os valores familiares deixados pelo exemplo do pai. O filho que mais teria sofrido com a severidade do pai teria sido José Nizário, Dedé para os irmãos, ou Seu Gomes, como ficou conhecido ao tempo em que trabalhou com o irmão Cortez na editora em São Paulo. Nessa época, os três irmãos mais velhos já tinham saído de casa: Cortez para a Marinha em 1955; Luiz, dois anos depois, para o corpo de Fuzileiros Navais; Antônio se casou cedo e foi morar com sua própria família em sítio anexo ao Santa Rita. De todos os irmãos homens, Adailson, o caçula, foi quem apanhou menos. Isso porque ele se beneficiou indiretamente da última "pisa" (o termo nordestino mais utilizado para se referir à surra) que Dedé levou do pai, quando já tinha 16 anos. Nessa época só tinha sobrado ele e Adailson dos filhos homens morando na casa dos pais. Foi por essa época que o pai teve um sonho, quase pesadelo, em que um touro matava Dedé pelas bandas da cacimba. A mãe contou, no mesmo dia, que Mizael acordou chorando e disse que dali em diante nunca mais bateria em nenhum filho.

Dedé, mesmo tendo sido o mais prejudicado com a severidade do pai, desculpa-o com o argumento de que ele

"amava nossa mãe e nunca bateu nela. A única coisa que eu vi papai fazer com mamãe aqui foi jogar um bule por essa janela aqui (aponta para a janela da sala de jantar onde estávamos sentados à grande mesa retangular, onde se realizaram a maioria das entrevistas, a mesma do tempo das histórias contadas). O pai havia chegado com raiva do curral, já tinha me dado uma pisa lá. Chegou ainda com raiva e o café não estava no ponto certo (naquele tempo não tinha ainda garrafa térmica) e aí ele jogou pela janela o bule em direção ao terreiro, um bule bonito enfeitado de florzinhas, e que ficou todo chambocado com a queda no quintal. A mãe ficou muito sentida e chorou muito".

Cortez demonstra mais raiva nesse dia do que no dia da entrevista em São Paulo meses atrás. "Meu pai bateu muito na gente. Ele tinha raiva das coisas que não davam certo no sítio e descontava nos filhos. A gente apanhava sem merecer, e isso é horrível."

As lembranças das surras brotam aos borbotões na memória dos filhos em volta daquela grande mesa de comida, após o farto café da manhã daquele dia no Sítio Santa Rita. Nesse dia estavam na mesa apenas Dedé, Enilson, Cortez e Santa, vindo depois Belmira a se incorporar também ao grupo. Dedé se lembra então da história de um passarinho que ele estava pastorando para não comer a plantação de arroz, enquanto comia umas goiabas. Isso aconteceu quando eles estavam moravam em Ubaieira, que era o sítio dos pais de Alice. O pai veio do campo a cavalo e botou o cavalo em cima dele, "a chibata comendo e eu correndo". Enilson arremata dizendo que também ele levou uma surra aos 16 anos. Nessa época, ele estava de paquera com uma namorada e ficou morrendo de vergonha. Dedé lembra que eles apanhavam muito na hora de acordar. O pai acordava regularmente muito cedo para tirar leite no curral, ainda escuro, de três para quatro horas da madrugada. Naquele tempo, um frio danado, os meninos querendo dormir mais um pouco, e eram obrigados a acordar para ajudar o pai, e já na chibata. Enilson encerra o assunto dizendo: "O que é interessante é que ninguém ficou com raiva dele". Dedé volta ao argumento que ele defendera antes: salvava o pai o fato dele não maltratar a mãe, mas, ao contrário, gostar muito dela. E acrescenta que isso era comum a todas as famílias naquele tempo. Ao que Cortez retruca: "Não sei não. Zé Nilton, por exemplo. Eu nunca vi Zé Nilton apanhar de Tio Justo. Nessa redondeza, eu acho que meu pai era a pessoa que mais batia nos filhos". Mas não esquece de complementar que ele era também o que mais trabalhava. "Ele trabalhava dia e noite. Não tinha horário. Mas é claro que isso não justifica ele bater na gente como ele batia. Isso aí foi muito duro mesmo e eu não sei se teve um pouco a ver com a minha decisão de sair de casa." Dedé diz que tinha muita vontade de fugir, mas que não tinha coragem pensando na mãe.

Antônio se lembra, numa outra ocasião de entrevista, do tempo em que eram muito pequenos e se punham a rir por qualquer bobagem, sobretudo ele e Luiz, que eram muito unidos, sendo José mais sério por ser o mais velho e talvez por ser o preferido do pai, segundo seu ponto de vista. "De José a gente tinha muita inveja, porque o pai comprou uma selinha e um burrinho pra ele ir a um 'pega de jumento', que José foi com o morador. Ele queria ser já rapaz e nós ainda menino." E a diferença de idade entre os três era de apenas um ano, pois José nasceu em 1936, Antônio em 1937 e Luiz em 1938. Conta que era frequente chegarem pra almoçar, ele e Luiz, e começarem a rir. Riam-se por nada. Somente a alegria espontânea das crianças. O pai era calado e não brincava com ninguém. O assunto dele com os filhos era só trabalho. Então o pai não gostava dessa risadaria na hora da refeição e ameaçava: "Cala a boca". Quanto mais mandava calar a boca, mais dava vontade de rir. E a mãe: "Tá vendo? Vocês pegam nessa besteira e Mizael já foi buscar a macaca (que era o instrumento de bater em burro)".

Depois do almoço também era uma hora sagrada em que deveria haver silêncio para o cochilo do pai antes de retomar o trabalho. Mesmo sendo proibido, era a hora das risadas e das brincadeiras barulhentas, como brincar de pega ou de pegar lagartixa, aproveitando o descanso do pai sem importuná-los para trabalhar. Mais uma vez é Antônio que se lembra de uma pisa grande que ele levou do pai numa dessas ocasiões. E Santa completa o relato dizendo que Antônio era o mais duro na queda. Que ele apanhava e não chorava. E enquanto não chorasse o pai não parava de bater. E Santa disse que ela implorava ao irmão: "Chora, Antônio, chora pra pai parar de te bater".

A dor das surras pretéritas parece que ainda arde na pele e na alma desses filhos. Porém, como bons nordestinos que são, riem da própria desgraça. As fitas gravadas são o testemunho do humor que prevaleceu nas entrevistas, com as falas sempre pontilhadas de muita risada. Contam-se os casos das surras engraçadas, que em geral envolvem outros que não apenas os filhos. Como num dia em que, voltando do barreiro, Enilson, junto com Manoel Miranda e mais outro rapaz, foram dormir na sala e cada um em sua rede começaram a rir, coisas de gente nova. O pai gritava do quarto para calarem a boca. E eles só rindo sem parar. Aí o pai chegou com a chibata e saiu batendo em todos e Manoel Miranda gritava: "Sou eu, Seu Mizael, sou eu", o que de nada adiantou e apanharam todos. Também teve o caso em que Cortez estava tomando banho no barreiro com o primo Zé Nilton e o pai chegou, pegou o reio e gritou: "Venha cá, cabra" e meteu o reio. E Zé Nilton, em solidariedade: "Bate em mim, tio Mizael, bate em mim também". Ele não bateu.

Essa severidade com que os filhos foram tratados e educados, aconteceu por um tempo limitado que vai da infância até os primeiros anos da adolescência. As três filhas — Santa, Vera Lúcia e Íris — tiveram um tratamento mais diferenciado, mais brando, com relação à disciplina. Entretanto, depois que começaram a nascer os netos e netas, Mizael, apesar de sisudo, tornou-se agradável e brincalhão com todos eles. "Por outro lado, a questão do respeito, obediência, autoridade, eram alguns dos princípios dos quais ele não abria mão.

Jantar no Sítio Santa Rita, com a presença de Belmira, à direita, de blusa escura

Por exemplo, nós todos, filhos, com 40, 50 anos, todos independentes, continuávamos a não fumar na sua presença; brincadeiras com palavrões, nem pensar" (depoimento de Cortez).

As duas mulheres, que em diferentes momentos participaram das entrevistas no Santa Rita, Santa e Belmira, ambas relataram diferente visão do pai e da mãe. Santa, em geral muito esquiva em dar suas opiniões, não reluta em responder, quando por mim indagada, que com ela era diferente: ela nunca apanhou do pai, mas apenas da mãe. Belmira é mais enfática, quando afirma que Dona Alice a tratava bem, mas era mais braba do que Seu Mizael. "Ela era braba, ela dava em mim por brincadeira." E conta muitos casos de severidade da Dona Alice para com ela, como no caso do cachimbo. Ela gostava de fumar cachimbo, mas fumava escondido. Um dia, estava pilando milho e chegou a Dona Alice, que sentira o cheiro da fumaça e "deu fé do cachimbo atrás do pilão, onde eu já tinha escondido mode ela não ver. Porque se ela visse ia logo me dar uma pisa". Ela quis então saber se Belmira estava fumando, o que ela negou dizendo que o cachimbo era de Manoel Cândido, que estivera ali até a pouco e acabara de sair. O cachimbo foi quebrado mesmo assim. Zé Santino, seu namorado nessa época, comprou pra ela outro cachimbo que ela passou a guardar escondido "lá em cima daquele armário dali. Não tinha um armário ali naquele quarto escuro? Tinha, tinha (responde Cortez). É, ali, enrolado, bem enroladinho, e ela nunca mais deu fé do cachimbo. E você pegava fumo de meu pai? (pergunta Cortez). Sim, seu pai sabia. Sabia e não se importava não".

Belmira chegou no Sítio Santa Rita ainda quase menina e só saiu de lá para casar. Continuou contudo morando pela redondeza e aparecia sempre para visitar a família, que de certo modo era sua família. Conta que vinha ouvir a leitura das cartas que Cortez mandava para a mãe. Essas cartas eram lidas em voz alta para todos. Ela lembra especialmente de uma em que ele contava que naquela época, ainda na Escola Aprendizes de Marinheiro no Recife, dormia num alojamento em beliche, sem colchão e na lona fria. Ela chorava ouvindo isso. E segundo ela Dona Alice dizia: "Não tem nada não, é assim mesmo". E completa dizendo que Dona Alice era muito seca e não chorava por qualquer besteira. Enilson se lembra de uma época em que morreu um irmãozinho novo e ele observou que a mãe não chorou. "Minha mãe, realmente ela não chorava. Eu nunca vi ela chorando, acho que nunca vi" (Cortez). "Mesmo quando o pai dela morreu ela não chorou" (Belmira). "Só quando papai morreu ela chorou um pouco" (Santa).

A naturalidade da morte do anjinho, já comentada no primeiro capítulo, é aqui reforçada com esses depoimentos. O nascimento dos bebês e a morte dos anjinhos era um fato corriqueiro e sobre o qual não se comentava, apenas se tomavam as providências costumeiras. Pois tudo obedecia a costumes e não cabiam perguntas. Cortez recorda ter ido muitas vezes chamar a parteira, e ao ouvir o choro do bebê que acabara de nascer e ver a parteira sair do quarto com as mãos ensangüentadas, ele todo assustado sem entender nada, ela dizer-lhe: nasceu seu irmãozinho que desceu pelo buraco da telha. Lembra também dos caixõezinhos que se usava para levar o corpo do anjinho para enterrar. E Santa lembra que sempre na noite do enterro do anjinho ela não dormia direito, com medo que ele viesse lhe aparecer.

Cortez lembra mais detalhes sobre o mistério do nascimento de seus irmãos.

"Quando nossa mãe entrava em trabalho de parto, se fosse de dia, meu pai ou outra pessoa nos mandava rapidinho para a casa de alguém, ou então para brincar longe de casa. Minha mãe teve todos os filhos — exceto três, que nasceram na Ubaeira — na mesma casa e no mesmo quarto, onde uma 'cumeeira' passava por cima. Diziam então que o bebê vinha do céu, lançado por um avião e passando por um 'buraco' na cumeeira da casa. Tudo era sigiloso.

Belmira, cuja vida pessoal depois que saiu casada da casa de Mizael e Alice foi semelhante a de outras mulheres de seu tempo e de seu lugar (teve, segundo suas palavras, vinte filhos de tempo, quatro abortos, criaram-se quatorze e todos nasceram em casa com parteira), é quem tem mais depoimentos sobre Alice, sua patroa e quase mãe de criação. Alice não amamentou nenhum filho. Por certo não tinha leite, segundo Belmira. A alimentação dos filhos recém-nascidos era leite de vaca misturado com rapadura batida, ou seja, cozinhada até ficar um mel grosso. Ela dava o leite numa garrafa com o bico da mamadeira. Usava também o mesmo leite com rapadura, mas, em vez do bico da mamadeira, era um canudinho feito do pé de algodão, de onde se tirava o miolo e formava qual um canudinho por onde o menino chupava o leite. Dor de barriga de menino se curava com fumo. Alice preparava um cigarro, mandava os filhos mais velhos fumarem e o cuspe do fumo passava na barriga da criança pequena. Também se curava com cebola. Machucava a cebola e esfregava na barriga para passar a dor.

As cartas, que foram muitas, enviadas por Cortez em seu tempo na Marinha, foram todas um dia queimadas por sua mãe, o que Cortez muito lamenta, pois agora seria um material de muito valor na feitura deste livro. Mas desculpa o ato de sua mãe, mesmo que para ele seja incompreensível. Certamente ela teve alguma razão para fazer isso, e Cortez acredita que talvez, pelo seu envolvimento no movimento dos marinheiros em 1964, circulou um boato de que ele era comunista, e isso fez com que sua mãe ficasse apreensiva em guardar alguma "prova" disso. Conta também, com uma certa mágoa, que quando ele escreveu para casa dizendo que havia passado no vestibular para o curso de Economia da PUC, não recebeu nenhum retorno lhe dando os parabéns, por esse fato que foi tão importante em sua vida pessoal. O que fazer? Culpar os pais? Não, afirma convicto Cortez. Eles faziam isso por ignorância, por não compreenderem o significado de todas essas coisas.

Durante meu período de pesquisa no Sítio Santa Rita, os dias iam transcorrendo num clima ameno de muita conversa, que frequentemente se transformava espontaneamente em entrevista gravada. Reproduzia-se o que fora por anos a fio o clima de festa quando da visita do filho distante, o próprio Cortez. Nas entrevistas com os irmãos, foram lembradas essas visitas de Cortez ao sítio. Sempre quando ele vinha, era festa do dia da chegada até a saída. O pai cevava carneiros, a mãe preparava do bom e do melhor: era o queijo, a manteiga, a galinha e o capão que já estava no chiqueiro para engordar, o porco. Quando chegava uma carta anunciando a data da vinda, começavam esses preparativos. E os irmãos contam que eles gostavam muito porque terminavam também comendo do banquete que era preparado para a visita do filho ausente. E a casa se enchia de visitas de parentes. E Cortez, quando começou a ir de carro, enchia o carro com os irmãos para ir visitar os parentes. E começou daí seu costume de fazer discursos para a família trepado em um tamborete.

A vida no Santa Rita havia contudo mudado muito. Agora todos tinham saído de casa para morar na cidade, seja Natal, Currais Novos, Mossoró ou São Paulo; os pais já haviam morrido (Mizael em 1995 e Alice em 1997); e somente Antônio e Enilson permaneciam em seus próprios sítios junto ao Santa Rita, sendo que Enilson ficava mais tempo na sua casa em Currais Novos.

A festa continuava a ser proporcionada agora, pelo próprio Cortez, quando promovia o encontro da família a cada dois anos no Santa Rita (hoje a Bienal da Família) e que virou uma instituição desde 2000. A presença da professora (que era como alguns dos irmãos de Cortez e seu sobrinho Mizael — que foi por todo tempo o motorista e fotógrafo do encontro — me nomeavam) era também um motivo de festa.

Esse clima de festa, de comemoração, ficou ainda mais claro para mim quando da programação para receber os primos que seriam entrevistados "pela professora". Enilson teve a ideia de preparar fora de casa um espaço num gran-

Galpão transformado no "Espaço de eventos Mizael Xavier", no Sítio Santa Rita

Acervo Goimar Dantas

de galpão (que havia sido construído justamente para os tais encontros de família). Colocou ali uma mesa grande forrada como para uma conferência, algumas plantas em vasos para enfeitar o local, e cadeiras que acomodassem todos. Antes da chegada dos primos, Enilson veio me chamar para ver se estava tudo nos conformes. Após a entrevista, que eu tentei tornar o mais informal possível, cada primo fez, a pedido do Cortez, uma fala sobre o primo Cortez, e ele próprio, Cortez, encerrou o evento com um discurso enfatizando os valores familiares, para não ser diferente de todos os outros encontros familiares, quando o baixinho Cortez costumeiramente sobe em um tamborete para fazer seu discurso e ser visto e ouvido por todos. Ao final dos trabalhos, foi servido um almoço de festa. E a festa só se encerrou no dia seguinte, domingo, quando chegaram todos os outros irmãos para um almoço domingueiro e uma fotografia da família completa.

O tempo de menino foi tema recorrente em todas as entrevistas. Malgrado as situações de castigos corporais e do duro trabalho no campo, a recordação da infância era lembrada como um tempo feliz. Três temas ligados à infância e começo da juventude vividos no sítio, dão uma dimensão da sociabilidade camponesa, que vai muito além das relações de trabalho no campo. O primeiro diz respeito às brincadeiras de menino no sítio. O segundo, às festas da família. E o terceiro aos estudos dos filhos.

Brincadeiras de menino

A lembrança da infância como um tempo feliz tem a ver com a liberdade e o espírito lúdico quase incontrolável das crianças, malgrado, no caso dessa família específica, toda a severidade e rigidez do meio familiar. Nas relações familiares mais próximas de pais e filhos, de marido e mulher, a aridez estava sempre presente. Não era comum nenhuma manifestação física de carinho e afeto, de beijo ou abraço. A única forma de cumprimento era o filho tomar a bênção aos pais a cada manhã e a cada noite, assim como nas saídas e chegadas à casa, ou aos avós, tios e padrinhos sempre que se encontravam. O cumprimento estava assim ligado a um sinal de respeito para com os mais velhos.

Mizael Xavier Neto

Menina brinca com boneca feita de
sabugo de milho

As brincadeiras dos filhos de Mizael e Alice, tanto entre eles, como com outros parentes, primos, vizinhos, eram comuns ao mundo infantil rural de sitiantes e mesmo de meninos pobres das pequenas cidades, onde o trabalho era parte constitutiva da infância e nem sequer se concebia a compra de qualquer brinquedo de loja para as crianças. Os brinquedos eram todos improvisados e feitos artesanalmente pelos próprios meninos.

No ambiente alegre e descontraído das entrevistas no Sítio Santa Rita, os irmãos lembraram alguns desses brinquedos. Santa diz que suas bonecas eram feitas de sabugo de milho. Vestia o sabugo com um paninho velho, amarrando esse paninho no que seria o pescoço da boneca e pronto, era aquela a sua boneca. O sabugo de milho também servia para uma brincadeira dos meninos, que eram os galos de raça de sabugo. Cada um pegava o seu sabugo — o galo de raça — e ia lutar um contra o outro. O que dava pancada ficava com o dedo por cima do sabugo; e o que levava pancada ficava com o dedo por baixo do sabugo. Vencer significava torar o sabugo do outro. Quando torava, gritavam todos: cucurucucu! O vencedor enfrentaria então o próximo adversário e o

Mizael Xavier Neto

Meninos utilizam sabugo para brincar de galo de raça

vencido saía. Tinha sabugo roxo, azul, branco, sendo o branco o mais fraco de todos. Houve uma vez em que um dos irmãos fez uma trapaça: colocou um arame dentro do sabugo, que foi afinando, afinando, até aparecer o arame e ele ficar desmascarado com a trapaça.

Os carros e caminhões eram feitos com tábuas e carretéis de linha usados. Com esses elementos se fazia a boléia, a carroceria e tudo o mais que pudesse caracterizar um carro.

Mizael Xavier Neto

Carrinhos confeccionados com madeira e rodas de carretel

Outra brincadeira, aproveitando os elementos disponíveis no local, era o comércio e o dinheiro equivalente a carteiras de cigarro usado. Cada marca tinha seu valor e assim se vendiam e compravam produtos diversos, dentro de

Mizael Xavier Neto

Instrumentos musicais produzidos de forma artesanal

certa escalação real das diversas marcas de cigarro: Carlton; Hollywood; Continental; Gaivota; Astória; Beduíno; Elmira; Arizona; Yolanda; Selma. No domingo vinham meninos da redondeza, em geral primos de outros sítios, brincar de trocar com as carteiras de cigarro como dinheiro, negociando gado (que eram representados por ossinhos) ou tijolos de barro feitos de caixas de fósforo.

Música não fazia parte do cotidiano da família Xavier Gomes Cortez, a não ser nas poucas festas que iam na rua, onde se tocava forró, ou nas músicas

Mizael Xavier Neto

Latas e barbante se transformam em meio de comunicação na brincadeira intitulada "Fio de telefone"

de sanfona tocadas por ocasião dos mutirões nos sítios. Mas os meninos inventavam instrumentos musicais. Um pente com uma folha de papel de cigarro era suficiente para produzir um som, assim como o talo da folha de jerimum (abóbora) que se transformava em gaita. Já a palha de carnaúba ou de coqueiro servia para improvisar uma sanfona, senão pelo som, pelo menos pela forma.

Muito comum era também o telefone: um cordão entre uma caixa de talco vazia ou mesmo uma quenga de coco e outra levava o som e a animada conversa de duas pessoas. Um dos irmãos conta que Santa namorou Antônio Marciano através daquele fio de telefone. O cordão foi encolhendo, encolhendo, e com pouco eles estavam se beijando.

Menino brincando com "baladeira" também conhecida como
estilingue (confeccionado por José Gomes de Medeiros)

Brinquedo regionalmente conhecido como bodoque,
usado para o arremesso de pequenas pedras
(confeccionado por José Gomes de Medeiros)

As brincadeiras se confundiam frequentemente com as traquinagens. Antônio conta, por exemplo, que eles improvisavam uma espécie de faquinha, feita de aro de barril, bem amoladinha para furar as melancias, por puro divertimento e traquinagem. Claro que eram castigados pelo pai por isso. Ou fabricavam baladeiras e bodoques, com as quais furavam as palmas, além da tradicional função de atirar pedras nas lagartixas, passarinhos e outros animais indefesos. Não tanto pelos animais, mas pelas palmas, o bodoque era terminantemente proibido na casa de Mizael e Alice e, sendo encontrado algum pelo pai, era imediatamente destruído, não sem antes ele ameaçar: "Da próxima vez vou quebrar esse bodoque nas costas de vocês".

Brinquedo de loja não se cogitava. Mas houve sim um presente que muito alegrou aos três irmãos mais velhos. Esse presente foi dado na época em que a família toda estava morando no Sítio São Miguel, do "tio Xinda". Cada um deles ganhou um carneirinho. O de José se chamava Belém, o de Antônio, Branquinho e o de Luiz, Murchinho. Isso foi em 1942, portanto, quando José tinha 6 anos, Antônio 5 e Luiz 4.

Dizíamos acima que três temas dão uma dimensão da sociabilidade camponesa, para além das relações de trabalho no campo. Das brincadeiras de menino no sítio, acabamos de falar. Das festas, as entrevistas se referiram tanto às festas privadas na casa de familiares, quanto às festas públicas "na rua", que no caso se resumia ao distrito de Mulungu. E dos estudos vamos abordar no próximo capítulo, pela importância que teve na trajetória de Cortez.

As festas

No capítulo anterior foi descrito como se fazia o mutirão (ou batalhão, na linguagem local), nos momentos de debulhar o milho, bater o feijão etc. O motivo era o trabalho que a família não conseguiria realizar sozinha e para tanto contava com a solidariedade dos parentes. Esses mutirões eram também motivo de festa: pelo encontro, pelas conversas, pela comida compartilhada e sobretudo pela música. Tanto que o primo de Cortez, José Nilton, era dispensado do trabalho para tocar sanfona, já que naquele tempo não tinha rádio.

Os primos eram muitos e também se reuniam, às vezes, na casa dos tios nos domingos, em visitas dos pais. Essas ocasiões, tanto podiam ser motivo para brincadeiras, quando meninos (contar histórias de trancoso), como para conversas e jogo de baralho, quando jovens

Tinha também os encontros de família por motivos religiosos, nas novenas a Nossa Senhora no mês de maio. Essas novenas se realizavam nas casas de uns e de outros e eram motivo para o encontro dos primos, para os primeiros namoros. Mizael e Alice não costumavam receber os parentes para essas novenas, pois não eram muito afeitos à rotina dos cultos católicos, a não ser nas chamadas "quatro festas do ano", festas essas às quais se refere Ascenso Ferreira em belo poema. Mas tanto Cortez quanto todos os primos entrevistados no Sítio Santa Rita lembram dessas novenas do mês de maio.

Com as relações sociais quase fechadas no círculo familiar, era muito comum o namoro e casamento entre primos. Foi num desses encontros de primos que Cortez iniciou seu namoro com a prima Carmelita, sua primeira namorada. O namoro ainda continuou por correspondência, ao tempo em que Cortez estava na Marinha, até que a distância inviabilizou a continuidade do romance.

A maior festa, "a festa", no dizer do povo ainda hoje, era o Natal e o Ano Novo, a época por excelência da festa "da rua". Era quase somente nessa época que a família ia para a missa, a procissão e os festejos de rua. A "rua", como já dissemos, era sempre, para a família de Mizael e Alice, o distrito de Mulungu. Também iam às vezes ao Mulungu para a festa do padroeiro, São Sebastião, no mês de janeiro. Ou para a festa de São João, no mês de junho.

O ponto alto da festa de Natal no Mulungu era a procissão e a missa. Porém, como o padre vinha de outras festas em vizinhos distritos, de jipe, por estradas esburacadas, era imprevisível a hora de sua chegada. Tanto podia chegar no começo da noite, como à meia-noite ou à 1 hora da madrugada.

Enquanto isso, a festa corria solta pelos salões de forró. Até quando os homens que estavam de plantão para avistar a luz do jipe do padre, a dois ou três quilômetros de distância, davam o sinal de que o padre estava chegando. Nesse momento se parava a música e a igreja passava a ser a dona da festa. Até que se acabassem as cerimônias, e a rua voltava ao som do forró.

Naquele tempo eram três forrós: o do Xavier, o de Mané Inácio e mais um terceiro do qual os irmãos não recordam o nome. O de Xavier era numa sala grande e os outros em palanques. Não tinha portaria para controlar a entrada. Cada um que entrava no local do forró pagava sua cota e se colocava uma fita pregada com alfinete, para mostrar que aquela pessoa já tinha pago. Os homens, naturalmente, já que mulher não pagava.

Alice não dançava e seu divertimento, como já foi dito no primeiro capítulo, era mangar dos outros. Belmira lhe fazia companhia e é ela quem se recorda dos comentários maldosos de Alice em relação às moças com quem Mizael dançava na festa.

Décadas depois dessas festas do Mulungu, o já estabelecido editor José Xavier Cortez retoma o forró. Já não nos salões de Xavier ou de Mané Inácio, onde, em sua timidez de rapaz novo, mal conseguia tirar alguma moça para dançar. Mas sim no bairro de Pinheiros em São Paulo, nos salões do restaurante do Andrade ou no Recanto do Nordeste, onde se delicia com a comida típica nordestina.

Na festa do Mulungu tinha barracas vendendo comidas típicas: guaraná, pão, abacaxi, "essas coisas que não tinha em casa". E havia bebida, naturalmente. Cachaça e cerveja, e a cerveja era quente porque nesse tempo não tinha geladeira lá. Porém, a refeição mesmo era levada de casa, preparada com antecedência pela mãe, em geral galinha assada, bolo, paçoca e outras guloseimas para o lanche.

A ida à festa do Mulungu era uma maratona. Eram cerca de dez quilômetros a serem percorridos a pé ou a cavalo. As crianças pequenas eram levadas em caçoás em cima do jumento. Na ida era tudo festa. A volta porém, já pela alta madrugada, todos cansados, era mais penosa, sobretudo porque os esperavam as tarefas infindáveis da dura labuta no sítio.

Solidariedade camponesa

Em tudo o que foi relatado até agora nesse capítulo e no precedente, percebe-se muitas situações de solidariedade, que é um dos traços mais marcantes da sociabilidade camponesa. Essa solidariedade se manifesta sobretudo em uma situação que também é comum aos grupos de negociantes imigrantes da colônia de espanhóis galegos da Bahia, na cidade de Salvador, e possivelmente de outros grupos imigrantes em outros contextos urbanos. Trata-se do costume de uma família tomar conta do negócio do parente próximo, mais comumente irmãos, enquanto aquele sai para alguma emergência ou mesmo a passeio. No caso dos imigrantes galegos de Salvador, o parente ficava à frente do negócio enquanto toda a família do dono do negócio viajava por um longo período, que às vezes durava mais de um ano, de férias no local de origem.

No caso dos sitiantes aqui estudados, a solidariedade familiar se manifestava igualmente no fato de o parente ir assumir o comando do "negócio" do irmão. Só que, nesse caso, o motivo em geral estava associado a alguma emergência de família e nunca a situações de viagens de lazer, como era o caso dos imigrantes por mim observados em outro contexto (se bem que, coincidentemente, essas situações de solidariedade se observaram na mesma época).

A família de Mizael e Alice saiu de mudança do Sítio Santa Rita em algumas ocasiões especiais. Uma dessas ocasiões foi para proporcionar o estudo dos filhos em Currais Novos, em 1953, conforme será relatado no próximo capítulo. Depois de um ano morando na rua, Mizael observou que os filhos não estavam aproveitando dos estudos. Foi tempo em que a mãe de Alice morreu e então Mizael saiu de Currais Novos para ir tomar conta do sítio do sogro, o Ubaieira.

Essa mudança de Currais Novos para Ubaieira foi dentro do princípio da solidariedade familiar referido acima. A outra mudança dentro desse princípio da solidariedade familiar ocorreu bem antes disso, quando Cortez tinha apenas 5 anos, em 1941. Foram nessa época para o Sítio São Miguel, do Tio Xinda, irmão de Mizael. Nesse sítio, a família de Mizael e Alice residiu por um período maior, de uns dois ou três anos, segundo atesta a lembrança compartilhada dos irmãos. Eles foram morar no Sítio São Miguel porque o Tio Xinda, por sua vez, precisou ir tomar conta do Sítio da família da mulher dele, o Ronda, e então pediu para Mizael ficar lá tomando conta do sítio dele, o São Miguel, a cerca de 3 quilômetros de distância do Sítio Santa Rita.

A solidariedade camponesa é um princípio fundamental que, como outros já assinalados, tais como família e trabalho, seguiu marcando a carreira de José Xavier Cortez vida afora. Na entrevista na casa do tio Alfredo em Natal, que será reportada no próximo capítulo, Maria, que foi empregada da família Cortez em São Paulo por muitos anos, refere-se à casa de Cortez sempre cheia de parentes e hóspedes. Os depoimentos que farão parte da segunda parte deste livro, ao encargo de Goimar Dantas, darão conta da solidariedade de Cortez para com amigos e parentes chegados a sua casa em São Paulo, sempre de portas abertas para todos.

O sucesso de Cortez, Zé de Mizael, em São Paulo, como livreiro, como editor, como empreendedor, é grandemente explicado pelo legado do que ele vivenciou nas relações sociais estabelecidas no Sítio Santa Rita. Os valores do trabalho, da família e da solidariedade camponesa acompanham-no pela vida, mesmo nos momentos de mais adversidade que enfrentou ao deixar o Sítio Santa Rita para se jogar no mundo através da prova de fogo da Marinha Brasileira. Cortez marinheiro é o assunto do último capítulo da minha parte neste livro. Antes, porém, teremos um curto capitulo centrado quase exclusivamente no personagem José Xavier Cortez, que vai abordar sua trajetória de estudos e dos primeiros trabalhos antes de ingressar na Marinha.

Capítulo IV

Os estudos e os primeiros trabalhos de Cortez

Os estudos

Cortez tem um depoimento muito importante para entender sua trajetória de estudos e a de seus irmãos, quando diz que: "Meus pais, apenas alfabetizados, esforçavam-se muito para colocar os filhos na escola". Dar estudo para os filhos não era menos trabalhoso do que a dura labuta das atividades produtivas no Sítio Santa Rita. Estudar, naquela época e naquele local, implicava necessariamente mobilidade espacial.

Uma dessas ocasiões de mobilidade que envolveu toda a família foi em 1953, quando a família se muda do Sítio Santa Rita para Currais Novos. Na rua, Mizael arrumou um roçado próximo, a mais ou menos uns três quilômetros de distância, onde ia trabalhar todos os dias. Levou para a casa da rua uma vaca que se chamava Fortaleza, segundo Antônio, corrigido por Santa que diz que a vaca se chamava Asa Branca. Naturalmente, a vaca com o bezerro novo, para assegurar o leite dos meninos. Ficou tomando conta do Sítio Santa Rita um dos moradores, Petronilo. Os filhos mais velhos, Antônio e Luiz, iam com o pai trabalhar no roçado de dia, e de noite iam para a escola.

Às vezes, em vez de ir com o pai ao roçado, eles ficavam na rua para algum serviço que aparecia. Era o caso de Antônio, que conta seu trabalho de botar água nas casas das pessoas em Currais Novos, levando essa água em barris de madeira de aroeira, muito pesados, carregados em cima de jumentos. Era assim o abastecimento da água potável naquele tempo em Currais Novos. A água era tirada de cacimba. Antônio já tinha uma freguesia certa para onde ele botava água. Um desses fregueses, ele lembra, era o dono de um mercado, Seu Beto. Depois de ser abastecido pela carga d'água, ele pagava a água e dava para Antônio um pão que se chamava naquele tempo de pão "cangaia", com um bom pedaço de queijo dentro.

Com o dinheirinho desses biscates na cidade, os meninos foram se afastando da escola para outros divertimentos, para eles mais interessantes, como alugar bicicletas em vez de ir à aula. Até que os pais descobriram que de nada estava adiantando aquele sacrifício de ficar morando na rua. Ficaram somente um ano em Currais Novos. Nesse período, conforme já foi anotado no capítulo anterior, morreu a mãe de Alice, e então Mizael saiu de Currais Novos para ir tomar conta do sítio do sogro, o Ubaieira.

Dessa experiência escolar dos filhos em Currais Novos, quando Cortez tinha 16 para 17 anos, ele não participou, pois já tinha concluído com sucesso seus estudos em Currais Novos em período anterior e também nessa época ele não morava mais com a família, trabalhando no garimpo ou em mercearias. Os outros irmãos mais velhos, Antônio com 14 para 15 anos e Luiz com 13 para 14, é que foram o motivo principal da mudança, pois Cortez já havia estudado e eles permaneciam, adolescentes, sem estudo regular em escola.

A trajetória de estudos de Cortez é contada por ele mesmo, depois de um grande esforço em reconstituir tempos e lugares com a ajuda das lembranças de outras pessoas a quem pode recorrer.

Quando Cortez tinha apenas 5 anos, em 1941, a família se muda para o Sítio São Miguel, conforme referido no capítulo anterior. Começa aí a "vida escolar" do pequeno José. Segundo seu depoimento,

> "Minhas primeiras aulas foram em uma escola simples no sítio Condado. E meu primeiro professor foi o primo José Xavier Gomes, que dava aula para a criançada da redondeza. Recordo que à tardinha de um dia qualquer, cheguei em casa trazendo a grande novidade para contar para meus pais, que estavam sentados no alpendre. Eu, muito alegre, nem subi os degraus do batente. Do

chão mesmo me debrucei sobre a beira da calçada debaixo do alpendre e ali comecei a folhear e mostrar-lhes a *Carta do ABC* dizendo: 'Aprendi todas as letras (as maiúsculas) da *Carta do ABC*. Querem ver? Cubra qualquer letra e me pergunte qual é'".

Eram as letras que entravam definitivamente na sua vida. Talvez ali já estivesse sendo traçado um caminho que, muitos anos depois, o levariam a tantos outros livros.

No final do capítulo anterior, sobre a solidariedade camponesa, já foi dito que a família de Mizael se mudou para o Sítio São Miguel porque o tio Xinda, irmão de Mizael, tinha precisado se mudar de lá para o Sítio Ronda, da família da mulher dele. O pequeno José deixa então o convívio dos pais e irmãos no Sítio São Miguel e vai morar e estudar por cerca de seis meses na casa do seu tio Xinda no Ronda, município de Santa Cruz. Recordando esse tempo, Cortez diz que gostava daquele lugar e lá aprendeu muito com as primas, que eram professoras, e com os primos, um deles de apelido Tote, da sua idade.

De volta ao Sítio Santa Rita, os três filhos mais velhos — José, Antônio e Luiz — voltam por uns meses para estudar em São Miguel. Esse tempo o marcou porque foi nessa época em que José tomou os primeiros e inesquecíveis "bolos de palmatória", por não cantar corretamente a letra do Hino Nacional. Os pais procuram outra solução para o estudo dos três filhos mais velhos. Mandam-nos então para estudar no Sítio Sant'Ana, distante quase 5 quilômetros de sua casa. Nessa época eles estudaram com duas professoras: Dona Libanea e Dona Maria das Dores.

Cortez se lembra de detalhes desse período escolar, que dão uma dimensão do que era o duro cotidiano de estudo associado ao trabalho dos meninos de sua época que moravam em sítios. Diz que sua mãe tinha um jeito peculiar de chamar a ele e aos irmãos para irem à escola. Eles saíam para o roçado logo cedo. Por volta das 10 horas, para avisar que estava na hora de virem tomar um banho rápido, trocar de roupa e almoçar, em vez de gritar o nome de cada um, ela fazia um chamado "visual": estendia um "pano branco" em local visível, como sinal de que estava na hora de voltarem para casa. As aulas começavam ao meio-dia. Mas eles tinham que sair de casa às 11 horas, se possível um pouco antes, para não forçar tanto a caminhada a pé dos 5 quilômetros. Às 14 horas terminavam as aulas e eles chegavam em casa às 15 horas, depois de caminharem os outros 5 quilômetros de volta. Faziam então um pequeno lanche (sempre mel de rapadura e bolacha ou um pedaço de queijo), trocavam de roupa e voltavam para trabalhar até o pôr do sol.

Esse esquema era muito cansativo para os meninos, tendo que caminhar 10 quilômetros por dia e ainda trabalhar em todo o período restante do dia. Por isso os pais resolveram contratar dois professores particulares para dar aulas em casa, juntamente com outras crianças de sítios vizinhos. Primeiro foi a Profa. Maria Pereira, conhecida da família e que morava na redondeza. E depois, o Prof. Severino, que andava 5 quilômetros a pé, vindo da mina de ouro Poço Entupido. Este chegava às 11h30 e almoçava com a família de Cortez no Sítio Santa Rita. As aulas começavam ao meio-dia.

Cortez recorda que esse professor gostava de poesia e fazia os alunos decorarem poesias. Na hora de recitá-las, ele fazia os alunos subirem num tamborete, para que todos o ouvissem e vissem. E também se lembra que, vez por outra, ele chegava mais alegre do que de costume, cuja aparência denotava que rolou pelo caminho uma "pinguinha".

E assim, com arranjos possíveis para conciliar o estudo e o trabalho, os meninos iam aprendendo nessas informais "escolas". No primeiro capítulo, fazendo um perfil da personagem Alice, já foi visto que essas aulas, que possivelmente já eram em si precárias, ainda eram por vezes motivo de brincadeiras paralelas, que desviavam a atenção dos meninos do que a professora estava ensinando.

Com 13 para14 anos de idade, Zé de Mizael é levado pelo pai a dar um passo decisivo em sua vida, que o distancia de seus irmãos próximos, cuja diferença de idade era de apenas um ano para Antônio e dois anos para Luiz. Era uma segunda feira, dia de feira na cidade de Currais Novos. Mizael levou seu filho mais velho José para se matricular no curso primário no grupo escolar Capitão-Mor-Galvão, em majestoso prédio localizado no centro da cidade, no final de uma larga avenida chamada Cel. José Bezerra. Quando fomos a Currais Novos, Cortez e eu, entrevistar Joabel, constatamos que tal prédio já não existe mais.

Raimundo Bezerra

Antigo grupo escolar Capitão-Mor-Galvão

Ao chegar à escola, seu pai o apresentou à diretora e lhe disse que ele já havia estudado antes e que foi recomendado para que viesse continuar seus estudos em Currais Novos, porque no sítio ele já havia alcançado o maior nível que as escolas da região podiam oferecer. A lembrança desse dia é ainda muito forte na memória de Cortez. A diretora o chamou na sua sala, enquanto seu pai foi à feira fazer as compras de sempre: farinha, rapadura, arroz etc. Depois voltaria à escola para lhe buscar. Ela mandou que ele se sentasse e lhe deu uma caneta-tinteiro, com o tinteiro ao lado e uma folha de papel para ele preencher. Ele se recorda que estava muito nervoso e tremia muito, pois era a primeira vez que iria usar um tinteiro. Para sua infelicidade, ao introduzir a caneta no tinteiro, este virou e derramou toda a tinta.

Foi classificado para começar alguns dias depois, cursando o 4º ano primário.

À tardinha, com seu pai, tomaram o caminhão da feira e voltaram para casa. Na hora do jantar, a sala iluminada pela luz das lamparinas, com todos da família sentados à grande mesa, seu pai disse: "O José passou para estudar em Currais Novos e começará na semana que vem". Cortez lembra que sua mãe, naquele dia, batia de leve com os dedos sobre a mesa (costume que ela tinha) e disse: "Pois é, Dedé, você vai ser o primeiro *fio* a ir pra longe..." Ao que o pai retrucou: "Que nada, Alice. Quando tiver saudade, ele vem pra cá, porque agora tem até um ônibus que passa todo dia na estrada fazendo a linha Caicó-Natal". No dia seguinte, a notícia se espalhou pelos sítios vizinhos.

Cortez já havia estado em Currais Novos umas três ou quatro vezes, quando seu pai o levava para extrair os dentes cariados com o Dr. Sinval. Agora porém seria uma situação inteiramente nova, pois ele iria sozinho, sem o apoio seguro do pai.

Começaram os preparativos para sua mudança para Currais Novos, distante 25 quilômetros do Sítio Santa Rita.

Sua mãe foi falar com a tia Conceição, irmã de Mizael, que os sobrinhos chamavam carinhosamente de tia Sal. Ela era costureira experiente e daria conta de fazer algumas calças e camisas no curto espaço de tempo até o início das aulas e a mudança para Currais Novos. Cortez recorda que foram umas dez parelhas de roupa, calça e camisa, pois toda segunda-feira alguém levava sua roupa suja para o sítio para ser lavada e engomada e retornava limpa na segunda-feira seguinte. Uma prima de Cortez, Diassis, que foi uma das pessoas a quem ele consultou para avivar sua memória, lembrou que sua mãe, Alice, quando mandava a roupa limpa de volta, sempre colocava nos bolsos um dinheirinho sem que ninguém visse ou soubesse, para ele comprar coisas que tivesse vontade de comer. Cortez recordou então que a primeira coisa que ele fazia ao receber a roupa era revirar os bolsos para procurar esse dinheirinho, que era resultado do "apurado" da venda dos ovos das galinhas poedeiras.

Outra providência dentre os preparativos para a grande mudança de Santa Rita para Currais Novos foi a compra de sapatos. Até então, José e todos os irmãos só usavam uma espécie de alpercata que eles chamavam de "talão". Essas alpercatas eram feitas artesanalmente por um ex-morador de um sítio da redondeza chamado Chico de Assis. Alice tirava as medidas do pé de cada filho em uma folha de papel, da seguinte forma: o menino subia na mesa e, com o pé em cima de uma folha de papel, ela marcava do dedo do pé ao calcanhar. Aí cortava o papel e colocava nele o nome de cada um dos filhos. Mizael levava essas medidas para o tal artesão que morava em Currais Novos, e encomendava as alpercatas com as medidas tomadas por Alice.

Para estudar na escola era necessário comprar um par de sapatos para José. Esse par de sapatos foi comprado com seu pai, num mercado grande que vendia de quase tudo, localizado em frente à praça Cristo Rei, em Currais Novos, mercado esse que não existe mais hoje, tendo dado lugar à *praça Tomaz Salustino*. Foram numa banca aqui, outra acolá e terminaram comprando um par de sapatos. Só que, como não tinham nenhuma experiência, compraram uma numeração maior do que os pés do menino, também levando em conta que ele iria crescer e o sapato não poderia ficar perdido. No dia seguinte, quando foi usar os sapatos pela primeira vez, José viu então que estava muito folgado e quase saía do pé quando ele andava. Ficou muito chateado e envergonhado. Mas a tia na casa de quem ele estava morando lhe sugeriu que pegasse um punhado de algodão sem caroço e enfiasse no bico do sapato.

Em Currais Novos Zé de Mizael foi morar com uma tia viúva, sem filhos, de nome Sofia. Ela era cunhada de seu pai e havia se transferido do sítio onde morava para a cidade, onde residia em um casarão de um parente a 50 metros da Igreja Matriz, cuja frente dava para a principal praça da cidade, a praça Cristo Rei. Essa praça existe ainda hoje. Tratava-se de um local privilegiado. Sua lembrança dessa casa é que, à tardinha, ele colocava uma cadeira na calçada e ficava admirando o vaivém das pessoas e, vez por outra, um automóvel ou caminhão. Em frente havia uma quadra, ainda existente hoje, para a prática de esportes. Foi lá que ele viu, pela primeira vez, um jogo de voleibol. Entre os jogadores estava sua professora, que até hoje ele não esquece o nome: Nilza Cunha. Seus olhos ainda brilham quando ele fala dessa professora, loira e simpática, que pulava e dava "cortes" na bola junto àquela rede que separava as equipes.

As duas entrevistas com Joabel em Currais Novos teve como um dos principais temas esse período de Cortez estudando no Grupo Escolar Capitão-Mor Galvão, pois Joabel também estudou nessa escola no mesmo período, um ano abaixo de Cortez. Na conversa eles lembraram o nome da diretora do Grupo: Zilda Elita do Nascimento. Difícil era se concentrar em um assunto, pois Joabel emendava uma história na outra e os assuntos iam se sucedendo. Como pesquisador e mantendo em casa muitos arquivos de seu tempo, Joabel se comprometeu a procurar os arquivos onde pudesse constar alguma informação referente ao período de Cortez naquela escola. E assim fomos na casa dele uma segunda vez. Lá estava uma ata da escola, que ficou registrada por mim na fita gravada, e que diz textualmente:

> "Aos vinte e um e vinte e dois dias do mês de novembro do ano de mil novecentos e cinquenta, nesta cidade de Currais Novos, em um dos salões do Grupo Escolar Capitão-Mor Galvão, presentes os professores Elita e Lina da Costa, presidentes da comissão examinadora, Maria Neide Xavier, Izete Rego de Azevedo e Amélia Augusto Medeiros, examinadoras nomeadas, realizaram-se os exames dos alunos do quinto ano deste estabelecimento, verificando-se o seguinte resultado: Aprovados com distinção Ana Hilda da Silva, 9, 75; Edite Lins dos Santos, 9, 74; Maria Pureza Gomes, 9, 63; Antônia Gomes, 9, 61. Aprovados plenamente Severina Diva Gomes, 9, 43; **José Gomes Xavier, 9, 47** (a ata segue nomeando os demais alunos aprovados e quatro reprovados). Do que, para constar, eu, Bernadete Xavier, regente do Primeiro Ano B deste Grupo Escolar, servindo de secretária, lavrei o termo que será assinado pelo presidente da comissão e pelos examinadores".

Todos os irmãos de Cortez têm o sobrenome Xavier Gomes, tal como o pai Mizael. Cortez foi registrado como José Xavier Cortez, diferentemente de todos os seus irmãos, para que seu nome não ficasse igual ao de um primo que nasceu antes dele e tinha exatamente esse nome e sobrenome, José Xavier Gomes. Por isso a confusão na hora de matriculá-lo na escola. Naquela época, conforme consta na entrevista com Joabel, não era exigido registro civil para a matrícula na escola. O sobrenome de Cortez só foi trazido à luz quando da busca de sua documentação para se inscrever na Marinha. A conclusão da pesquisa de Joabel foi então que aquele aluno nomeado José Gomes Xavier, aprovado plenamente no Grupo Escolar com nota 9, 47, era o mesmo José Xavier Cortez.

Na escola Cortez não tinha amigos, pois era muito tímido e mal falava com os colegas. Era o típico beiradeiro, termo local para designar a pessoa esquiva, tímida. O dicionário *Aurélio* relaciona o termo como proveniente de beirada, significando caipira; pessoa rústica que mora na circunvizinhança das vilas sertanejas. Por isso ele diz que na escola foi alvo de muitas chacotas e brincadeiras. Uma dessas "brincadeiras" das quais ele se lembra, era que alguns colegas, ao passarem por ele, vindo de trás da sala e sem que a professora visse, davam um "tapão" na sua nuca ou um beliscão. Joabel lembra que dois alunos da escola eram motivo de chacota, justamente por serem beiradeiros: Cortez e Chagas.

Com o curso primário concluído logo após completar 14 anos, que era o maior grau de escolaridade possível de obter em Currais Novos, Cortez já não volta para as mesmas atividades no Sítio Santa Rita. Durante o ano em que estudou na cidade.ele já tivera algumas experiências de trabalho no comércio. O comércio será, dali por diante, o seu interesse principal.

Trabalhos no comércio

Enquanto estava estudando em Currais Novos, Cortez começou a trabalhar pela primeira vez em atividades que não a agricultura de sitiantes. Através de conhecimentos de seu pai, conseguiu trabalhar em empregos que eram até certo ponto esporádicos, onde trabalhou como ajudante. Às segundas-feiras, que era o dia de feira em Currais Novos, trabalhou por um tempo na Casa Cardoso, cujo dono era Sebastião Cardoso. Nessa loja se vendia chapéus, sapatos e tecidos. Ele lembra de ter sido visto pelo pai, que tinha ido à feira em Currais Novos e o viu atrás do balcão e aquilo lhe deu muita satisfação e orgulho.

Trabalhou também numa espécie de armazém que vendia diversas mercadorias no atacado, como sabão, feijão, carne de charque. O dono desse armazém era um senhor de peso avantajado chamado Lalú. Em frente ao armazém havia uma bomba de gasolina, também de propriedade do senhor Lalú e da qual Cortez tomava conta. Esse trabalho na bomba de gasolina foi o mais duro de todos, pois sempre faltava energia elétrica na cidade e Cortez tinha que encher os tanques usando a força dos braços para girar a manivela.

Ao concluir o curso primário em Currais Novos em 1950, com 14 anos completos, o jovem adolescente José Xavier Cortez retorna para o Sítio Santa Rita. Porém, daí em diante, seu trabalho será cada vez menos na agricultura própria de sitiantes. A curta e precária experiência no comércio de Currais Novos lhe dera outras ambições. Cortez aproveitou cada ensinamento que teve naquele período e ainda recorda o que lhe ensinou o seu primeiro patrão na

Casa Cardoso, o Sr. Sebastião Cardoso, dono da loja. Ele acabara de vender determinada mercadoria por um preço e, ao entregar o dinheiro ao Seu Sebastião, disse que o freguês havia perguntado se não dava para fazer um desconto. Ao que o Seu Sebastião lhe respondeu, à guisa de ensinamento: "José, isso de regatear preço se faz antes de comprar. Se você conseguiu o mais difícil, que foi fechar a venda, não tem sentido agora fazer desconto".

As relações familiares eram decisivas para a carreira profissional naquele tempo e lugar, lastreadas que eram em vínculos de solidariedade. Em 1951, com 14 para 15 anos, portanto, José sai novamente de casa e vai trabalhar como balconista numa venda próxima a uma mina de xelita no município de São Tomé, onde seu tio Xinda era o administrador. Nessa venda ele trabalha por cerca de seis meses, durante o período em que esteve lá seu tio.

Em meados de 1952, nova mudança de residência em função de outra possibilidade de trabalho no comércio, dentro do mesmo princípio de solidariedade familiar camponesa. Aqui, vou novamente me reportar à entrevista com os primos de Cortez no Sítio Santa Rita em junho de 2005. O depoimento foi de seu primo José Gomes Xavier, Zé de Xinda. Lembremos que esse mesmo personagem, mais velho do que Cortez, foi seu primeiro professor. Para esse dia festivo das entrevistas no Sítio Santa Rita, Zé de Xinda levou um depoimento por escrito que leu e foi gravado e que dizia assim:

"Eu, José Gomes Xavier, trabalhava com compadre Tino, que era um primo que morava na Serra do Doutor. Tendo outra oportunidade, deixei o comércio ali e fui trabalhar em Campo Redondo em um comércio com Braga Brandão Bezerra. Fui então substituído no trabalho na Serra do Doutor pelo primo José Xavier Cortez, Zé de Mizael. Depois de uns meses que estava lá trabalhando (Cortez lembra que trabalhou nesse comércio de secos e molhados por aproximadamente uns seis meses), compadre Tino perguntou aos fregueses lá do barracão: 'O que vocês acham do novo empregado?' (hoje, isso seria um dos itens de uma pesquisa de mercado). Ao que alguns deles responderam: 'A diferença é que Seu Zé Xavier falava um tanto desenvolvido para nós. Fazia as nossas contas e nós entendíamos melhor do que Seu Zé Cortez, de quem a gente não entende muito bem as contas que ele faz'"

Cortez intervém após esse trecho da leitura, à forma de gozação: "quer dizer que eu enrolava os fregueses, era isso?" A risadaria foi geral. Zé Xavier descarta essa possibilidade e diz que a dificuldade era antes seu modo de falar. E, provocando nova onda de risos, imita em sons como era a fala de Zé de Mizael nessa época, uma fala enrolada.

Depois desse período na Serra do Doutor, Cortez volta de novo para o Sitio Santa Rita. Agora já se afastara totalmente das atividades agrícolas do Sítio. Trabalha um tempo como garimpeiro, dedicando-se à extração de ouro no próprio sítio Santa Rita. Ele vai aos poucos se afastando das atividades do garimpo e passa a comercializar, por sua conta, em uma venda no próprio Sítio, produtos comestíveis para os trabalhadores da mina.

O Cortez comerciante dá mais um passo em sua trajetória, saindo da condição de empregado no comércio, que tinha sido até então, para dono de seu próprio (ainda que muito pequeno) negócio.

Em 1954, Cortez completaria 18 anos em novembro. Era o tempo de servir às Forças Armadas. Cortez se remete a esse período: "Diziam que os recrutas que serviam na cidade mais próxima de Currais Novos, Caicó, eram muito sacrificados. Meu pai falou então com tio Alfredo, que morava em Natal, para me hospedar". Mais uma vez, fala mais alto a solidariedade familiar decorrente da tradição camponesa. Seus pais tinham um vínculo de amizade com a família numerosa do seu tio Alfredo, que ia para além do parentesco, incluindo a tradição do compadrio. O tio Alfredo possuía um sítio muito valioso chamado São Luiz, próximo ao Sítio Santa Rita, e era comum as famílias se frequentarem e trocarem favores. A ida do filho mais velho para a casa do tio seria parte desses favores compartilhados.

"No mês de setembro, se não me falha a memória, eu fui pra lá, pensando em me alistar na Aeronáutica. Foi lá em Natal, já com quase 18 anos completos, que pela primeira vez eu tive a visão do mar. Sem conhecer ninguém e ainda beiradeiro, fui de um lugar para outro, documento pra lá, documento pra cá, e terminei não sendo aceito na Aeronáutica devido à minha estatura. Pelo menos foi isso que me disseram. Recomendaram-me então a Marinha.

"Começaram de novo as idas e vindas. Marcavam um exame e, quando lá chegava, tinha sido adiado. Com isso, o tempo foi passando e eu numa grande inquietação. Aconselhei-me então com a prima Dalva e tomei a decisão de falar com os tios sobre aquela minha situação de continuar por tanto tempo na casa deles, que para mim era desconfortável. 'Fique o tempo que precisar para realizar seu sonho', foi o que eles me responderam.

"A casa do tio Alfredo era como uma chácara dentro da cidade. Cotidianamente, ficava entretido com obrigações caseiras, como puxar água do "cacimbão" (acho que com uns 8/10 metros de profundidade) com uma lata amarrada numa corda presa à manivela; limpar com um "ciscador", uma espécie de ancinho, as folhagem das muitas árvores, principalmente as frutíferas. À noite, especialmente, junto com o tio, saíamos à caça de formigas e fazíamos pequenos fogos para dizimá-las.

"Esse impasse da Marinha me deixava confuso, porque eu poderia ir para o sítio enquanto aguardava ser chamado. Mas se em cinco ou seis dias eles me chamassem?

"Foi então que tive a ideia de falar com meu tio para comprar dele algumas frutas (consignadas) e vendê-las na redondeza. E foi uma decisão acertada, providencial para mim, pois não precisei mais pedir dinheiro aos meus pais. Chegou a época das festas e, como sabia que não aconteceria nada com relação à Marinha nesse período, no final de dezembro fui passar a "Noite de Festa" e Ano Novo em casa.

"Voltei em janeiro, confiante de que tudo iria ocorrer conforme o esperado. E de fato aconteceu".

Em 21 de março de 1955, Cortez viajou de trem para o Recife e apresentou-se na Escola de Aprendizes-Marinheiros. Antes de entrar no capítulo referente à sua vida na Marinha, vejamos mais um pouco outros aspectos desse período de Cortez na casa do tio Alfredo, não pelas suas impressões, mas sim das primas e outros convidados especialmente para uma entrevista que eu fiz com eles e Cortez na casa do seu tio Alfredo em Natal, no final de meu período de entrevistas no Rio Grande do Norte, em junho de 2005.

Os tios já morreram, mas as filhas, que continuam morando na mesma casa, reuniram lá outras pessoas para a entrevista coletiva. O clima de reminiscência da infância e juventude foi o mesmo das entrevistas no Sítio Santa Rita: de muita festa e alegria, recebendo o primo bem-sucedido de São Paulo.

No dia da entrevista estavam presentes suas primas (filhas do tio Alfredo) Dalva, Salete e Albaniza; Da Luz, também prima e viúva de José Umbelino, que lhe deu seu primeiro emprego em São Paulo, no estacionamento; e Maria, que foi empregada doméstica na casa de Cortez em São Paulo.

Dalva foi a principal interlocutora na entrevista, pela sua relação de maior aproximação com Cortez no seu tempo de marinheiro. Ela foi uma das correspondentes dele. Guardou apenas uma das cartas que ele lhe escreveu. Ela guardava essas cartas numa caixa. Mas aí caiu uma goteira em cima da caixa, elas mofaram todas, grudaram umas nas outras, e Dalva foi obrigada a jogar fora. Só sobrou aquela que por um acaso não estava junto com as outras na caixa. Foi uma correspondência intensa por certo período, de quase uma carta por mês. Do que tratavam essas cartas? Notícias do cotidiano na Marinha no Rio de Janeiro e das notícias de Natal, da família. Confidências às vezes.

Essa amizade com Dalva começou quando Cortez ficou hospedado lá antes de seguir para a Escola de Aprendizes-Marinheiros de Pernambuco. Além de Dalva, ele era muito querido por todos da casa. "Papai gostava muito dele, mamãe adorava ele", diz Dalva. E Cortez acrescenta: "Todo o meu apoio era aqui, pois naquela época não tinha outra pessoa da família, não tinham ainda meus irmãos aqui. Portanto, todo o meu apoio era aqui na casa do tio Alfredo". Dalva complementa que outros irmãos de Cortez também passaram algum tempo lá, de passagem para outros destinos: Cleodon, Luiz, Enilson.

Da lembrança das outras primas, a de Albaniza é quase um prenúncio do empresário das letras que seria Cortez no futuro. Ela dizia que, como Dalva, também gostava muito de conversar com ele. E que ele gostava de escrever no chão com uma varinha, um gravetinho do pé de pitomba. "Aí papai dizia assim: Escrever no chão é trabalho perdido, é como amar sem ser querido'. Papai falava isso e ele ficava calado. Às vezes ria."

Da Luz, especialmente chamada pelas primas para a entrevista, mudou-se com a família de São Paulo para Natal em 1991, porque o negócio do estacionamento em São Paulo estava em crise. Vieram então montar novo negócio em Natal. Ela recorda que Cortez, mesmo morando no estacionamento, às vezes vinha fazer alguma refeição com a família e brincar com as crianças, criando assim um vínculo de amizade. Ela lembra a fotografia do casamento de Cortez, em que ela, o marido e os filhos estavam presentes.

Maria foi uma das entrevistadas nessa manhã na casa do tio Alfredo. Ela morava em um sítio próximo ao Santa Rita e foi para São Paulo em 1980.

Acervo Família Cortez

Da esquerda para a direita: Potira, Maria, Mara e a amiga Fádia, em Natal

"Fui para a casa de uma irmã que já morava lá, com intenção de trabalhar como costureira. Mas quando cheguei lá, meu cunhado falou pra Cortez que eu estava procurando emprego. Então Cortez mandou recado por ele para eu procurá-lo. Isso foi em agosto de 1980. Cortez disse: 'Maria, venha passar aqui um mês com a gente. Se der certo, você fica'. Passei um mês, fui engrenando, fui ficando. Só sei que fiquei 22 anos e 10 meses. Lá já tinha uma senhora que vinha, lavava e passava a roupa, fazia a limpeza da casa. Eu cozinhava, vez por outra, a pedido dele, e preparava algo especial como comida nordestina, e tomava conta das meninas. A casa sempre cheia de gente. Toda a vida foi assim, a casa dele em São Paulo. Era sempre cheia de gente, indo daqui de Natal, de Currais Novos, de outras cidades."

A lembrança mais marcante desse encontro foi um fato que traz água para o moinho de minha hipótese sobre a vocação natural de comerciante de Cortez, expressa em várias passagens dos capítulos anteriores. Essa casa de seu tio tem uma grande área externa de quintal atrás e ao lado, com várias árvores frutíferas, observada por mim no dia da entrevista e descrita linhas atrás por Cortez, como uma chácara dentro da cidade. Nos meses iniciais de seu perío-

do na casa do tio, coincidiu com a época de safra de mangas. Sua prima Dalva
conta então que ele pediu à tia para deixá-lo vender mangas. Assim, logo cedo
ele enchia um balaio de mangas e saía pelas redondezas, só voltando para casa
com o balaio vazio. Isso lhe permitiu ter o seu dinheirinho para despesas miú-
das. Possivelmente foi depois dessa primeira experiência que ele solidificou o
"negócio", vendendo outras frutas consignadas compradas ao tio. Ele arremata dizendo que foi uma decisão providencial, pois daí em diante não precisou
mais pedir dinheiro aos pais.

Capítulo V

José Xavier Cortez, Marinheiro

A trajetória de José Xavier Cortez, segundo ele próprio, tem três momentos no tempo bem demarcados: o período da infância e adolescência no Sítio Santa Rita e imediações rurais do Sertão do Seridó; o período da Marinha e seu engajamento na luta dos marinheiros; e o período do empresário Cortez, que vai se forjando desde a "expulsão" da Marinha, o curso de Economia na Pontifícia Universidade Católica de São Paulo, a venda de livros nos corredores desta Universidade, até ele se tornar o empresário de livros que é hoje.

Tal como procedi para reconstituir o tempo sertanejo de Cortez, também aqui, nos capítulos sobre Cortez marinheiro, procurei contextualizar o período com a leitura de documentos, bem como avivar sua memória através de entrevistas coletivas com outras pessoas desse tempo: uma visita à Escola de Aprendizes Marinheiros de Pernambuco, no Recife, onde ele fez o curso preparatório na Marinha; uma entrevista com seu primo Joquinha, a esposa e as filhas no Rio de Janeiro, onde ele se hospedou por quatro anos para poder estudar à noite após o expediente nos navios em que serviu, Contratorpedeiro Marcílio Dias e Cruzador Barroso; e duas entrevistas com grupos de ex-marinheiros.

De todo material das entrevistas referentes a esse período, destacam-se as duas entrevistas coletivas com ex-marinheiros, uma no Recife e outra no Rio de Janeiro. Lamentavelmente, realizei essas entrevistas antes da leitura de livros que teriam me ajudado a tirar muito mais de alguns daqueles personagens históricos entrevistados referenciados nesses livros,[1] dois dos quais, justamente os mais úteis, foram publicados pelo próprio Cortez.

Os últimos anos de Cortez na Marinha, com o seu engajamento na Associação dos Marinheiros e Fuzileiros Navais do Brasil (AMFNB), marcaram fortemente sua vida. Tal como para quem fez militância alguma vez na vida, representam os anos de descoberta de valores fundamentais para o resto da vida. Era imensa a satisfação com que Cortez reencontrou esses velhos companheiros de luta nos encontros por ele promovidos para a minha entrevista.

Antes, porém, de chegar a esse capítulo mais importante de sua trajetória na Marinha, vale a pena fazer uma rápida passagem pelos antecedentes de sua vida marinheira.

O tempo da Marinha

Cortez estava na casa de seu tio Alfredo quando chegou o dia do chamado da Marinha. Em 21 de março de 1955, Cortez viajou de trem para o Recife e apresentou-se na Escola de Aprendizes-Marinheiros. Como vários outros que ingressavam na Marinha, vinha de um mundo pobre, isolado, rural. No seu caso, sem nenhum conhecimento do mundo que não fosse o entorno de seu sítio, Currais Novos, e a vizinhança da casa de seu tio em Natal. Começava uma vida inteiramente nova para Zé de Mizael, com toda a sua timidez de "beiradeiro".

A visita que fizemos à Escola de Aprendizes-Marinheiros em outubro de 2005, depois de uma primeira tentativa frustrada de visitar o local após o período de pesquisa no Rio Grande do Norte em junho daquele ano (era

---

1. RODRIGUES, Flávio Luís. *Vozes do Mar: o Movimento dos Marinheiros e o Golpe de 64.* São Paulo: Cortez, 2004; VIEGAS, Pedro. *Trajetória Rebelde.* São Paulo: Cortez, 2004; DUARTE, Antônio. *1964: A Luta dos Marinheiros.* Natal: Diorama Editora, 2009.

necessário uma autorização formal de instâncias superiores da Marinha no Rio de Janeiro), não acrescentou muito ao que o próprio Cortez já havia conversado comigo. Percorrendo, junto ao oficial que nos acompanhou, as dependências daquela Escola, ele lembrou a dura faina diária dos trabalhos braçais, os estudos, que equivaleriam ao que se aprendia no curso primário daquela época, os novos códigos, entre os quais o "apito", a indicar as tarefas do dia.

O respeito à autoridade, imiscuído de certo temor, atávico para quem foi socializado com a severidade de seu pai, de certo modo facilitaram a socialização de Cortez àquele ambiente hostil. Como todo sertanejo porém, ele consegue rir da própria desgraça. Lembrou, achando graça, de sua primeira saída à rua depois que chegou à Escola. Passando na frente de um hotel onde havia um mensageiro fardado, que recebe os hóspedes, ele não relutou em bater continência, supondo ser esse guarda uma autoridade.

Navio de transporte da Marinha *Barroso Pereira* – G16

Diretoria do Patrimônio Histórico e Documentação da Marinha (DPHDM)

Serviço de Relações Públicas da Marinha

Contratorpedeiro D25 Marcílio Dias da Classe
http://www.defesabr.com/Mb/mb_amrj_historia.htm

SDM

O Cruzador Barroso, saindo da Baía da Guanabara
http://www.naviosdeguerrabrasileiros.hpg.ig.com.br/B/B020/B020-f01.htm

No dia 14 de janeiro de 1956, o aprendiz de marinheiro José Xavier Cortez jurou bandeira e se tornou um militar da Marinha Brasileira. Já como Grumete, sai do Recife em 17 de março em direção ao Rio de Janeiro, onde chega em 21 de março, a bordo do navio transporte Barroso Pereira, em sua primeira viagem de navio. Sua lembrança dessa primeira viagem é muito vaga, como aliás a lembrança de vários outros fatos cotidianos de sua vida marinheira.

Cortez como Aprendiz
de Marinheiro, em 1955

No Rio de Janeiro, Cortez inicia seu duro aprendizado das rotinas do ofício. De todo o seu tempo na Marinha no Rio de Janeiro, passou apenas seis meses na Unidade de Terra, no Quartel de Marinheiros. Ali sua função era de auxiliar de enfermagem. Todo o tempo restante passou embarcado, nos trabalhos rotineiros do navio, e depois de ter cursado o MA (Curso de especialização de máquina) fez parte da Divisão de Máquinas do cruzador *Barroso* (C11). A maior parte das viagens que fez foi no próprio litoral brasileiro, em viagens de treinamento. Para fora do país, viajou duas vezes para a Argentina, Uruguai e outra vez para Portugal, viagem essa última já referida em capítulo anterior, quando falei das imagens de Nossa Senhora de Fátima que trouxe para a mãe e para a namorada do Rio de Janeiro.

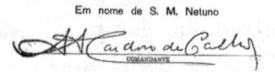

Certificado do Equador

Acervo Família Cortez

Décadas depois, Cortez volta a cruzar a linha do Equador,
dessa vez no Marco Zero de Macapá, acompanhado do
Diretor Comercial da Cortez Editora, Antonio Erivan Gomes

A ascensão de Cortez na Marinha chegou até a graduação de Cabo, tendo passado antes pela estrutura organizacional da época: Grumete, Segunda Classe e Primeira Classe. No seu depoimento, a permanência durante um tempo demasiado nessa graduação de Primeira Classe antes de passar para Cabo foi um dos motivos pessoais de sua insatisfação com a Marinha, que o levou a se associar à Associação dos Marinheiros e Fuzileiros Navais do Brasil em 1962. A permanência em uma mesma graduação significava a estagnação do soldo, um motivo de grande insatisfação entre os marinheiros. Cortez lembra especialmente sua vontade de auxiliar mais a família distante. Uma das poucas ajudas de que lembra foi na Grande Seca de 1958, quando conseguiu enviar alguns sacos de mantimentos para casa, como arroz, feijão...

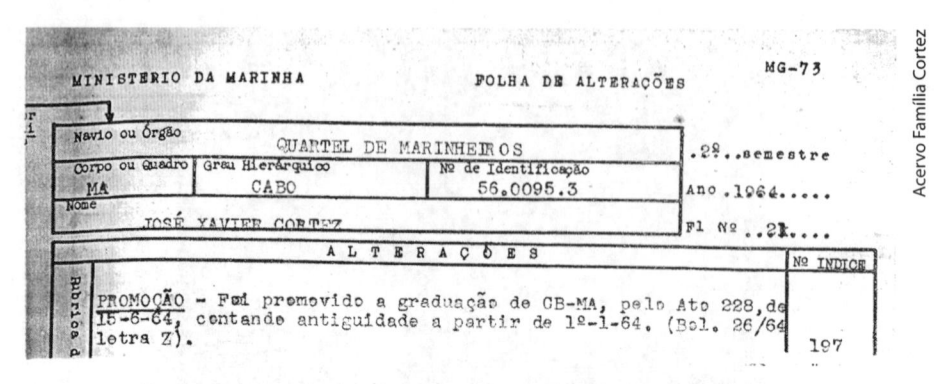

Trecho de documento, constando a promoção de graduação de Cortez a Cabo

Com o Golpe de 1964 e sua "expulsão" da Marinha, as autoridades da Marinha lhe "despromoveram", voltando Cortez a graduação de Primeira Classe. Foi anistiado da Marinha no ano de 2004, na graduação em que supostamente estaria se tivesse continuado a servir às Forças Armadas do Brasil: como Suboficial l. Nesse período de muitas décadas, ele teria passado pelas graduações de Terceiro, Segundo e Primeiro Sargento, para finalmente chegar a Suboficial, que é o último degrau do Quadro Subalterno na Marinha. Daí por diante, teriam início as graduações equivalentes a Oficial, dentro do quadro auxiliar da armada, ou seja, Tenente e Capitão-Tenente, para enfim chegar até a mais alta patente do quadro de Oficial Auxiliar da Armada à época.

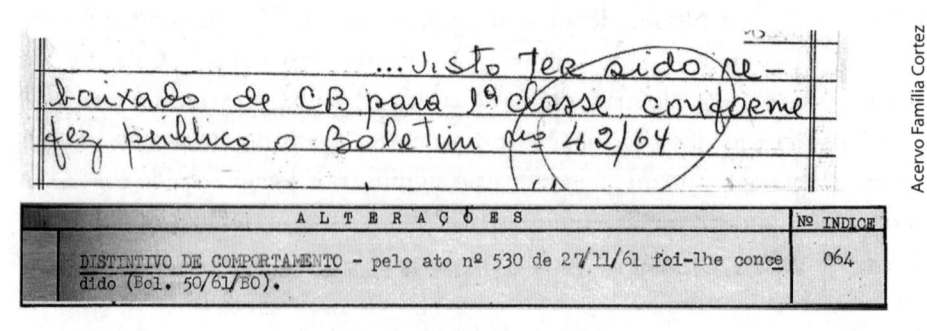

No documento acima, Cortez é rebaixado

As dificuldades para passar do Quadro Subalterno ao Quadro Auxiliar na Marinha eram quase intransponíveis. Mesmo para aqueles que conseguiam, à própria custa e às vezes até às escondidas, bancar seus estudos. E estudar não era tarefa fácil para um marinheiro daquele período. Principalmente para os que estavam embarcados, porque poderiam ser convocados para uma viagem de treinamento a qualquer dia ou mês. Qual a cultura marinheira predominante naquele período em que Cortez esteve na Marinha?

Imaginemos primeiramente o ambiente familiar de origem desses jovens. A família de Cortez nós já conhecemos pelas descrições feitas nos capítulos precedentes. Estávamos nas décadas de 1950 e início da década de 1960. O Brasil ainda era predominantemente rural. Assim como Cortez, a grande maioria dos jovens que se alistavam na Marinha era proveniente de áreas rurais ou pequenas cidades do Norte e Nordeste brasileiro. Com pouca instrução, a Marinha era sua porta de entrada para uma esperada cidadania. Era também o sonho de conhecer um mundo para eles idealizado em terras distantes.

As argutas observações de um dos marinheiros entrevistados no Rio de Janeiro, Otacílio dos Anjos Santos, apelidado de Tatá pelos companheiros, dão o profundo sentido do contraste entre a era da inocência vivida por cada um daqueles marinheiros, e a era da degradação e violência em que seriam jogados ao chegarem à Marinha. Não tanto na Escola de Aprendizes-Marinheiros, onde ainda se encontravam em certa proximidade à sua cultura local e protegidos por uma disciplina mais fechada. Mas principalmente depois do juramento à bandeira, quando embarcavam, já grumetes, para o Rio de Janeiro.

Ali eram jogados, dentro e fora dos muros da Marinha, num mundo agressivo para o qual não estavam preparados. Lembremos que eram todos jovens, inexperientes. Não estava previsto nos regulamentos da Marinha um ambiente de sociabilidade para os tempos de lazer, mas apenas para o ambiente de trabalho e a preparação de habilidades para cada uma das tarefas previstas. O tempo livre do marinheiro ficava à mercê do que lhe oferecia a rua e o seu parco salário. O que mais, além de perambular pelas ruas, comprar alguma comida na rua ou nos pobres botecos e conseguir alguma das moças disponíveis nas zonas portuárias que se dispusessem a vender algum momento de prazer por ralas economias?

O pior talvez nem estivesse na rua. Estava mesmo dentro dos muros dos alojamentos. Ali os grumetes recém-chegados precisavam se proteger, pois estavam sujeitos a situações adversas e até vexatórias por parte dos veteranos (gorgotas), que costumavam aliciar sobretudo os mais inocentes, inexperientes ou mesmo mais "bonitos". Pois os "gorgotas" estavam sempre a "postos" para oferecer vantagens, por exemplo: não ser escalado para determinadas fainas, para passeios pela cidade, ou até mesmo oferta em dinheiro. A alternativa à degradação era o isolamento ou o agrupamento entre companheiros da mesma localidade, que aos poucos iam descobrindo suas afinidades geográficas. Nesse ambiente, manter a integridade moral e de caráter era uma árdua luta diária. Otacílio descreve em tintas sombrias essa dura realidade e a compara ao mundo seguro e telúrico do sítio de seus pais, de onde ele saíra da era da inocência. "Ali nós vivíamos uma pureza. Eu considero que a gente saiu como da primeira comunhão."

O aspecto mais importante salientado na entrevista de Otacílio, quando ele se refere ao que eu estou chamando aqui de "era da inocência", era que, na origem rural, eles tinham "uma base familiar sólida". No seu caso, ele nasceu em um sítio no interior da Bahia, onde plantava, em uma agricultura familiar, fumo, mandioca, batata-doce, etc., levando os produtos comercializáveis para Feira de Santana para vender e trazer os víveres de que necessitavam e não produziam. O que condiz, guardando as especificidades locais, com tudo o que foi caracterizado nos capítulos anteriores sobre a origem sertaneja e camponesa de Cortez.

Sair desse mundo rural onde viviam uma base familiar sólida e ser "jogado" no ambiente degradado do cais do porto, sem nenhuma orientação para a vida, essa era a situação daqueles jovens marinheiros.

O depoimento de um dos marinheiros entrevistados no Rio de Janeiro ilustra essa situação de serem jogados no ambiente degradado daquela cidade. Quando eles não estavam em treinamento nos navios e saíam para terra (baixar a terra) nas folgas normais, nas licenças por alguns dias, ou mesmo de férias, os que tinham parentes para onde ir eram salvos. Mas aqueles de fora, que eram a grande maioria, "esses saíam à tardinha ou à noite e ficavam perambulando pela Central do Brasil, pelo mangue. Os baixos meretrícios. A Marinha não se preocupava com isso. Simplesmente, desceu as escadas do navio, pronto, acabou".

Raimundo Porfírio Costa, também entrevistado no Rio de Janeiro, diz que a situação era ainda pior no Recife, onde ele permaneceu por um período já depois de grumete. Ali, colocavam-se 400 grumetes de 18 a 19 anos no centro do baixo meretrício. A Base do Recife era um verdadeiro depósito de maus elementos da Marinha, aos quais vinham se juntar também outros que estavam respondendo processo no Nordeste. E aquela meninada toda ficava ali se contaminando com aquelas pessoas. Além disso, a situação da Marinha lá era mais precária e os grumetes não tinham sequer uniforme para vestir. Segundo suas palavras, era um verdadeiro campo de concentração.

"A gente andava de tamanco, camiseta rasgada, calça rasgada. Porque o uniforme que a Base pedia ao Rio de Janeiro nunca chegava. Passamos um ano inteiro sem receber uma peça de uniforme, todos aqueles grumetes ali. Até que um dia chegou a Esquadra lá. Aí então o Almirante Castanha, do cruzador *Barroso*, ficou impressionado e indignado com aquela situação e disse:'Isso aqui é uma Base Militar ou um Campo de Concentração?'"

O agravante para essa situação é que havia um grande preconceito na época contra os marinheiros. Como eles eram proibidos de andar à paisana, mesmo que fora de serviço, correndo o risco de serem presos caso fossem autuados em flagrante sem a farda, a situação ainda se agravava mais. Por isso acontecia de alguns alugarem armários para trocar de roupa quando saíam para terra. "Vinha de lá do Ministério, atravessava a rua, entrava ali em cima, tirava a farda, guardava no armário, vestia uma roupa à paisana e pronto. Daqui a gente saía pra tudo que é lugar e ninguém estava sabendo que era a gente. Era civil e fim de papo", é o depoimento de um outro dos marinheiros entrevistados no Rio de Janeiro.

Por causa desse preconceito arraigado na sociedade contra os marinheiros, vestir-se à paisana para sair à rua era uma das reivindicações dos marinheiros quando se organizaram em Associação. O depoimento mais enfático nesse sentido é do entrevistado no Recife Moacir Omena. "Se você sentasse num bonde, quem estivesse perto se levantava para outro lugar. Até na zona, no bairro do meretrício, até ali éramos discriminados. Nós éramos párias da sociedade naquela época. Ainda mais por sermos nordestinos."

No caso de Cortez, escrever para os familiares ocupou muitos de seus momentos de lazer. Era a opção pela solidão, antes de encontrar o primo na casa de quem passou a morar. Por isso, ele lamentou tanto o fato de sua mãe ter queimado, por um motivo que ele nunca soube, todas as cartas por ele enviadas para casa. Seus irmãos e Belmira, "cria da casa", lembraram, nas entrevistas que fiz com eles no Sítio Santa Rita, dos momentos em que se reunia toda a família e mais os familiares da redondeza para ouvir os relatos contados pelo filho marinheiro nessa correspondência. Belmira se recordava que uma vez chegou a chorar de pena, quando ouvira a descrição que ele fazia de sua dormida precária numa maca (como eram chamadas as redes no navio), com as roupas guardadas em um saco.

As cartas. Um precioso material para conhecer o personagem Cortez e a realidade dos marinheiros desse período, que foi jogado às cinzas.

Cortez relata com mais detalhes a situação precária na Marinha, que levou Belmira às lágrimas quando da leitura de uma de suas cartas para a mãe, na entrevista reproduzida no livro de Rodrigues (2004:75).

> "A bordo tínhamos uma vida de muitos sacrifícios. Um exemplo: no contratorpedeiro *Marcílio Dias* ou no cruzador *Barroso*, onde servi vários anos, não me lembro em qual dos dois, ou nos dois, durante meses meu armário, como de outros, era um saco de lona medindo mais ou menos 80 centímetros de altura por 1,20 metro de circunferência. Imagine guardar todos os seus pertences — roupa de trabalho, farda para sair, material higiênico, sapatos, etc. — e no final, quando você vai para terra, chegava o oficial, lhe tirava de 'forma' e lhe dizia: 'saia, seu uniforme está amarrotado, em desalinho'. Debito a um contingente substancial do oficialato que não soube, não quis ou não se esforçou para compreender os limites da desumanização".

Em 1957, embarcado no contratorpedeiro *Marcílio Dias*, Cortez resolve estudar. Fez inicialmente o curso ginasial, e em seguida, o curso de Contabilidade no Colégio Santa Cruz, em Bonsucesso. No começo foi muito difícil, pois a última lancha saía do cais junto ao Ministério da Marinha para o navio, na mesma hora em que ele estava saindo do colégio, e não havia como chegar a tempo para pegar essa lancha e ir dormir no navio. Foi então que Cortez resolveu procurar um primo de seu pai que morava justamente em Bonsucesso.

Maria Luiza conta como Cortez chegou na casa dela. Chegou com seu marido, Joquinha, João Dantas Cortez, sargento da Marinha na época, que, sem ter avisado antes, foi dizendo: "Esse é o meu primo, que não tem onde ficar e vai ficar aqui". Ele explicou então para a mulher a dificuldade de Cortez, José para ele, para estudar e voltar ao navio à noite. Para continuar estudando, ele precisava ficar morando com eles, já que eles moravam no mesmo bairro do Colégio Santa Cruz em Bonsucesso. Maria Luiza se contrariou muito com isso porque ele iria ocupar o quarto ao fundo da casa, que usava como seu atelier de costura e bordado, pois naquela época ela costurava para fora. Mas não teve outro jeito senão aceitar a vontade do marido. Mas impôs como condição que ele ajudasse na faxina da casa.

Aos poucos tudo foi se ajeitando. Como Cortez só chegava do colégio mais tarde, Maria Luiza pôde continuar usando o quarto como atelier durante o dia. Tinha porém outro habitante do quarto com o qual Cortez teve de se conformar em compartilhar a dormida. Era um cachorro pastor-alemão. Quando Cortez chegava do colégio e encontrava o cachorro deitado dentro do quarto, expulsava-o e trancava a porta. Aí se estabelecia uma verdadeira disputa pelo espaço. O pastor-alemão, antes dono do quarto, usava o osso que ganhava sempre que Maria Luiza voltava do açougue, para atirá-lo com toda a força à porta do quarto. Até que Cortez, sem conseguir dormir com o barulho, deixava o cão entrar e dormir no chão ao lado de sua cama. E assim conviveram pacificamente por todo o tempo em que Cortez morou lá.

Cortez foi se incorporando à rotina da família. Chegava em casa ao final do expediente no navio, pelas 4h30 da tarde, a tempo de tomar um banho, trocar de roupa e ir para o Colégio, jantando apenas quando chegava depois das aulas. Além dos dias úteis da semana, ficava também nos finais de semana. Maria Luiza relata que todos os domingos ele ia à feira com ela e ajudava a trazer as compras. Depois comprava sorvete Kibon para a sobremesa e almoçava com eles.

As filhas de Joquinha e Maria Luiza — Lúcia e Tânia (a Mônica nasceu depois) — têm de Cortez uma agradável lembrança. Sempre que ele chegava do cruzador *Barroso* em tempo para pegar as meninas na escola, era ele quem ia buscá-las em vez da mãe delas, que aproveitava o tempo para as muitas tarefas de costureira e dona de casa. As meninas tinham o dinheiro para pegar o bonde de volta. Mas quando era Cortez quem ia buscá-las, elas gastavam o dinheiro com guloseimas e voltavam a pé, fazendo toda a sorte de brincadeiras. Tudo isso era feito com a cumplicidade do alegre Cortez, sem que a mãe soubesse. O percurso era longo, de pouco mais de 1 quilômetro. Passavam pela linha de trem, e elas o faziam subir uma escadaria na estação de uns trinta degraus. E em casa também faziam com ele muitas brincadeiras. Lúcia, a filha mais velha, conta que às vezes, enquanto ele assistia algum programa da TV junto com seu pai (gostavam muito de ver luta de boxe) e terminava cochilando (ou fingido que estava dormindo, só para brincar mesmo com elas, como ele admite na entrevista), elas amarravam seus pés no sofá e aí acordavam ele dizendo: "Acorda, Zé, vai buscar água pra gente". Aí ele saía derrubando tudo, caía no chão, "e a gente ria a valer". "Faziam de mim gato e sapato. Acho que a maioria das coisas eu fazia mesmo era pra vocês brincarem, se divertirem. Mas eu não me importava, pois eu gostava daquilo lá. Eu estava na casa deles e eu tinha que agradar de todas as formas", complementa o próprio Cortez.

Nesse tempo Cortez era um jovem muito magro, de cabelos espetados, qual índio, no qual usava *gumex*. Por isso as meninas, para brincar com ele, chamavam-no de "tirinha". Maria Luiza sugeriu que ele tomasse uma vitamina como complemento alimentar, para ver se engordava, porque era magrelo demais. Lúcia lembra que era um pozinho numa lata, guardada em cima do armário da cozinha. Ela, escondida da mãe, subia no armário, pegava e roubava umas colheradinhas, porque era muito gostoso.

Na formatura de Cortez no curso de Contabilidade da Escola Técnica de Comércio Santa Cruz, uma das filhas do casal, Tânia, foi madrinha dele, e Maria Luiza recorda que foi um dia muito emocionante para todos.

Cortez chegou ao Rio de Janeiro vindo do Recife, como já foi visto, em 1956. Ficou morando na casa de Joquinha/Maria Luiza desde 1957 e só saiu de lá quando eles se mudaram para o bairro de Ramos, no final de 1960. Quatro anos portanto. Nessa ocasião, ele foi morar num quarto da pensão de Dona Rosa. Dizem até, afirma Maria Luiza, que Cortez chegou a ter um caso com essa Dona Rosa, o que o Cortez não confirma nem nega, só acha graça. Ficou nesta pensão uns dois anos. Depois voltou para morar em Bonsucesso, em um quarto alugado, junto com o irmão Luiz, fuzileiro naval, até vir embora para São Paulo, dia 4 de janeiro de 1965.

Cortez faz um emocionado depoimento durante a entrevista na casa de seu primo Joquinha:

> "Esse período em que eu fiquei aqui na casa de Joquinha e Maria, teve uma importância fundamental na minha vida. Qual é a história do marinheiro, que

todo mundo sabe? Ele vinha de sua família para o Rio de Janeiro e aqui não tinha onde ficar, não tinha pai nem mãe. E aí, sem o apoio familiar nem da Marinha, ele passava a beber, jogar, se envolver com meretriz. Essa era a fama do marinheiro e era o que acontecia com muitos. E nada disso aconteceu comigo, porque quando eu saía do navio tinha onde ficar, eu tinha uma casa. Quando eu vim pra casa do Joquinha, na realidade tive aqui uma família. Eu tinha aqui meu sábado, meu domingo, os programas de televisão. Enfim, tinha aqui uma família."

João Dantas Cortez e a esposa Maria Luiza, que hospedaram Cortez nos tempos da Marinha

Era como se o Cortez comerciante e empresário que viria a se formar em outras agruras da vida paulistana estivesse ali se formando, numa vida regrada, de economias forçadas, de recato. Algo que poderia ser já a semente de uma ética semelhante àquela descrita por Max Weber para germinar o espírito do capitalista.[2]

_____

2. WEBER, Max. *A ética protestante e o espírito do capitalismo.* 3. ed. São Paulo: Pioneira, 1983.

Do Rio de Janeiro há ainda a lembrança de uma namorada, Elieth Carmen, ou Carminha simplesmente, cujo namoro não prosperou. Quando do início de minhas entrevistas com Cortez, ainda em São Paulo, e ele se pôs a procurar todas as reminiscências de sua vida passada, veio a lembrança dessa namorada. Ele conseguiu localizá-la no Rio de Janeiro e até conversar com ela pessoalmente, na esperança de que ela tivesse guardado alguma lembrança material daquele período. Alguma fotografia, alguma carta. Esperança vã. Ela é hoje viúva de um marido ciumento, que a fez destruir esses vestígios. Essa namorada foi lembrada na entrevista com a família de Joquinha no Rio de Janeiro, pois ela chegou a frequentar a casa deles enquanto era namorada de Cortez.

O tempo da Associação

Como disse na Introdução e ao início deste capítulo, as entrevistas com os marinheiros ex-colegas de Cortez no Recife e no Rio de Janeiro, ambas agendadas por ele próprio a partir de seus contatos pessoais e da disponibilidade das pessoas, foram o ponto alto da pesquisa sobre o tempo de Cortez na Marinha. No Recife, essas entrevistas foram realizadas na residência do Moacir Omena, que era o responsável pela publicação do Jornal da Associação, *A Tribuna do Mar*. E no Rio de Janeiro, foram realizadas na sede do Movimento Democrático pela Anistia e Cidadania — MODAC[3], presidido à época pelo suboficial Raimundo Porfírio[4].

Três aspectos de suas vidas contribuem para continuar formando uma rede de comunicação desses marinheiros: o mais remoto deles é o fato de terem militado na Associação dos Marinheiros e Fuzileiros Navais do Brasil; o segundo, sequencial no tempo, é o fato de terem sido "expulsos" da Marinha depois do Golpe Militar de abril de 1964, por sua atuação nessa associação; e o terceiro, a luta pela anistia, que volta a reuni-los novamente várias décadas depois daqueles acontecimentos.

---

3. Além desta, existem pelo menos mais duas Associações que tratam dessas questões de anistia: AMAFABRA — Associação de Militares Anistiados das Forças Armadas do Brasil, em São Paulo e UMNA — Unidade de Mobilização Nacional pela Anistia, ambos no Rio de Janeiro.

4. Porfírio foi promovido, em 2008, ao posto de Capitão-de-Mar-e-Guerra.

AUTO DE PERGUNTAS AO INDICIADO   1191

Aos vinte e quatro dias do mês de abril do ano de mil novecen
tos e sessenta e quatro, nesta cidade do Rio de Janeiro, na Escola
de Guerra Naval, presente o Capitão-de- (...)

(...)   , servindo de escrivão, compareceu JOSÉ XAVIER COR-
TEZ, a fim de ser interrogado sôbre o fato constante da portaria
número 0540 de 3 de abril de 1964 do Exmº Sr. Ministro da Marinha,
(...)   Em seguida passou aquela autoridade a interrogá
-lo da maneira seguinte: qual seu nome, idade, filiação, (...)
                              respondeu que é só-
cio fundador da Associação de Marinheiros e Fuzileiros Navais;res
pondeu que entrou para a Associação por motivos culturais e recrea
tivos (...)
que foi ao Sindicato no dia 25/3/64, assistir as comemorações   do
segundo aniversário da Associação; (...)

respondeu que só saiu do Sindicato dos Metalúrgicos no dia 27/3/64
quando então foi levado para o Batalhão de Guardas do Exército;res
pondeu que permaneceu (...)   do dia 25 até o dia 27/3/64
porque resolveu ficar solidário aos membros da Associação que se
encontravam prêsos, atendendo assim ao apêlo feito pela Diretoria
da Associação; (...)
respondeu que estava de férias e que só se apresentou a bordo no
dia 1/4/64 quando foi determinado prontidão rigorosa para a Mari
nha pela segunda vêz; (...)
respondeu que não assistiu o filme sôbre o Encouraçado PO
KEM, mas que ouviu falar no mesmo; (...)
assina com o indiciado. Eu......................................"
....................., servindo de escrivão, o subscrevi.

                    Capitão-de   Enc. do IPM

                    José Xavier Cortez
                    JOSÉ XAVIER CORTEZ
                    1ªol-MA,Indiciado

Documento contendo o indiciamento que culminou com a expulsão de Cortez
da Marinha. Obtido no arquivo Edgard Leuenroth — Unicamp-SP

Não pretendo nas linhas que se seguem repetir o que já está bem documentado nos livros de Flávio Luís Rodrigues (2004), Pedro Viegas (2004) e Antônio Duarte (2009). O primeiro é a publicação da dissertação de mestrado do autor, baseada em documentação histórica e entrevistas com vários dos marinheiros que estiveram na luta da Associação, alguns dos quais também estavam presentes à minha entrevista. O segundo, tal como o primeiro, publicado pela Cortez Editora, é um livro depoimento e autobiográfico do autor. E o terceiro é também um livro escrito à maneira de autobiografia do autor.

Aniversário de João Cândido (indicado pela seta à esquerda), em 1963, que contou com a participação de Cortez (indicado pela seta, à direita)

Na transcrição das fitas gravadas de minhas entrevistas, aparecem reiteradamente alguns temas e personagens igualmente focados por esses três autores, tais como a referência a João Cândido, pioneiro e inspirador de suas lutas; o momento político que o país estava vivenciando, com a referência a figuras políticas do período do Governo João Goulart, como Leonel Brizola e Darcy

Ribeiro; e o caso do controvertido Cabo Anselmo. Além disso, é claro, o assunto central das entrevistas foi a própria Associação dos Marinheiros. A sua história de lutas reivindicatórias e políticas. E a recordação recorrente da festa de aniversário de dois anos da AMFNB na sede do Sindicato dos Metalúrgicos do Rio de Janeiro, que se transformou em assembleia permanente, com todas as consequências políticas conhecidas e reiteradamente analisadas por quantos estudaram a história do Golpe Militar de 1964.

A contextualização histórica do período, remetendo aos autores que o estudaram sob diferentes pontos de vista[5], foi feita com propriedade por Flávio Luís Rodrigues (2004). Restaria o que a ser dito aqui, afora a participação de Cortez no contexto desses acontecimentos históricos? No mínimo, restaria dar voz, uma vez mais, aos atores do fato como o fato foi, uma vez que a entrevista em grupo, tal como foi feita no Recife e no Rio, sempre acrescenta algo mais ao que já se sabe. Mas caberia também o que me proponho a fazer aqui: explorar o imaginário desses momentos de luta tal como apresentados pelos seus protagonistas.

a. O surgimento da Associação

A Associação dos Marinheiros e Fuzileiros Navais do Brasil surgiu em 1962. A insatisfação com as precárias condições já apontadas antes existia na verdade desde o tempo de João Cândido, que desencadeou a Revolta da Chibata no começo do passado século (Morel, 1979). Foi sem dúvida o momento político vivido pelo Brasil naqueles primeiros anos da década de 1960 um fator decisivo para o surgimento da Associação, muito embora sua atuação inicial tenha sido

---

5. Rodrigues (2004) arrola uma bibliografia associada a três versões da Revolta dos Marinheiros. A primeira vincula essa Revolta à falta de rigor do governo para com a indisciplina nos quartéis, onde se incluem os nomes de vários oficiais militares graduados, sobretudo do Exército, e os livros de Elio Gaspari (2002) e Thomas Skidmore, (1982). A segunda associa-a a uma conspiração da Direita, para a qual a participação do Cabo Anselmo foi decisiva (Edgar Carone, 1985; Moniz Bandeira, 1983; Marco Aurélio Borba, 1981; Edmar Morel, 1979; Hélio Silva, 1978; Boris Fausto, 2001; Dênis Moraes, 1989). E a terceira, com a qual concorda o autor do livro, "trata a revolta de forma cuidadosa, não vinculando a AMFNB à trajetória de Anselmo" (Rodrigues, 2004:18). Os autores citados nessa terceira versão são Caio Navarro de Toledo, 1985; Alfred Stepan, 1975; Jacob Gorender, 1997; Nelson Werneck Sodré, 1997.

de caráter mais reivindicatório do que político. Seu início é voltado principalmente para atender a reivindicações muito antigas entre os marinheiros: poder
casar, poder sair à rua a paisana, poder estudar, ter um lugar para entretenimento nos finais de semana. Daí porque a primeira gestão da Associação desenvolveu
uma linha de atuação mais assistencialista, como serviços de atendimento médico, jurídico e orientação educacional e de comportamento.

O caráter assistencialista que predominou durante a gestão da primeira
diretoria da Associação, presidida por João Barbosa de Almeida, fica evidencia-
do no primeiro número de seu veículo de comunicação, *A Tribuna do Mar*:
assistência médica, distribuição gratuita de remédios, assistência jurídica, cursos
diversos (português, matemática, inglês, taquigrafia), auxílio funerário, prêmio
à natalidade. Rodrigues (2004:67) reproduz, nesse sentido, um interessante e
ilustrativo trecho desse primeiro número do jornal *A Tribuna do Mar*:

> "Ao invés de ir a logradouros vulgares da Guanabara, dirigi-vos à nossa Asso-
> ciação: ela vos receberá com ufania e satisfação, nela não sereis militares, mas
> cidadãos (...) Nela não existe o cabo, o soldado ou o grumete, há porém o
> jovem brasileiro que luta por ideais e causas nobilíssimas (...) Vós, que ides
> prestar concurso para sargento, matriculai-vos nos cursos de português e ma-
> temática da Associação, eles vos serão ministrados gratuitamente"

> "A Associação foi criada porque alguns foram assim criando essa ideia, até que
> um dia levaram a ideia para a casa de João Barbosa lá em Botafogo e lá apre-
> sentaram a proposta de uma Associação. Como o João Barbosa era muito es-
> perto e ligado aos Oficiais (porque ele era da fábrica de artilharia e, sendo
> assim, era uma espécie de marinheiro de elite), então dali saiu o embrião da
> diretoria para esta Associação. E tendo João como presidente, significava um
> apoio da Marinha, porque ele era muito ligado ao Almirantado. Nessa época
> (1962), fui convidado para fazer parte da diretoria. Mas como meu navio via-
> java muito, navio de Esquadra (fui designado para servir no navio *Bracuí*, onde
> fiquei seis anos. *Aquele navio era minha casa*), eu falei então que não podia acei-
> tar. Mas tinha uma admiração muito grande por essa entidade, porque sabia
> que ali tinha um objetivo: era mudar a situação, socializar o marinheiro" (Rai-
> mundo Porfírio, Rio de Janeiro).

> "Na Marinha a gente era encarado como empregado e não como servidor. De
> cabo pra baixo, era tudo como empregado. Com a Associação, a gente queria
> mudar essa situação. Então o que é que aconteceu? A gente começou a con-

versar com um e com outro, principalmente no centro nervoso da cultura e tecnologia da Marinha, que era o CIAW (Centro de Instrução Almirante Wandenkolk). Então, o que é que aconteceu? Ali, onde estudavam centenas de alunos que iam cursar suas especializações, a gente foi se juntando. Dali saiu o João Barbosa de Almeida (que morreu há quatro dias), o Anselmo, o Raul, o Duarte, que hoje mora na Suécia, e outras pessoas mais. Foi assim que foi concebida a ideia da Associação. Começou assim, até que se uniram algumas pessoas em terra, no Centro de Armamento da Marinha (CAM) em Niterói. Eu de cara não entrei logo, porque estava para ir a sargento" (Moacir Omena, Recife).

"Tinha todo um movimento de efervescência política se inserindo na cabeça da gente e que fez com que a gente tivesse uma participação mais ativa na Associação. No início eu não acreditei na Associação. Eu disse: 'Isso aí deve ser coisa da Marinha'. Mas depois vi que essas coisas surgiram como um fortalecimento político, que no entanto era visto pela administração naval e pela Marinha como de cunho rebelde, de cunho sindical. Mas na verdade a Associação era o desafogo nosso para a gente denunciar todas as arbitrariedades que existiam a bordo, sobretudo do Oficial querer impedir o marinheiro de estudar para não se igualar a ele no conhecimento" (Joaquim Aurélio, Rio de Janeiro).

Um aspecto importante na criação da Associação, estrategicamente pensado, foi o fato de ela juntar os marinheiros e os fuzileiros navais.

"O fuzileiro naval não se dava com o marinheiro de jeito nenhum. De vez em quando havia briga aqui fora entre o fuzileiro naval e o marinheiro. E a Marinha gostava disso, porque dividia. Aí estimulava essa disputa, porque, enquanto houvesse aquela briga, um ficava contra o outro e não se unia. Então, o que foi que a Associação fez? Ela uniu os marinheiros com os fuzileiros navais, coisa que nunca na Marinha se viu" (Dilson da Silva, Rio de Janeiro). "Botaram na Associação também um fuzileiro naval. A gente era inimigo do naval porque o naval era o que prendia a gente, era a polícia da gente" (Moacir Omena, Recife).

Mais tarde, quando do desfecho dramático da Associação por ocasião da comemoração do aniversário de dois anos de sua existência, essa união seria selada. Os fuzileiros, encarregados de invadir a sede do Sindicato dos Metalúrgicos onde se realizava a histórica comemoração transformada em assembleia permanente e ato político, resolveram depor suas armas e se juntar aos marinheiros revoltosos no episódio que ficou para a história.

"Havia uma insatisfação muito grande dos marinheiros em relação ao tratamento recebido por eles por parte dos oficiais. Às vezes, quando o marinheiro chegava a sargento já pensava que estava no céu. Mas só que a discriminação continuava até suboficial. Daí pra baixo era tudo discriminado, e isso levava a uma insatisfação que forçou a criação da Associação. Agora, os marinheiros foram muito inteligentes, porque se aproveitaram da renúncia de Jânio Quadros e da entrada de João Goulart no poder. Porque, se não é João Goulart no poder, nós nunca teríamos criado aquela Associação". (Pedro Correa de Araújo, Recife)

Segundo Rodrigues (2004:45-46),

"A Associação dos Marinheiros e Fuzileiros Navais do Brasil, em quase toda a sua existência, e principalmente a partir de janeiro de 1964, posicionou-se do lado dos oficiais nacionalistas e dos trabalhistas reformistas, como João Goulart e Leonel Brizola. Estes, acreditavam os marinheiros, tinham realmente propostas reformistas de governo (...) Não ficaram de braços cruzados, no entanto. No comício do dia 13 de março na Central do Brasil, lá estavam os marinheiros: 'pedimos aos marinheiros que não fossem fardados, mas eles sentiam-se orgulhosos em comparecer de farda nestes eventos', relembra o ex-marinheiro e participante da AMFNB, Avelino Biden Capitani, que descreve a confiança que os marinheiros tinham no governo e no processo democrático (...) Em outras palavras, a AMFNB incluía-se no 'dispositivo' militar do presidente João Goulart na Marinha do Brasil. Estava, portanto, em trincheira oposta à do almirantado".

Cada marinheiro entrevistado tinha sua história pessoal de entrada na Associação. No caso de Cortez, ele entrou na Associação por intermédio de Antônio Geraldo Costa, seu companheiro no cruzador *Barroso*. Geraldo afirma, em seu depoimento, que foi ele quem divulgou a Associação junto aos marinheiros do cruzador *Barroso*, e Cortez logo se engajou de corpo e alma. Entrevistei Geraldo em setembro de 2009, individualmente, logo depois de seu regresso ao Brasil, noticiado na grande imprensa como o retorno do último exilado. Mais adiante retornarei a seu depoimento, quando for abordar "o tempo da expulsão".

Livro Vozes do Mar

Cortez é o 19º. Associado da AMFNB

Livro Vozes do Mar

Um ano e meio depois o número de associados já
passava de nove mil, como consta no número da
carteira de José Aguinaldo Marinho

Cortez se diz benquisto nessa época entre os outros marinheiros, chegando a se sobressair com certa liderança na Divisão em que trabalhava, que era a Divisão M (de Máquinas). E ele foi um dos pioneiros da Associação. Sua ficha de inscrição é de número 19. Nessa Divisão M, Cortez teve uma participação bastante ativa no trabalho a bordo, sobretudo para angariar novos sócios. No cruzador *Barroso* ele era subdelegado na Divisão de Máquinas. O delegado era o próprio Antônio Geraldo Costa.

b. O crescimento da Associação

O crescimento da Associação dos Marinheiros foi impressionantemente rápido nos seus dois anos e pouco de existência. Pouco tempo depois de seu surgimento em 1962, ela já tinha aumentado rapidamente o número de seus sócios de 300 para 3 mil, segundo depoimento da senhora Érica Roth, que iniciou seu trabalho como assistente social durante a primeira gestão da Associação (Rodrigues, 2004:77).

Seguramente em março de 1964, o número de associado deveria ter ultrapassado em muito os 10 mil sócios.

Grande parte dos marinheiros que entrevistei, inclusive o próprio Cortez, refere-se ao importante trabalho desenvolvido por essa senhora, apresentada no referido livro de Rodrigues (2004) como doutora em Física Pura pela Universidade de Bolonha, tendo imigrado para o Brasil junto com seu marido em 1940, fugindo ao antissemitismo da época.

> "A Associação cresceu muito, porque ela deu ao marinheiro e ao fuzileiro naval uma coisa que a Marinha nunca se preocupou em dar: o pessoal começou a estudar. Houve um contato da Associação com o Ministério da Educação. Nós recebemos livro, caderno, borracha, tudo de graça. Então, com isso o marinheiro evoluiu muito rapidamente, e isso chegou a chocar a opinião da oficialidade lá dentro. A oficialidade não queria isso porque achava que tinha um cunho de comunismo ali dentro, e também não queria que os marinheiros subissem para se igualar a eles. (...) A Associação é que deu apoio ao marinheiro. Ele já tinha um lugar onde ficar quando saía a bordo do navio. Não ficava mais perambulando. Ia direto para a Associação, que lá tinha o que fazer, estudar, tudo". (Marinheiro não identificado, Rio de Janeiro)

O meio principal utilizado para divulgar a Associação junto à marujada foi o boca a boca. Da parte da Marinha eles não conseguiram nenhuma ajuda, inclusive tinham que eles próprios arrecadar a contribuição, pois não era permitido o desconto em folha para os filiados.

> "Eu era da Associação, era delegado da Associação. Eu era quem recebia o dinheiro do pessoal do navio. Porque não podia descontar em folha de paga-

mento. Então, eu recebia, arrecadava e também levava as informações da Associação pro pessoal para que participassem dela". (Agnelo, Recife)

Outro meio poderoso de divulgação da Associação foi o seu jornal, *A tribuna do Mar*. Em novembro de 1962, sai publicado o primeiro número do jornal. Com o terceiro número, em janeiro de 1963, o jornal já teve uma tiragem de 5 mil exemplares. "O jornal *A Tribuna do Mar*, segundo Capitani (Rodrigues, 2004:69), interpretava os anseios dos praças que tinham como objetivo a carreira militar. O jornal esgotava em dois dias. Nas últimas edições, chegou a ter uma tiragem de 15 mil exemplares. Colocávamos o jornal sobre uma mesa ao lado de uma caixa de papelão. No final do dia, ou no dia seguinte, recolhíamos o dinheiro, que sempre correspondia ao número de jornais retirados".

Moacir Omena, que foi o editor do jornal *A Tribuna do Mar*, diz na sua entrevista que aquele era um jornal relativamente grande. Tinha mais tiragem do que *O Presidente*, que era o jornal dos Servidores Civis do Rio de Janeiro. Respondendo à minha questão de quem escrevia para o jornal *A Tribuna do Mar*, Moacir Omena responde que eram os marinheiros todos. "Eu corrigia e botava numa linguagem jornalística. A gente envolvia todo mundo." Naquela época, Moacir Omena estava terminando o curso de graduação em jornalismo na Faculdade Nacional de Filosofia no Rio de Janeiro, e antes de entrar na Marinha já tinha estudado para padre.

Em seu livro, Pedro Viegas fala de sua participação no jornal da Associação, por intermédio de Geraldo Costa.

"Na manhã de um domingo, no início de 1963 (...) encontrei sentado num dos bancos, lendo seu jornal, um velho conhecido. Era Geraldo Costa. (...) Contou-me o que eu já havia escutado muito por alto, quase como segredo: a fundação em março do ano passado da Associação dos Marinheiros e Fuzileiros Navais do Brasil, de cujo núcleo inspirador era um dos principais ativistas. (...) No plano pessoal, contei-lhe que estava fazendo um curso de jornalismo. Seus olhos brilharam mais do que já brilhavam normalmente, dizendo-me que a entidade já tinha um periódico — *A Tribuna do Mar* — e que seu diretor, Moacir Omena de Oliveira, também cabo, estava praticamente sozinho no esforço de editá-lo" (Viegas, 2004:40-41)

O último número do jornal (Ano II, janeiro/fevereiro 1964, Guanabara, n. 12) traz em sua primeira folha (reproduzida por Viegas) três manchetes: "Perseguição e Onda de Prisão na Associação Fuzinauta"; "A Tribuna do Mar entrevista Pelé" (com uma fotografia onde se lê: Pelé sendo entrevistado por Jaime Fonseca de A TRIBUNA DO MAR. Ao centro a senhorita Claudete Henrique, rainha da Sociedade Esportiva José Bonifácio – especial para a TM); e "Assembleia Geral Extraordinária – dia 1º de fevereiro. Sindicato dos Bancá-rios – Av. Presid. Vargas, 502 – 21 andar – 14 h". O artigo que remete para a página central, segundo Viegas (2004:60), serviu como peça de acusação a ele e a Moacir Omena no processo a que responderam na Justiça Militar da Ma-rinha, resultando em três anos de reclusão para ambos.

O papel dos delegados e subdelegados da Associação veio a se mostrar fundamental não apenas para estender o número de associados e arrecadar as mensalidades, como já foi visto, mas também para o trabalho de politização. Esse trabalho de politização foi se intensificando progressivamente, à proporção que a Associação crescia concomitantemente ao crescimento das lutas pelas Refor-mas de Base e todo o clima político vivido pelo Brasil naqueles anos iniciais da década de 1960. A sede da Associação, na rua São José no Rio de Janeiro, era um ponto importante de aglomeração dos marinheiros a partir do final da tar-de, quando para ali se dirigiam para reuniões, cursos, discussões políticas.

> "E o Brizola passou a ser o nosso referencial político, porque na Marinha havia um programa onde ele fazia um discurso, defendia o Goulart com essa inten-ção de fazer as reformas de base. E ali nós fomos aderindo àquele movimento. Tinha os jornais também, que no caso era o jornal *Última Hora*. A gente lia os colunistas mais ligados aos nossos interesses. E eu levava pra bordo do meu navio, formava uma espécie de biblioteca só de revistas, jornais e livros que tratassem do assunto. Como eu gozava de muito prestígio entre os marujos de meu navio, o *Bracuí*, então eu trabalhava nesse sentido de politizar o pessoal (...) Eu dizia: 'amigos, nós já temos uma Associação e agora falta a gente frequentar, ter entusiasmo por isso. Porque isso vai ser a nossa maneira de nos libertar de tudo, do jugo dos Oficiais. Até na condição de preparar alimentos eu aprovei-tava para fazer politização. O pessoal ia descascar batata de manhã e ali mesmo, descascando batata, eu fazia a pregação, lembra disso?' (diz para um dos com-panheiros entrevistados)". (Raimundo Porfírio, Rio de Janeiro)

"Eu costumava ir até a Casa Civil da Presidência da República e lá estava o sociólogo Darcy Ribeiro. Eu apanhava ingressos que dava direito aos marinheiros irem ao Teatro Municipal. O pessoal começou também a estudar. A Associação começou a propiciar opções da noite para a marujada. A gente usava aqui na Av. Rio Branco a sede da Associação dos Comerciários e a gente levava pra lá o que tinha de melhor para animar os bailes". (Otacílio, Rio de Janeiro)

Para os que militavam na Associação, o envolvimento com o seu trabalho cotidiano e as bandeiras de luta que iam incorporando ao seu ideário era crescente. E a Associação, tal como qualquer trabalho de militância, passou a se confundir com a razão de ser de suas vidas.

"Fomos chamados depois do Golpe e cada um de nós foi chamado para dar seu depoimento. Aqueles que eles achavam que tinham mais envolvimento foram expulsos e os outros ficaram licenciados. O ano retrasado eu fui com o Dr. Gérson Luckesi, advogado da UMNA, lá em Brasília e o Dr. Gérson disse: 'Joaquim, quer ver seu depoimento?' E estava lá: 'Por que você não saiu do Sindicato (refere-se ao Sindicato dos Metalúrgicos onde houve a comemoração dos dois anos da Associação), já que as tropas foram lá para libertar vocês e eles davam toda a garantia?' Eu disse: 'Olha, eu não saí porque nós tínhamos um compromisso uns com os outros e com a Associação'. Eu tinha um compromisso com todo o grupo, então eu não ia sair. **A autoridade pra gente naquele momento era a nossa Associação**". (Joaquim Aurélio, Rio de Janeiro)

c. A Revolta dos Marinheiros

A Revolta dos Marinheiros é comumente associada, na literatura que trata do Golpe Militar de 1964, como o momento histórico da comemoração de aniversário da Associação que resultou em assembleia permanente e todas as suas consequências políticas sabidas. Há, porém, uma revolta que vai sendo costurada à medida que os marinheiros vão tomando consciência de seus direitos até ali negados pelas autoridades da Corporação, e vão se insurgindo em atitudes isoladas ou principalmente em grupo. As entrevistas no Recife e no Rio de Janeiro dão conta de algumas dessas atitudes de rebeldia.

Pedro, entrevistado no grupo do Recife, conta que quando saiu a lei que permitia o casamento de militares, ao tempo do governo Goulart, essa lei não apenas dava direito ao casamento, como dava também um bônus para quem já fosse casado receber os proventos atrasados. Ele havia se casado desde 20 de dezembro de 1958 na condição de marceneiro, já que como marinheiro não poderia casar. Ele ouviu falar desse bônus e que o oficial responsável não divulgara a notícia e mandara arquivar. Nessa época, ele era o delegado da Associação em seu navio. Então ele foi falar com o sinaleiro, que disse não ter permissão para falar nada. Foi falar com o encarregado da Divisão. "Eles tinham medo de mim porque eu era o delegado da Associação. Eu ameacei então acionar o advogado da Associação." Pedro foi de uma instância decisória a outra, até chegar ao tenente, que disse: "Isso aqui não está dizendo nada". Mas ele não desistiu e ameaçou ir até ao comandante e até ao Presidente da República. Conseguiu chegar ao comandante, que simplesmente disse, com o maior cinismo, como se já não soubesse daquilo tudo: "E por que não fizeram a folha ainda? Manda fazer a folha agora". O caso foi resolvido e Pedro arremata: "Era a raiva que eles tinham da Associação, porque a Associação tinha força e dava força pra você poder falar.

Moacir Omena se refere a uma missa que a Associação mandou celebrar em Ação de Graças pelo salvamento do submarino americano *Trechia*. Depois de feitos todos os convites para a missa, o Oficialato da Marinha quis proibir a celebração. Mas aí os dirigentes da Associação procuraram Dom Jaime, que autorizou a missa, e foi efetivamente realizada com a maciça presença dos marinheiros e de vários adidos militares, inclusive dos Estados Unidos, bem como comandantes da Marinha e do Exército. "Aquilo foi o maior marketing que poderia haver para a nossa Associação", conclui Omena.

"A Associação era o desafogo nosso para a gente denunciar todas as arbitrariedades que existiam a bordo, e que eram muitas, do Oficial que impedia o marinheiro de sair para estudar para não se igualar a ele no conhecimento. Eu quero chegar a muito antes do Golpe. Lá no Centro de Instrução Almirante Wanderkolk (CIAW), a gente passou a fazer muito movimento de contestação. Por exemplo: um dia, isso foi em 1963, nós fizemos uma greve de fome. Botamos a comida na bandeja e depois todo mundo deixou a bandeja cheia. Mas isso não foi assim de repente. Foi uma coisa trabalhada, organizada politicamente. Então, no outro dia, quando fomos tomar o café da manhã, a comida tinha melhorado muito." (Joaquim Aurélio, Rio de Janeiro).

O mesmo Joaquim Aurélio relata outra situação de insubordinação que teve resultado favorável para os marinheiros. Sempre que eles iam ao cinema da Marinha, depois que já estavam todos sentados, vinha então o mais graduado que estava no local (um Primeiro-sargento ou um Suboficial ou até um Guarda-Marinha, que é em geral muito novo, mas se iguala ao Suboficial) e dava a ordem: "Levantai-vos". Aí todos se levantavam até receber a ordem: "Sentai-vos" (todos riem muito ao lembrar essa situação, e Raimundo Porfírio acrescenta: "Aquilo era ridículo"). Descobriram então que aquela ordem de "Levantai-vos" e "Sentai-vos" só caberia para o Comandante do navio ou Oficiais Generais. Houve aí uma organização para ninguém obedecer mais àquela ordem. Mas como havia sempre entre os companheiros um "secreto", ele deve ter passado a informação para os Oficiais, pois na sessão de cinema seguinte o Oficial entrou pelos fundos e já não deu mais a ordem.

O assunto que motivou mais depoimentos entre todos os marinheiros entrevistados, fossem os do Recife ou os do Rio de Janeiro, foi indubitavelmente a Revolta propriamente acontecida a partir da comemoração do aniversário da Associação no dia 25 de março de 1964 e seus desdobramentos, bem como um posicionamento a respeito do "Cabo" Anselmo. O capítulo "A revolta dos marinheiros", do livro de Rodrigues (2004), além de contar com detalhes e vivas cores todo o episódio e suas implicações políticas, expressa a opinião de grande parte de meus entrevistados. Com relação ao Cabo Anselmo, com exceção de apenas um deles, que via o Cabo Anselmo como um infiltrado desde o início, todos os demais se sentiam muito incomodados com a simplificação contida nas interpretações que colocavam todas as lutas de que eles tão idealisticamente participaram, como um simples estratagema para preparar o golpe militar de 1964, para o qual a traição do Cabo Anselmo seria o elemento central, pelo que ele veio a demonstrar nos acontecimentos de sua traição subsequente. Tanto a interpretação de Rodrigues (2004) como a de Viegas (2004) em relação ao fato de Anselmo ter traído o movimento *a posteriori* e não desde o princípio, como faz crer a maior parte da literatura sobre o assunto, é portanto a opinião predominante entre os entrevistados de minha pesquisa.

O tempo da "expulsão"

O tempo da expulsão teve significados diversos para os 1509 marinheiros (conforme dossiê da Marinha) que foram expulsos da Marinha após a Revolta dos Marinheiros em 1964. Alguns aprofundaram um engajamento na luta política já existente no tempo da Marinha. Outros radicalizaram esse engajamento político na atuação em partidos clandestinos e na guerrilha. Muitos foram presos, torturados. E outros ainda, como está documentado em publicações sobre os porões da ditadura militar, foram assassinados.

Não pretendo abordar essas várias trajetórias, cuja história implica a reconstituição daquele momento político dos anos de chumbo da ditadura militar no Brasil. Vários depoimentos dos marinheiros entrevistados no Recife e no Rio de Janeiro se referem a sua própria trajetória de participação nesses movimentos e partidos políticos clandestinos depois de sua expulsão da Marinha. Porém, são todos depoimentos parciais, pois não era esse o objetivo da minha entrevista.

Pedro Viegas faz um depoimento comovente sobre os presos políticos oriundos da Marinha naquele período, ao afirmar que

> "A situação de abandono dos ex-marinheiros e ex-fuzileiros navais condenados era completa. Nenhum dos muitos políticos que oportunisticamente haviam se servido de seu movimento, enquanto este se manteve ativo, deu o 'ar de sua graça' para levar qualquer gesto solidário, mínimo que fosse. Ao contrário, de seu conforto e conveniências (conivências também) engrossavam o coro dos que acusavam o movimento de provocação, quando veio a derrocada sob o tacão militar. Aqueles condenados não eram considerados presos políticos, embora estivessem ali sob a acusação de ruptura da disciplina, subversão da hierarquia e por 'terem abalado os alicerces da democracia'. Também por terem apoiado a legalidade e repudiado o golpe de Estado" (Viegas, 2004:70).

Desses 1509 marinheiros expulsos, em torno de 20% foram processados e a pena somada de reclusão para esses companheiros chegou a 1300 anos, ou 13 séculos. Os que não chegaram a ser presos, mas responderam ao IPM (Inquérito Policial-Militar), pagaram um alto preço social com a sua expulsão. Moacir Omena estima que 60 a 70% dos marinheiros expulsos naquela ocasião se complicaram na vida, pelo fato de sua baixa escolaridade. "Tem colegas nossos que não foram ainda anistiados, porque nem sequer sabem o que é isso." Otacílio (Tatá) deu o seu depoimento: "Isso foi um prejuízo incomensurável. Hoje a gente tem alguns companheiros de cabeça perdida, outros ficaram doentes. Mas um orgulho nós temos: não pegaram nenhum de nós roubando".

E o Cabo José Xavier Cortez? Como se deu sua expulsão da Marinha?

Quando Cortez foi expulso da Marinha, já não morava mais na casa de Joquinha e Maria Luiza. Cortez relata que, uns meses antes da expulsão, ele já sabia que seria mandado embora, por todas as suas vinculações com a Associação e as lutas políticas da época. No quartel ele não fazia nada, nenhum trabalho era a ele destinado. Então, começou a procurar alguma ocupação para ganhar algum dinheiro, prevendo o tempo da expulsão. É Maria Luiza, na entrevista na sua casa no Rio de Janeiro, quem lembra que ele nessa época, a que ela se refere como o tempo sofrido dele, comprava cabrito, porco, para matar e vender. A volta aos tempos de Mizael no Sertão do Seridó?

Joquinha, que tinha sido tão importante para estimular Cortez a terminar os estudos, entra em cena novamente. Sua irmã Da Luz (já referida em capítulo anterior) era casada com José, que tinha um estacionamento de automóvel em São Paulo. Joquinha liga pra irmã e pede pra ela conseguir com o marido uma vaguinha pra Cortez. E ele relata:

> "Eu mesmo fui deixar o José em São Paulo, pra ele não ter que gastar dinheiro com passagem. Fui eu e minha filha mais velha Lúcia. Fomos de carro. Naquele tempo eu tinha um fusquinha, o "fusquinha queixo duro" (chamavam ele assim porque nunca conseguia engrenar a primeira com o carro ligado)".

Em seu depoimento sobre sua expulsão da Marinha, Cortez relata que a sua expulsão consta como "baixa ex-ofício" da Marinha e teve com certeza como causa principal a sua participação na AMFNB. Baseia-se nos documentos do seu tempo de Marinha: duas mal conservadas cadernetas de registro e alguns outros papéis, onde consta grande parte do seu histórico como marinheiro.

O próprio Cortez reflete sobre esses documentos:

> "Olhando agora com mais cuidado nos meus registros, vejo que em todas as avaliações feitas semestralmente pela Marinha, eu tive 'zero pontos perdidos na

graduação', o que significava bom comportamento. Cheguei a ganhar uma estrela, que existia naquele tempo, de comportamento, a qual nunca usei. Cumpri minhas obrigações, como tantos outros colegas, e essa dedicação no desempenho das minhas funções, esse rigor, essa justeza com que tratava os bens públicos, para isso eu notava que não havia correspondência ou reconhecimento por parte da quase totalidade dos oficiais da época".

E continua seu depoimento:

"Retomei os meus estudos em 1958, cursando o ginasial e, em seguida, o ensino médio, no curso Técnico de Contabilidade, que terminei em 1964. Apesar de coincidir o término do curso com minha saída da Marinha, a situação poderia ter sido outra, se eu tivesse tido um aproveitamento melhor no curso. Entretanto, faltava muito às aulas por estar sempre viajando. E também, por falta de uma orientação, não tinha método de estudo e assim não aproveitei tudo o que poderia desses cursos feitos.

"Inicialmente, pensava que continuaria na Marinha até ir para a reserva, e o estudo facilitaria o meu acesso a futuras oportunidades, na própria Marinha ou fora dela, quando eu fosse para a reserva com meus 50 anos. O meu envolvimento com a AMFNB no entanto, se por um lado eu considerava oportuno naquele momento, desestruturou-me momentaneamente, ao mesmo tempo que me levou a refletir sobre o meu futuro incerto dali para diante.

"Ao ser transferido do cruzador *Barroso,* onde servia há cinco anos, para o QM (Quartel dos Marinheiros) no dia 7 de abril daquele ano de 1964, sete dias após o Golpe Militar, em meio a uma grande "boataria", agitação de colegas, conversas desencontradas, logo me dei conta de que fazia parte desse contingente de marinheiros "perigosos", e que sobre meus ombros recairia também a culpa pelos desatinos que culminaram com aquela situação.

"Chegando ao QM sem função, sem fazer nada, também sem ambiente para desenvolver qualquer atividade produtiva racional, fiquei no quartel esperando que chegasse a minha vez de responder o tal do Inquérito Policial-Militar (IPM) Toda essa situação causa um efeito psicológico de desespero, frustração, particularmente quando você está consciente do dever cumprido. Eu e muitos outros ficamos ali reunidos, sem nenhuma atribuição a nós reservada, aguardando a esperada data do interrogatório.

"Num dia qualquer chegou a minha vez. Dos interrogatórios participavam oficiais de unidades diferentes, justamente para que você não os conhecesse e vice-versa. Parece-me que eram uns três. Lembro-me de três perguntas, mais ou menos nesse nível: você conhece Fidel Castro? Você é comunista? Por que a Associação era importante para você? Acho que foram umas 10 perguntas, todas mais ou menos nesse nível.

"Antes de ser expulso, sem muita perspectiva de arranjar um emprego razoável no Rio de Janeiro por não ter uma profissão destacada, busquei um trabalho que pudesse garantir minha sobrevivência. Como forçosamente vinha poupando alguns cruzeiros, aventurei-me junto com um conhecido que morava numa favela em Bonsucesso, para iniciarmos um negócio bastante precário, que era abater bodes, carneiro e até porco, retalhar e vender aos moradores da redondeza. Não sei dizer se era um negócio ilegal como é hoje. Só lembro que ganhamos algum dinheiro, mas para mim, como não deu o resultado esperado, desisti.

"Nesse ínterim, surgiu também a possibilidade de mudar-me para São Paulo, que ocorreu no dia 4 de janeiro de 1965, trazido no fusquinha do primo Joquinha, acompanhado de sua filha Lucia. Aqui chegando, fiquei uns dois meses na casa do casal, também primo, José Umbelino e Da Luz, até mudar-me para o estacionamento na rua Asdrúbal do Nascimento".

Aqui começa outra história de Cortez, que será contada por Goimar Dantas nos capítulos que se seguem.

Bibliografia

ABREU, João Capistrano de. *Caminhos antigos e povoamento do Brasil.* Rio de Janeiro: Livraria Briguiet, 1930.

ABREU, João Capistrano de. *Capítulos de História Colonial.* 6. ed. Rio de Janeiro: Civilização Brasileira, 1976.

ANDRADE, Manuel Correia de. *A terra e o homem no Nordeste.* 3. ed. revista e atualizada. São Paulo: Brasiliense, 1973.

ARAÚJO, Douglas. *A morte do sertão antigo do Seridó*: o desmoronamento das fazendas agropecuárias em Caicó e Florânia (1970-90). Tese (Doutorado em História). Recife: Universidade Federal de Pernambuco, 2003.

BANDEIRA, Moniz. *O governo João Goulart* — as lutas sociais no Brasil: 1961-1964. Rio de Janeiro: Civilização Brasileira, 1983.

BEAUREPAIRE, R. de. *Dicionário de vocábulos brasileiros.* Salvador: Livraria Progresso Editora, 1956.

BORBA, Marco Aurélio. *Cabo Anselmo*: a luta armada ferida por dentro. São Paulo: Global, 1981.

CARONE, Edgar. *A República Liberal. II*: Evolução Política, 1945-1964. São Paulo: Difel, 1985.

CASCUDO, Luis da Câmara. *Nomes da Terra* — Geografia, História e Toponímia do Rio Grande do Norte. Natal: Fundação José Augusto, 1968.

_____. *Mossoró, região e cidade.* 2. ed. Natal: Editora Universitária, 1980.

_____. *Viajando o sertão.* Natal: Fundação José Augusto, 1984.

_____. *História do Rio Grande do Norte.* 2. ed. Natal/Rio de Janeiro: Fundação José Augusto/Achiamé, 1984a.

CLEMENTINO, Maria do Livramento Miranda. *O maquinista de algodão e o capital comercial.* Natal: Editora Universitária, 1987.

CUNHA, Euclides da. *Os sertões* — campanha de Canudos. 29. ed. Rio de Janeiro: Francisco Alves, 1979.

DANTAS, Gildo da Costa. *Mina Brejuí* — a maior produtora de Scheelita do Brasil. Natal, 2007.

DANTAS, José Adelino. *Homens e fatos do Seridó antigo*. Natal: Fundação José Augusto, 1961.

DUARTE, Antônio. *A luta dos marinheiros*. Natal: Diadorama Editora, 2009.

FAUSTO, Boris. *História concisa do Brasil*. São Paulo: Edusp/Imprensa Oficial do Estado, 2001.

FURTADO, Celso. *Formação econômica do Brasil*. 6. ed. Rio de Janeiro: Editora Fundo de Cultura, 1964.

GASPARI, Elio. *A ditadura envergonhada*. São Paulo: Companhia das Letras, 2002.

GOMES, José Bezerra. *Sinopse do município de Currais Novos*. Natal: Fundação José Bezerra, 1975.

GORENDER, Jocob. Era o golpe de 64 inevitável? In: TOLEDO, Caio Navarro de. *1964: visões críticas do Golpe*. Campinas: Editora da Unicamp, 1997.

IDEMA — Instituto de Desenvolvimento Econômico e Meio Ambiente do Rio Grande do Norte. *Perfil do seu município* — Currais Novos. Natal: IDEMA, 2003.

LOPES, Juarez Rubens Brandão. *Desenvolvimento e mudança social*. São Paulo: Editora Nacional, 1968.

MEDEIROS FILHO, Olavo. *Velhos inventários do Seridó*. Natal: Fundação José Augusto, 1986.

MEDEIROS, José Augusto Bezerra de. *A região do Seridó*. Natal: Edições Cactus, 1961.

_____. *Seridó*. Rio de Janeiro: Borsoi Editor, 1954.

MEDEIROS, Tarcísio. *Aspectos geopolíticos e antropológicos da História do Rio Grande do Norte*. Natal: Imprensa Universitária, 1973.

MORAES, Denis. *A esquerda e o Golpe de 64*. Rio de Janeiro: Espaço e Tempo, 1989.

MORAIS, Marcus Cesar Cavalcanti de. *Terras potiguares*. Natal: Dinâmica Editora, 1998.

MOREL, Edmar. *A Revolta da Chibata*. Rio de Janeiro: Graal, 1979.

PAIM, Gilberto. *Industrialização e economia natural*. Rio de Janeiro: Instituto Superior de Estudos Brasileiros, 1957.

RANGEL, Inácio M. Desenvolvimento e projeto. *Revista da Faculdade de Ciências Econômicas*, ano 5, n. 9, 1956.

RODRIGUES, Joabel de Souza. *Tororó, berço de Currais Novos*. Natal: EDUFRN, 2008.

RODRIGUES, Flávio Luís. *Vozes do mar* — O Movimento dos Marinheiros e o Golpe de 64. São Paulo: Cortez, 2004.

ROSA, João Guimarães. *Grande sertão: veredas*. 4. ed. Rio de Janeiro: José Olympio, 1965.

SABOURIN, Éric. *Paysans du Brésil* — Entre échange marchand e réciprocité. Paris: Éditions Quae, 2007.

SILVA, Hélio. *1964: Golpe ou contragolpe?* Porto Alegre: L&PM, 1978.

SKIDMORE, Thomas. *Brasil*: de Getúlio Vargas a Castelo Branco (1930-1964). Rio de Janeiro: Paz e Terra, 1982.

SODRÉ, Nelson Werneck. Era o Golpe de 64 inevitável? In: TOLEDO, Caio Navarro de. *1964*: Visões críticas do Golpe. Campinas: Editora da Unicamp, 1997.

STEPAN, Alfred. *Os militares na política*. Rio de Janeiro: Artenova, 1975.

SUAREZ, Maria Teresa S. de Melo. *Cassacos e Corumbas*. São Paulo: Ática, 1977.

TOLEDO, Caio Navarro de. *O governo Goulart e o Golpe de 64*. São Paulo: Brasiliense, 1985.

VIEGAS, Pedro. *Trajetória rebelde*. São Paulo: Cortez, 2004.

WANDERLEY, Maria de Nazareth Baudel. Agricultura familiar e campesinato: rupturas e continuidade. *Estudos Sociedade e Agricultura*. Rio de Janeiro: CPDA, n. 21, out. 2003.

WEBER, Max. *A ética protestante e o espírito do capitalismo*. 3. ed. São Paulo: Pioneira, 1983.

PARTE II

Goimar Dantas

Dedicatória

Para Maurício, Yuri e Tailane,
que vivenciam a saga de sonhar junto comigo.

Agradecimentos

A José Xavier Cortez e sua família, pela confiança em me presentear com essa história.

Aos entrevistados, generosos coautores da saga de um sonhador.

À Cristina Viana, pela competência e disponibilidade com que me ajudou a operacionalizar esse sonho.

Ao professor Leo Ricino, mestre na arte da gramática, estilística e literatura. Doutor em paciência, amizade e incentivo. Obrigada por tudo!

À minha irmã, Zilmara Dantas, pelas críticas e sugestões precisas. E pela paciência em ouvir.

À minha mãe, Maria Onélia de Souza Dantas, e à Elza Bueno da Silva Pedro, pela fé.

À memória de meu pai, Pedro Dantas da Silva, por ter semeado o amor pelas palavras no solo do meu coração.

Introdução

Exercício de insubordinação

No momento em que conheci o editor José Xavier Cortez, tive certeza: aquele homem de cabelos grisalhos, pequenos olhos de índio, sorriso farto e sotaque nordestino inconfundível aos meus ouvidos conterrâneos ainda teria um papel importante em minha vida. Era uma intuição fortíssima, quase palpável.

Voltei para casa perplexa, tentando digerir a dimensão e o poder daquele encontro arrebatador como o impacto de um tsunami — para usar um termo bem imagético. Que ninguém se engane: a estatura física de Cortez, escorpiano nascido em 18 de novembro de 1936, em plena primavera, é diametralmente oposta ao gigantismo de seu caráter, de sua força de vontade e, por que não dizer, de seu.espírito. Foi uma paixão biográfica à primeira vista.

Era 26 de junho de 2007, e lá estava ele proseando animadamente com o sobrinho Antonio Erivan Gomes, em evento promovido pela Câmara Brasileira do Livro (CBL), entidade para a qual eu prestava serviços. Àquela época, eu já sabia que Erivan trabalhava na Cortez Editora e, ao vê-lo acompanhado daquele senhor risonho, me perguntei: "Seria aquele o famoso Cortez, proprietário de uma das editoras mais conceituadas de São Paulo?".

Foi então que Cristina Lima, gerente de marketing da CBL, numa dessas intervenções que modificam a vida da gente para sempre, se aproximou de mim e, como um anjo atento, observou: "Olha quem está ali! O Cortez! Sabia que, assim como você, ele também é potiguar? Se quiser eu te apresento.

A trajetória de vida dele é fantástica!". Imediatamente, respondi: "Só se for agora". E assim foi.

Em dois minutos de conversa descobri que Cortez nascera em Currais Novos, cidade do sertão do Rio Grande do Norte, distante 63 quilômetros de Santa Cruz, município onde eu nascera. Fiquei atônita com a coincidência. Então aquela sumidade editorial e eu éramos do mesmo rincão? Não fosse aquele evento tão formal, cheio de autoridades políticas e seus discursos intermináveis, e poderíamos ter conversado mais. Paciência. A bem da verdade, isso não seria problema para uma biógrafa já contaminada pelo vírus sem cura do biografado.

Mal cheguei em casa, iniciei minhas pesquisas sobre a história do editor. Com a ajuda da internet, foi preciso apenas meia hora para que o destino desse sua sentença: eu tinha que escrever a biografia daquele conterrâneo, cuja vida era absolutamente cinematográfica. Apesar da vontade de iniciar o projeto de imediato, ainda precisei esperar mais de um ano para me desvencilhar de contratos e obrigações profissionais anteriormente assumidas.

O cenário mudaria apenas em agosto de 2008, dessa vez, por conta de um encontro virtual com Mara, primogênita de Cortez. Ao encontrá-la em um site de relacionamentos, com a cara de pau que me é peculiar, mandei-lhe, à meia-noite, uma mensagem em que dizia que havia conhecido Cortez no ano anterior e que sonhava em escrever sua biografia. Para minha surpresa, Mara respondeu dez minutos depois, muito solícita, afirmando que já existia uma pessoa escrevendo um livro sobre Cortez, mas que, tudo indicava, precisaria de ajuda para finalizá-lo. O mais adequado, dizia Mara, era que eu pudesse ir ao estande da Cortez Editora na Bienal Internacional do Livro de São Paulo, onde o editor estaria naqueles dias. Lá, poderíamos conversar mais a respeito.

Acatei a sugestão, claro, e Cortez me recebeu com a simpatia de sempre. Passamos a tarde trocando ideias, ao mesmo tempo em que o editor resolvia assuntos de trabalho e visitava amigos pelos estandes da Bienal. Nessa ocasião, contou-me que a socióloga pernambucana Teresa Sales, professora aposentada da Universidade de Campinas (Unicamp), o havia escolhido, anos antes, como objeto de uma de suas pesquisas sobre processos migratórios.

Tão logo concluiu o trabalho, a professora considerou que a história de Cortez merecia uma biografia e, após conversar com o editor, deu início à redação do texto, sempre pautado por um viés mais sociológico, de acordo com o perfil e os estudos de Teresa. Ocorre que, nesse meio-tempo, a professora voltara para o Recife, assumira a presidência do Centro Josué de Castro e tanto a distância geográfica quanto o excesso de trabalho a impediam de continuar as pesquisas para a biografia. Teresa já havia se debruçado sobre os períodos da infância, da adolescência e da juventude do biografado, finalizando-a com sua expulsão da marinha após o Golpe de 64, quando Cortez contava 27 anos.

Por mais uma dessas coincidências que nos fazem acreditar em destino e coisas afins, poucos dias antes do início da Bienal, Cortez e Teresa haviam se encontrado no Recife para uma conversa definitiva sobre os rumos do projeto. Nas palavras da socióloga, a solução seria encontrar alguém para escrever a segunda parte do trabalho, focada nos anos de Cortez em São Paulo. Era a deixa perfeita para que eu entrasse.

Nesse contexto, caberia a mim a tarefa de levantar os 45 anos da história de Cortez, a partir de sua chegada à capital paulista, em 4 de janeiro de 1965. Ano divisor de águas, uma vez que encerrava a primeira fase da sua vida, quando atuou como lavrador na agricultura de subsistência, minerador, vendedor de secos e molhados e marinheiro. A partir de então, teria início sua jornada como *office boy*, lavador de carros, manobrista, funcionário de loja de autopeças, vendedor de livros e, finalmente, livreiro e editor renomado. Concordei em fazer o trabalho na hora, mesmo tendo de pegar o bonde andando, sem tempo para entrar com pedido de patrocínio, correr atrás de leis de incentivo etc.

Mas esses não seriam os únicos obstáculos a serem superados: eu ainda teria de ser aceita tanto pela esposa, quanto pelas três filhas de Cortez. O editor foi taxativo: "Por mim, você já está no projeto. Mas lá em casa eu sou minoria. Se minha família não gostar de você, nada feito. Potira e as meninas terão de conhecê-la e aprová-la". Suei frio.

Dois ou três dias depois, fui convidada a ir à casa de Cortez, de modo a conhecer suas "mulheres". Sem saber o que enfrentaria, levei toda a munição disponível: minha verve e uma bolsa contendo, em seu interior, os poucos livros que já havia publicado. Lembro de que tive tanto medo de não agradar que, mesmo já estando há mais de seis anos sem tomar refrigerante, aceitei um copo cheio da bebida como acompanhamento da pizza servida no encontro. Era uma biografia que estava em risco, afinal.

Valeu a pena! Já na semana seguinte, eu voava a caminho de solo potiguar, onde participaria do *III Cipa* (*Congresso Internacional de Pesquisa [Auto] Biográfica*), promovido pela Universidade Federal do Rio Grande do Norte, em Natal. De quebra, me hospedaria na casa de Adailson, um dos 10 irmãos de Cortez. Em seguida, partiria para três dias no Sítio Santa Rita, em Currais Novos, onde o editor passara a infância e a adolescência. Embora coubesse à Teresa discorrer sobre essas fases da vida do editor, era essencial que também eu conhecesse a fundo o personagem. Até porque um homem é composto da soma de suas experiências, desde o nascimento. Logo, encontrar seus familiares e a atmosfera que serviu de base à complexa construção de um protagonista múltiplo como José Xavier Cortez era imprescindível para entender alguns dos porquês da fase madura de sua vida, em São Paulo.

Nessa viagem entrevistei mais de 20 pessoas. Até mesmo no Congresso, em Natal, encontrei educadoras de todo o país que, ao saber da minha pesquisa, se disseram amigas de Cortez, fazendo questão de relatar as histórias vivenciadas com o editor. Em Currais Novos, conheci a Fundação Cultural José Bezerra Gomes, cuja sede abriga o Museu Histórico de Currais Novos. Inaugurada em março de 1993, o local mantém, dentre outras instalações permanentes, um acervo com 800 livros doados por José Xavier Cortez. A população pode realizar empréstimos das obras, bem como consultas no local. No Sítio Santa Rita, por sua vez, me dei conta de que a trajetória profissional do editor se mescla à de boa parte de sua família, que tanto o ajudou quanto também foi ajudada por ele. Um sem-número de irmãos, primos, sobrinhos e amigos que deixaram o sertão para trabalhar com o editor em São Paulo, graças ao seu pioneirismo e incentivo.

Concordo plenamente com o jornalista, professor e pesquisador especializado em pesquisas biográficas Sergio Vilas Boas, quando diz: "(...) como biógrafo, você não pode se fechar somente no seu personagem central. Acredito em multibiografias". Daí porque optei por uma narrativa composta por um verdadeiro mosaico de personagens extraordinários. À sua maneira, todos contribuíram para fazer do editor um ser humano ainda mais rico em suas qualidades, defeitos, sonhos, contradições, desejos, intuições.

Em um ano e meio de pesquisa, entrecortada, é verdade, por uma ou outra atividade profissional que precisei manter nesse período, recorri à leitura de jornais e revistas com entrevistas de Cortez e notícias referentes à Cortez Editora e Livraria, com seus lançamentos de livros, coleções, projetos, divulgação de investimentos, de abertura e de fechamento de filiais. Também recorri a livros de registros da editora e consultei documentos que comprovavam a trajetória *sui generis* do pequeno agricultor que, anos mais tarde, viria a ser um editor brasileiro de sucesso.

Nesse ínterim, dediquei horas intermináveis à leitura e releitura de livros reveladores para profissionais, estudiosos e demais interessados na arte do fazer biográfico que, diga-se de passagem, não se aprende nem se aprimora em nenhuma universidade. Por isso, além da leitura constante de biografias de autores renomados, sempre importantes para os que desejam se firmar nessa seara, dei prosseguimento à consulta de obras que lançam luz sobre a importância da preservação da memória, seja ela coletiva, seja individual. Obras que tratam do resgate de histórias de personagens pobres ou ricos, conhecidos ou anônimos. Nesse percurso, destaco, sobretudo, os livros de Ecléa Bosi e Sergio Vilas Boas.

Mas é preciso que se diga: a pedra fundamental dessa pesquisa se configurou com os 80 entrevistados, resultando em dezenas de horas de gravação registradas com familiares, funcionários, ex-funcionários, amigos, educadores e profissionais do mercado editorial. Pessoas que estiveram ao lado de Cortez em diferentes fases de sua vida e que, por isso mesmo, lançaram sobre ele olhares diversos. Juntas, elas me auxiliaram a montar o quebra-cabeça biográfico desse idealista nato. Visionário que há mais de quatro décadas se dedica aos livros e, consequentemente, à propagação de saberes.

Autor, nessa caminhada, de sucessos e fracassos, sutilezas e radicalismos. Na descrição de muitos, um homem que é, ao mesmo tempo, autoritário e liberal; teimoso, mas também flexível; *workaholic* incorrigível, empreendedor, administrador intuitivo, amante contumaz do forró, diplomado em economia, mas com um coração que pulsa pela Educação e pelo Serviço Social, amigo fidelíssimo, solidário até a medula, distraído, ruim de bola, desprovido de senso de direção, pai ciumentíssimo, apaixonado e exigente.

Características variadas, muitas delas díspares, mas que, sobretudo, sempre estiveram amparadas pelos alicerces da *paixão*, do *entusiasmo*, da *coragem* e do *otimismo*. Essas sim, palavras recorrentes na definição que os entrevistados faziam do editor. Cortez é, enfim, um universo — como o são os melhores personagens da História. Criaturas maravilhosas em seus desenhos muitas vezes paradoxais, compostos pela intensidade de tintas carregadas.

Por isso mesmo, no decorrer do texto, fiz questão de manter relatos que expressam esse Cortez multifacetado que saltou da terra seca de seu roçado, no Sítio Santa Rita, com pouquíssimo conhecimento das primeiras letras, para a construção de uma editora especializada em livros acadêmicos. Uma casa editorial que, ao completar 30 anos, em 2010, é referência na formação e especialização nas áreas de Ciências Humanas e Sociais. Empresa cujo maior patrimônio é o conhecimento semeado pelo catálogo composto de aproximadamente mil títulos, cujas autorias mesclam especialistas nacionais, intelectuais da nova geração e autores consagrados internacionalmente.

Quando se trata de Cortez, vale trazer à tona a máxima de Euclides da Cunha: "O sertanejo é, antes de tudo, um forte". E se soa clichê, paciência. Sua história provará que a frase é perfeita para definir esse homem que, apesar de ser um jogador de futebol que deixou muito a desejar nas partidas disputadas entre amigos, soube dar um "Olé!" fenomenal no destino reservado à maioria dos sertanejos que chega, diariamente, à metrópole paulistana.

E nesse jogo da vida, Cortez enfrentou dores, derrotas e sacrifícios, sempre ao lado de sua família, que, aos poucos, foi trazendo do sertão para ajudá-lo a construir e consolidar a Cortez Editora e Livraria. Houve época em que se contavam 15 agregados vivendo em sua "casa-pensão", a mesma que o editor já dividia com esposa e três filhas. Graças ao seu pioneirismo, muitos de seus irmãos, sobrinhos e primos se dedicam ao trabalho no mercado editorial brasileiro. Três de seus irmãos, por exemplo, são proprietários da rede de livrarias Potylivros, com lojas em Natal, Recife e Mossoró. Não é exagero dizer que, por respeito profundo à sua trajetória, Cortez é, ainda hoje, o sol em torno do qual gira a sua grande família.

Cortez foi também símbolo de coragem em tempos de ditadura, sempre dando um jeito de conseguir "livros proibidos" para seus clientes, em sua maioria professores e estudantes de graduação, mestrado e doutorado da PUC-SP, universidade onde se formou e que, durante anos, foi a base que impulsionou sua carreira, primeiro como livreiro, depois como editor. Foi nas salas de aula e nos corredores da PUC-SP, aliás, que Cortez, quando vendia livros, conheceu e se tornou amigo de figuras centrais da inteligência brasileira, como Paulo Freire e Florestan Fernandes.

Foi também a universidade que o aproximou dos grandes pensadores da área de Serviço Social, muitos deles recém-chegados do exílio, em 1979, época em que o editor deu início àquela que seria, ao lado do segmento de Educação, a grande força motriz de sua editora. Nas palavras de muitos entrevistados, foi Cortez quem possibilitou, por meio de suas publicações, a guinada do Serviço Social Brasileiro, transformando-o em referência não apenas na América Latina, mas também nos Estados Unidos e Europa.

E em 2004, depois de anos dedicados às publicações acadêmicas, o sertanejo se reinventa e envereda pelo segmento de livros infantojuvenis. Mais um desafio bem-sucedido, sucesso de público e crítica. Desde então, publicar para os pequenos tem sido não só uma responsabilidade e um aprendizado, mas uma aventura deliciosa para o coração de Cortez. Um selo de qualidade necessário ao corpo e à mente do homem que, justamente no período em que foi lançada a primeira coleção voltada às crianças, vencia, já pela terceira vez, a batalha contra o câncer.

É importante destacar que essa biografia corresponde tão somente ao meu olhar de biógrafa que, por sua vez, absorveu a visão que o próprio biografado tem de si, bem como a percepção que os entrevistados trouxeram desse sertanejo bravio que conquistou a Pauliceia, com direito, inclusive, ao título de Cidadão Paulistano. E por ser um misto de olhares — filtrados por outro —, ressalte-se: essa não é, portanto, uma biografia definitiva. Até porque, ao contrário do que muitos podem supor, biografias definitivas simplesmente não existem.

Longe disso, creio estar a biografia situada ao lado oposto dessa margem, ligada à vertente das narrativas transgressoras e inconclusas (na medida em que o ponto final só existe por uma imposição do prazo de entrega). Penso ser do jornalista e biógrafo Alberto Dines uma das melhores definições sobre o tema: "Transgredir é essencial na arte biográfica. Mais do que gênero literário, a biografia é um desacato. Insubordinação contra a morte, fixação na vida, exercício de suscitação, ressuscitação dos finados e esquecidos".

Discípula dessa ideia, cabe a mim acrescentar: escrevi essa biografia porque sei, apesar de não gostar da ideia, que Cortez é finito, como todos nós. Mas no que depender de mim, insubordinada confessa ante a única certeza da vida, a história desse grande homem dos livros — espécie de tradução que, juntamente com Teresa Sales, ousei fazer de sua existência — há de permanecer para sempre.

Goimar Dantas.

São Paulo, verão de 2010.

"Mas há horas que marcam fundo...
Feitas, em cada um de nós
De eternidades de segundos,
Cuja saudade extingue a voz.
E a vida vai tecendo laços
Quase impossíveis de romper
Tudo o que amamos são pedaços
Vivos do nosso próprio ser".

(Manuel Bandeira, "A vida assim nos afeiçoa",
A Cinza das Horas, in *Estrela da vida inteira*, p. 17-18).

Capítulo I

E agora, José?

E agora, José?
Sua doce palavra,
seu instante de febre,
(...),
sua biblioteca,
sua lavra de ouro,
(...)
e agora?

(Carlos Drummond de Andrade, "José".)

A incrível história do editor que enquadrou o ladrão

Os assaltantes reunidos para a ação permaneciam à espreita. Nada deveria atrapalhar o roubo que em poucos minutos teria início na Cortez Editora e Livraria, localizada no bairro de Perdizes, na rua Bartira, número 317. Era 26 de setembro de 2004 e o relógio marcava cerca de 18h30 quando os ladrões decidiram se dividir. Um grupo se instalou próximo ao prédio da empresa, em alerta. Enquanto isso, dois integrantes da quadrilha entravam na editora pelo acesso da rua Monte Alegre.

Com aparente tranquilidade e muito bem vestidos, os rapazes caminharam na direção de Simone Pereira Siqueira Campos, que, à época, trabalhava como recepcionista da editora. Imediatamente perguntaram por Mara Regina Beserra Xavier Cortez, diretora do departamento financeiro e filha do proprietário da empresa, o editor e livreiro José Xavier Cortez. Sem saber que a diretora já havia deixado o local, Simone solicitou que os rapazes aguardassem.

As instalações da editora ocupam dois pavimentos do edifício da Monte Alegre. Já a livraria, podia ser acessada apenas por uma entrada da rua Bartira, localizada um nível abaixo, uma vez que o trecho que faz esquina com a Monte Alegre se configura por uma descida íngreme. Naquele começo de noite, a livraria já se preparava para encerrar suas atividades e a editora ainda contava com parte da equipe na ativa, finalizando a jornada de trabalho.

Os assaltantes, um jovem branco e outro negro, com estaturas medianas e idade em torno de 25 anos, anunciaram o roubo tão logo Simone pediu a identificação de ambos, de modo que pudesse anunciá-los à Mara. Foi quando o rapaz branco, aparentemente liderando a ação, mostrou o revólver posicionado na linha da cintura, sob a camisa.

Demonstrando experiência, o bandido ordenou que a moça prosseguisse atendendo ao telefone normalmente. Chorar ou gritar estava fora de cogitação. Esforçando-se ao máximo para conter o nervosismo, Simone interfonou para o primeiro andar, foi quando soube que Mara não estava mais na empresa. Por essa os ladrões não esperavam. Até então, Simone ainda era a única funcionária a ter contato com os bandidos. Minutos depois, seria a vez de Maria Isabel Braun, então gerente de vendas da empresa, se juntar a ela. Ao sair do toalete, Isabel foi abordada pelo suposto líder do grupo, que apontou uma arma para a sua cabeça. Apesar do choque, a ex-gerente ficou impressionada com a beleza e o porte do assaltante. O rapaz tinha pele clara, olhos verdes, cabelos pretos, trajes impecáveis e uma valise estilo 007 nas mãos. "Passaria fácil por um estudante da PUC-SP", compara a ex-funcionária.

Tão logo pôs os olhos sobre Isabel, o jovem ladrão acreditou se tratar de Mara. A gerente tentou desfazer o mal-entendido, mas foi obrigada a deitar de bruços, recebendo ordens expressas para que não olhasse mais para o assaltante. Só então o rapaz tomou a bolsa da gerente, com o objetivo de conferir sua identidade. Ao comprovar que falava a verdade, devolveu-lhe a bolsa e a carteira, numa demonstração clara de que não tinha interesse pelos pertences dos funcionários. Na sequência, Isabel foi levada para junto de Simone, no térreo.

A essa altura, um terceiro assaltante já havia entrado na editora para se juntar à dupla. O trio se dividiu: um dos ladrões permaneceu com Simone e Isabel, na recepção, os demais se dirigiram ao primeiro andar, onde renderam quatro pessoas. Uma delas era a professora peruana Elsa Del Milagre Bailón, que, assim como Isabel, foi confundida com Mara e também sofreu o choque de ver um revólver apontado na direção da cabeça.

Professora particular de espanhol, Elsa aguardava Cortez para mais uma aula, na própria sala do editor, como sempre acontecia. Nas demais dependências do primeiro andar, estavam o chefe do departamento de produção, José Garcia Filho, o Garcia, há 27 anos na empresa; o publicitário e jornalista Itã Cortez, primo de terceiro grau do editor, funcionário da casa havia seis anos, e o revisor Agnaldo Alves de Oliveira, profissional da empresa desde 1997. Agnaldo, aliás, foi rendido pelos assaltantes na escada, quando já estava de saída.

O ritual da ameaça com a arma de fogo se repetiu com Itã, que teve a pistola apontada, primeiro, para sua cabeça e, depois, para seu peito. O evento traumatizou o jornalista que, quase seis anos depois, ainda é capaz de se lembrar da sensação gelada provocada pelo cano do revólver em sua têmpora. "Eu não conseguia entender como era possível estar vivendo uma situação tão extrema dentro do ambiente de trabalho, ao lado de uma universidade movimentada como a PUC-SP", completa. E se durante o roubo Itã entrou em estado de choque, ao fim de tudo precisou enfrentar meses de síndrome do pânico e depressão, embora em estágios considerados leves. "O pior foi me sentir completamente vulnerável, com a vida nas mãos de outra pessoa. Uma sensação terrível", relata.

Assim como aconteceu com Itã, os funcionários foram obrigados a entregar seus celulares aos assaltantes, de modo a evitar que estabelecessem qualquer tipo de comunicação externa. Já os ladrões trocavam informações por rádio com os demais membros da quadrilha, que vigiavam o prédio. O alto volume do aparelho permitiu que, em diferentes momentos, Isabel e Itã escutassem o diálogo entre os bandidos: "— Como estão as coisas aí?", perguntava uma voz de mulher. Ao que os assaltantes, dentro da Editora, respondiam detalhando o andamento da situação.

Itã, Garcia, Elsa e Agnaldo foram mantidos no primeiro andar, sentados no chão do corredor; já Simone e Isabel permaneceram no primeiro piso. Em breve, Cortez chegaria, mas, antes disso, os ladrões ordenaram que Garcia arrombasse a porta da sala de Potira Beserra Xavier Cortez, esposa do editor, falecida em 2009. Afinal, era onde ficava o cofre da empresa. Uma vez na sala, o ladrão considerado mais agressivo viu um porta-retratos com uma fotografia da família do editor, acompanhada de Garcia. O marginal guardou o retrato consigo e, olhando fixamente para o funcionário, ameaçou: "Vou ficar com isso porque se for preciso volto aqui e acerto as contas com vocês".

Enquanto o editor não chegava, os ladrões, sem sucesso, prosseguiam firmes no propósito de abrir o cofre. Numa atitude desesperada, chegaram a arrastá-lo de um lado para o outro, como se a mudança de local pudesse adiantar alguma coisa. Tudo em vão: o cofre continuava fechado e seu conteúdo, inacessível.

Eram quase oito da noite quando Cortez finalmente chegou à Editora. Como de costume, o empresário voltava ao local de trabalho após jantar em sua casa, localizada a menos de cinco minutos da empresa, na rua Ministro Godói. Ao chegar à empresa nesse horário, sua rotina seria concluir a aula de espanhol, colocar a leitura em dia, responder *e-mails*, consultar a agenda do dia seguinte, anotar ideias, dar alguns telefonemas. Por volta das 22h30, regressaria para casa.

Como de praxe, o editor já apareceu fazendo graça. Ainda na calçada do prédio, olhou pelo vidro da porta e, ao avistar Isabel, esgoelou-se: "Isabééééééél! Isabééééééééééééél! Ooooooo, Bééééééél!". O chamamento estridente era rotineiro. Mal o editor avistava a funcionária, testava sua paciência com berros que causariam inveja aos melhores puxadores de escola de samba.

Naquela noite, entretanto, as brincadeiras duraram pouco. Ao entrar na Editora, Cortez logo foi dominado pela quadrilha. Na sua presença, os ladrões faziam questão de demonstrar o quanto estavam bem informados em relação às vendas efetuadas pela editora em evento ocorrido, nos dias anteriores, em Belém do Pará. De acordo com Garcia, os bandidos chegaram a relatar até mesmo o suposto valor — equivocado, diga-se de passagem — da quantia arrecadada pela Editora naquela ocasião: 28 mil reais.

Mas o fato de Cortez estar presente no recinto não mudaria muito a complexa situação dos assaltantes porque, ao contrário da maioria dos empresários, Cortez não tinha a menor ideia de qual era a senha capaz de abrir o cofre da empresa. Para espanto geral, até mesmo os ladrões sabiam que ele passava a léguas das finanças, tanto no que se referia às contas da editora quanto às de sua vida pessoal, gerenciadas por Mara e Potira.

Desde sempre, o desapego ao vil metal tem sido uma de suas características mais acentuadas. Após os 70 anos, seus únicos luxos são: dançar forró, semanalmente, no Restaurante Andrade, no bairro paulistano de Pinheiros e no Recanto do Nordeste, no bairro da Liberdade. O editor aprecia, ainda, tomar dois cálices de vinho do Porto, ingeridos antes do almoço de domingo ou em ocasiões muito especiais; e — ousadia suprema — dirigir um automóvel de passeio, o primeiro a ser exclusivamente utilizado para fins pessoais. Durante anos, guiou carros populares, adquiridos, prioritariamente, para a empresa, como o modelo utilitário Kombi, típico para o transporte de mercadorias, que teve durante anos.

No mais, Cortez leva uma vida de hábitos franciscanos. A mobília de seu quarto, por exemplo, é a mesma há 40 anos. O minimalismo composto pela cama, guarda-roupa, prateleira e criados-mudos, em tons de marrom escuro, empresta ao ambiente uma austeridade típica de mosteiro. Por extensão, os cômodos da casa que divide com as filhas Mara, Marcia e Miriam seguem idêntico padrão de simplicidade.

As poucas cores presentes nas paredes são fruto das telas assinadas por Marcia, veterinária que tem a pintura como *hobby*. Na sala de jantar, entretanto, chama atenção a grande mesa de madeira, condizente com a receptividade de Cortez, que, após se estabelecer como editor, sempre abrigou, com constância admirável, um sem-número de amigos e parentes em sua casa.

A distração excessiva também contribui para que Cortez se mantenha longe do dinheiro. Por onde passa, o editor esquece carteira, chaves, documentos, óculos. Também é folclórica sua dificuldade em guardar nomes, números e datas. Certa vez, ao preencher uma ficha de filiação de partido político, trocou os nomes e as datas de aniversário de duas de suas filhas.

Além disso, é famoso pela generosidade que, não raro, é prima-irmã do desapego financeiro. Talvez por isso tenha sido fiador de meio mundo, principalmente nas décadas de 1980 e 1990. Na livraria, durante anos cultivou a prática de vender livros em prestações a perder de vista. Para isso, bastava que visse um professor namorando um exemplar, aparentemente sem condições de comprá-lo. Nas feiras e bienais, cabia aos funcionários a tarefa de vigiá-lo, evitando que ele distribuísse todas as obras do estande.

O fato é que o editor sempre socorreu aos que necessitam de apoio para estudar. Muitos alunos da PUC-SP, por exemplo, oriundos de outros municípios, estados e até países precisavam de um lugar para morar na capital. Nessas horas, os estudantes ouviam falar de um editor e livreiro boa-praça, o Cortez, que jamais se negava a ser fiador, mesmo de desconhecidos.

Isso quando não oferecia guarida em sua própria residência. Além de abrigar irmãos, sobrinhos e cunhados que vinham para São Paulo trabalhar e estudar, Cortez chegou a receber estudantes provenientes do exterior, caso da assistente social panamenha Nívia Flores, que residiu na casa do editor por cerca de dois anos, tempo que durou seu doutorado.

Não raro, Cortez também organizava almoços e cantorias para reunir os jovens estudantes nordestinos que, longe das famílias, se sentiam sozinhos em São Paulo. É o caso de Maria Júlia de Paiva Almeida, professora de Prática de Ensino de Língua Portuguesa do Departamento de Educação da Universidade Federal do Rio Grande do Norte: "Cortez organizava feijoadas, almoços e reuniões. Ele sabia que nos sentíamos solitários. Era como um pai", diz, emocionada.

Já Maria da Guia de Souza Silva, mais conhecida como Nina, doutoranda em Educação e professora do Centro Federal de Educação Tecnológica (CE-FET-RN), conta que, em visita à livraria, conheceu o editor e identificou-se como currais-novense. A alegria de Cortez em receber uma conterrânea foi tanta que decidiu presenteá-la com cerca de 30 livros. "Foram os primeiros exemplares da minha biblioteca pessoal na área de Educação", acrescenta Nina.

De outro extremo do país, a professora doutora Maria Teresa Santos Cunha, do Departamento de História da Universidade do Estado de Santa Catarina, explica que sem o apoio de Cortez como fiador do imóvel onde morou quando realizava seu doutorado em São Paulo tudo seria mais difícil. "Sua ajuda foi fundamental naquele momento de minha vida", reforça.

Com esse histórico, era natural que Cortez não soubesse a senha do cofre de sua própria empresa. Mas mesmo sem ter a mais vaga ideia dos números que compunham a combinação, o editor não se abalou e, em nenhum momento, sucumbiu ao nervosismo. A bem da verdade, o sertanejo já possuía, digamos, certo traquejo em relação a assaltos. Afinal, não era a primeira vez que vivia essa experiência.

Episódio semelhante acontecera 23 anos antes, em 16 de maio de 1981, quando a sede da empresa funcionava a alguns metros dali, na rua Bartira, 387. Apesar de naquela ocasião os assaltantes se mostrarem mais nervosos, tudo transcorreu sem violência. Assim, nesse segundo assalto, já se considerando um *expert* no assunto, Cortez não teve dúvidas e resolveu puxar papo com os meliantes: "Então, pessoal, como vocês descobriram a gente? Quem ofereceu informações sobre a Editora?". Um dos bandidos, mantendo o tom seco, respondeu que eles, de fato, tinham um informante. Alguém que, por sinal, iria "pagar caro" pela confusão em que os metera. Afinal, era preciso que soubessem os horários corretos de Mara, a única que conhecia a senha do cofre.

Enquanto isso, no primeiro andar, o assaltante que rendia Elsa, Garcia, Itã e Agnaldo sentiu fome, foi à cozinha da Editora e serviu-se do que encontrou na geladeira e nos armários: iogurte, biscoitos, chás, torradas. O curioso é que esse mesmo indivíduo, que já havia apontado a arma para a cabeça de Elsa, parece ter-se arrependido da atitude extremista e, talvez para compensá-la, enquanto comia, perguntou à professora: "E você? Não quer comer nada? Não tá com fome?". Perplexa, Elsa agradeceu e, educadamente, recusou o repasto.

Poucos minutos depois, quando finalmente percebeu que a ação não renderia dinheiro, o líder do bando decidiu se apropriar dos objetos de valor encontrados no local. E a primeira coisa em que bateu os olhos foi a sanfona de Cortez, relíquia que, ainda hoje, decora a sala do editor. O problema é que, para o sertanejo, perder aquele instrumento era uma opção completamente inviável.

Adquirida em esquema de escambo, a sanfona, antes pertencente à educadora Mirian Jorge Warde, foi trocada por uma pilha de livros novinhos que a professora escolheu na livraria. Cortez amava o instrumento e, sem pensar duas vezes, deu início a uma negociação, no mínimo, inusitada com o criminoso. "Olha aqui, rapaz, você tem filho? Tem família?". O ladrão respondeu afirmativamente. Então, Cortez saiu-se com essa pérola: "Então vá com a Isabel até aquela prateleira e pegue uns livros infantis. Quem sabe esses livros possam ajudar seu menino a ter uma vida melhor do que essa que você está levando".

Como se já não bastasse, Cortez prosseguiu conversando com o rapaz, conduzindo-o pela livraria, mostrando publicações de cunho social, explicando que a empresa era uma editora comprometida com o desenvolvimento da sociedade e da educação brasileira. E o editor foi além: na tentativa de comover o bandido, contou que era nordestino, que tivera uma vida difícil, que tudo o que conseguira foi com muita luta e coisa e tal. E não é que a típica história de retirante encontrou ecos? O ladrão, natural da Paraíba, ficou impressionado ao ouvir os relatos de Cortez.

Poucos minutos depois, os assaltantes deixavam o prédio da Editora. Em vez de dinheiro, levavam uma sacola com o aparelho de fax, algumas calculadoras e... Livros, muitos livros! Sem que soubessem, os membros da quadrilha reforçavam as estatísticas das inúmeras pessoas que, durante os 30 anos de existência da Cortez Editora e Livraria, deixaram as dependências do lugar carregando exemplares gratuitamente distribuídos pelo proprietário.

Desafios na terra da garoa

Lidar com situações adversas, superando-as e, muitas vezes, transformando-as em verdadeiras lições de vida, era a tônica do cotidiano do sertanejo, a começar pela sua infância. Seu irmão Antonio Xavier Gomes revela que, mesmo em dias de chuva, ele e Cortez, ainda pequenos, precisavam trabalhar no roçado da família. Muitas vezes sob relâmpagos e trovões e até os dedos das mãos ficarem machucados e dormentes devido ao excesso de pedras e picadas de lacraias. Por conta das picadas, a língua inchava e apareciam ínguas. "Quando doía muito, a gente subia numa pedra e descansava um pouco, mas logo tinha de continuar trabalhando. O mesmo acontecia com as picadas de abelhas. Elas também picavam meu pai, mas ele prosseguia no cabo da enxada, como se nada tivesse acontecido", detalha Antonio.

A irmã Francisca Xavier Gomes, conhecida como Santa, se lembra com angústia daqueles tempos difíceis. "Quando criança, eu odiava trabalhar na roça.

A gente levantava de madrugada, no frio, às vezes na chuva. Lembro que, quando menina, eu às vezes pisava no feijão pra que ele morresse e eu não precisasse voltar para colhê-lo", confessa.

Seu Antonio afirma que o gênio forte de Cortez já dava mostras desde esses tempos da infância dura no sertão. Uma ocasião, o menino Mané Alves, vizinho de roça e encapetado como o quê, trabalhava junto aos irmãos Zé de Mizael, como Cortez era conhecido, e Antonio, embaixo de um pé de imbu, quando cismou de pegar um gafanhoto e colocar na boca.

Antes de fazê-lo, porém, o menino anunciou aos coleguinhas a façanha planejada. Ao ouvir aquilo, Zé de Mizael foi curto e grosso: "Eu duvido que você coma esse bicho". Era o desafio que Mané Alves esperava para posar de maioral diante dos amigos. Nem bem acabou de ouvir a frase, o menino não apenas abocanhou o gafanhoto como ainda teve a frieza de puxar a tripa do inseto pela boca.

Com o estômago revirado pela inesperada sessão de escatologia, Zé de Mizael tomou a única atitude que achou possível naquela situação: proibiu terminantemente que o menino bebesse água do único pote que os três estavam dividindo naquele dia. E assim foi: "Mané Alves passou o dia inteiro com sede", relembra Antonio, soltando uma gargalhada típica de quem consegue, por vezes, segurar a infância pelas mãos.

Aos poucos, a prática para superar adversidades e o jogo de cintura para lidar até mesmo com bandidos armados foram sendo conquistados ao longo da vida. Primeiro, sobrevivendo às agruras do cotidiano no sertão e, depois, no difícil exercício de suas atividades como marinheiro — num tempo em que ser militar de baixa patente significava estar exposto a humilhações de toda a ordem.

E os anos de luta — fossem sob a ardência do sol ou sobre o sal do mar — parecem ter sido apenas um estágio que prepararia Cortez para encarar, como diria Caetano Veloso, "a dura poesia concreta" das esquinas de São Paulo. Dureza com a qual se deparou logo nos primeiros dias do distante mês de janeiro de 1965: trinta e nove anos antes do segundo assalto sofrido pela Cortez Editora.

Ao chegar à capital paulista, o choque cultural sofrido por Cortez foi imenso, muito maior do que o geográfico. A grandeza monumental da cidade, com seus arranha-céus, avenidas e trânsito muito superiores aos de outras localidades brasileiras não foi o que amedrontou de pronto o sertanejo. Isso porque, a despeito da escassa experiência relativa à vida prática no dia a dia da metrópole, Cortez era um homem acostumado às grandes mudanças de cenário.

Diferentemente da maioria dos nordestinos que chegavam a São Paulo, virgens de panoramas urbanos, o futuro editor era um homem habituado às viagens e, consequentemente, a variedade de paisagens que propiciam. Ao sair do sertão do Rio Grande do Norte, passou pela capital do Estado, Natal, seguiu para Recife, dali foi para o Rio de Janeiro e, a bordo dos navios de guerra *Marcílio Dias* e cruzador *Barroso*, transpôs fronteiras marítimas na direção do Uruguai, Argentina, Espanha e Portugal.

Assim, o que mais o assombrava não era o caos da cidade grande propriamente dito, mas a falta de perspectivas profissionais. Afinal, era a primeira vez que enfrentava o desemprego. Nos tempos em que vivia na roça, apesar das dificuldades, o trabalho de sol a sol era certo. Depois, veio a Marinha, onde serviu por nove anos seguidos (1955-1964).

Por sua trajetória de vida, o que metia medo em Zé de Mizael não eram as multidões e os carros que, diariamente, transitavam pelas tradicionais vias do centro de São Paulo, tais como a rua Direita, a 7 de Abril e a 24 de Maio; ou ainda o vaivém frenético do Viaduto do Chá e o famoso cruzamento das avenidas Ipiranga e São João. Assustadora mesmo era a pergunta aparentemente inofensiva presente em um dos poemas mais conhecidos de Carlos Drummond de Andrade: "*E agora, José?*"

O sertanejo, no entanto, estava certo de que aquela dúvida atroz não duraria para sempre. Otimista convicto, Cortez sentia que logo conseguiria — muito mais do que um trabalho — uma oportunidade real de crescimento pessoal e profissional. Embora o gigantismo de São Paulo, naquele primeiro momento, não representasse um bicho de sete cabeças para Cortez, a verdade é que, aos poucos, a complexidade da metrópole não demoraria a se impor.

Mais ainda: em muitos sentidos, a cidade se mostraria bem parecida com o sertão. Uma terra que, antes de conceder o que tem de melhor, exige de seus habitantes determinação semelhante à de desbravadores. Homens dispostos a enfrentar jornadas de trabalho hercúleo, associadas a perigos e frustrações de toda a espécie.

Um banco no meio do caminho

Semanas após a chegada de Cortez a São Paulo, José Umbelino Gomes, primo do sertanejo e proprietário de um estacionamento, indicou-o para uma vaga de *office boy* no escritório da empresa Gold Star, localizado no centro da cidade e especializado, pelo que se lembra Cortez, na distribuição de óleos para caminhões. O editor conseguiu o trabalho, mas, pouco tempo depois, foi incumbido de ir ao Banco Brasileiro de Descontos S.A., hoje mais conhecido pela sua sigla, Bradesco. O objetivo era que Cortez efetuasse o pagamento de uma duplicata.

Embora já tivesse concluído o Curso Técnico de Contabilidade na Escola Técnica de Comércio Santa Cruz, em Bonsucesso, Rio de Janeiro, Cortez ainda desconhecia informações consideradas básicas sobre a função. Promissórias, duplicatas, títulos, nomes de grandes bancos ou empresas: as explicações sobre o universo das finanças e corporações soavam como abstrações de significado e compreensão inalcançáveis, por maior esforço que o aluno fizesse para entendê-las.

Seu aproveitamento no curso de Contabilidade foi insuficiente, também, devido ao número excessivo de faltas, uma vez que Cortez se dividia entre a escola e o trabalho no navio, incluindo as viagens como marinheiro. Outro fator complicante era a defasagem educacional que ainda o perseguiria durante anos. Faltava ao editor tanto as vivências cotidianas nas grandes cidades quanto o repertório de conteúdos escolares necessário para que pudesse estabelecer correlações entre os exemplos dados pelos professores e as situações impostas pelo seu trabalho.

Por essas e outras, o sertanejo ignorava que "Banco Brasileiro de Descontos" era o mesmo que "Bradesco". Então, logo após receber a ordem para ir ao "Bradesco pagar uma duplicata", frase que lhe parecia grego, Cortez, muito envergonhado, não teve coragem de perguntar o que aquilo significava exatamente. O jeito foi sair vagando pelo centro de São Paulo, completamente desnorteado, com a duplicata em mãos. Em seu percurso, passou várias vezes à frente do "Banco Brasileiro de Descontos", sem jamais atinar para o fato de que aquele era o "Bradesco" que tanto procurava.

Ao voltar para o escritório sem conseguir realizar a tarefa, a sensação de vergonha e de fracasso era enorme. E apesar de seu chefe ser boa pessoa e querer ajudá-lo, Cortez percebeu que seria impossível se manter no emprego. Ao sertanejo, só restou uma opção: aceitar a vaga de lavador de carros no estacionamento do primo José Umbelino.

As manobras de Cortez

O novo emprego, localizado na rua Asdrúbal do Nascimento, número 174, centro da capital paulista, também fora o primeiro endereço fixo de Cortez em São Paulo. Neste local, que ainda hoje permanece praticamente idêntico ao que era nos primeiros meses de 1965, o editor trabalhou por quase dois anos como lavador de carros e, após aprender a dirigir, como manobrista.

A maior mudança verificada é o cômodo de alvenaria que, atualmente, substitui a precária moradia onde Cortez residia, naquele tempo dotada de térreo e primeiro andar de madeira. Uma casa onde, na explicação do sertanejo, costumava "chover mais dentro do que fora". Naquela época, Cortez não só lavava carros como também ia à residência de Umbelino ajudar a esposa do primo, Maria da Luz, nas tarefas domésticas e no cuidado com as crianças.

Diariamente, a luta pela sobrevivência impulsionava Cortez a se esforçar ao máximo na tentativa de melhorar sua situação financeira. Nenhuma oportunidade era desperdiçada, nem mesmo as chuvas torrenciais do verão paulistano.

Como ainda acontece 45 anos depois, o centro costumava alagar após os temporais. E mal o dilúvio tinha início, Cortez se preparava para conseguir uns trocados transformando o caos da situação em possibilidade de aumentar a renda mensal. Sem pensar duas vezes, vestia o único uniforme que possuía para enfrentar a chuvarada e a sujeira das ruas: bermuda e tênis. Uma vez munido de sua precária indumentária, passava o dia se oferecendo para auxiliar motoristas na retirada dos carros ilhados nas imediações da Câmara Municipal e do Vale do Anhangabaú. Num tempo em que ainda não se registrava a presença dos chamados flanelinhas, a atividade até que resultava bastante rentável.

Vale observar que na década de 1960, o trânsito na capital paulista já era intenso se comparado a outras capitais brasileiras — um indício do tráfego caótico que atingiria a cidade anos depois. Reza uma deliciosa lenda literária que, em 1954, após tomar umas e outras, o escritor americano William Faulkner, em visita a São Paulo para a participação no 1º Congresso Internacional de Escritores, evento que fez parte das comemorações do IV Centenário da cidade, chegou a confundir a metrópole paulistana com Chicago. Ao que parece, a associação do cansaço da viagem dos EUA ao Brasil, com a constante embriaguez do autor de *O som e a fúria*, fez com que o escritor, ao ver o trânsito de São Paulo, exclamasse: *"What the hell am I doing in Chicago?"*[1]

Importante centro econômico do país, a precocidade do intenso tráfego paulistano era inegável. E como reflexo do fluxo de veículos, o movimento no estacionamento da Asdrúbal do Nascimento, localizado, literalmente, no coração financeiro da cidade — que aos poucos seria transferido para a avenida Paulista — já era considerado grande, recebendo em torno de 60 carros por dia.

O número parece piada se comparado à quantidade de veículos que entram e saem de estacionamentos paulistanos a cada hora nesses primeiros anos do século 21, mas é bem razoável quando levamos em conta que todas as manobras eram feitas apenas por Cortez, que estava, por assim dizer, no olho do furacão. Nas ruas próximas ao estacionamento, funcionavam inúmeros escritórios de advocacia, edifícios comerciais, bancos, universidades, lojas, restaurantes, hotéis, teatros, cinemas, bares, Prefeitura, secretarias municipais, além de outras tantas atividades econômicas que tornavam a região um ponto de efervescência econômico-cultural.

E o sertanejo soube aproveitar as oportunidades propiciadas pela região onde residia. Ao mesmo tempo em que trabalhava, pleiteou e conseguiu uma bolsa de estudos no cursinho pré-vestibular Visconde de Cairu, organizado pelos alunos da Universidade de São Paulo (USP) e situado em um edifício próximo ao estacionamento. Cortez estudou durante alguns meses, prestou exames vesti-

---

1. Que diabos estou fazendo em Chicago?

Acervo Família Cortez

Acervo Família Cortez

Acervo Família Cortez

O otimismo de Cortez não o abandonava nem nos períodos mais difíceis, como nos primeiros tempos de sua chegada a São Paulo. O trabalho no estacionamento o conduziria diretamente à universidade e às novas oportunidades profissionais.

bulares e foi aprovado para o curso de Economia da Pontifícia Universidade Católica de São Paulo (PUC-SP), ingressando em 1966, aos 29 anos.

Após o curso de contabilidade feito nos tempos da Marinha, foi no cursinho pré-vestibular que o sertanejo consolidou a certeza da defasagem de conteúdos existente entre ele e os demais alunos. Jovens que, em sua maioria, tinham realizado seus estudos em São Paulo, enquanto Cortez cursara escolas típicas do sertão nordestino dos anos 1940, geralmente precárias, sem infraestrutura e desprovidas de profissionais capacitados. A seu favor, havia apenas a persistência. Assim, o futuro editor aproveitava as horas de folga para estudar, ler, tirar dúvidas com os amigos e professores. O mesmo aconteceria meses depois, já na faculdade.

Nessa fase, Cortez fez amigos importantes que contribuíram muito para sua formação pessoal e profissional. Um deles foi Waldomiro Airoldi, então morador do Edifício IV Centenário, número 140, também localizado na rua Asdrúbal do Nascimento. Airoldi costumava guardar o carro no estacionamento. Aos domingos, convidava o futuro editor para almoçar com sua família. Após a refeição, Cortez permanecia na residência dos Airoldi, batendo papo e assistindo televisão, eletrodoméstico que, naquela época, era considerado um luxo ainda inacessível para a maioria da população brasileira.

Com o tempo, Airoldi acabou levando o jovem amigo universitário para trabalhar num escritório da Companhia de Entrepostos e Armazéns Gerais de São Paulo (Ceagesp). Era uma nova chance de Cortez conquistar um emprego melhor após sua malfadada experiência no escritório Gold Star.

Décadas depois, seria a vez de Cortez colaborar para a formação de inúmeras pessoas. Não apenas seus irmãos, primos e sobrinhos receberiam seu apoio e incentivo, mas também diversos funcionários da Cortez Editora. Dentre eles, a atual gerente de marketing, Elaine Nunes, que, antes de assumir o cargo, secretariou Cortez por quase dez anos.

Elaine confessa que no começo do trabalho tinha certo receio de Cortez. Nas palavras da gerente de marketing, o editor é um homem de ideias e, por conta disso, lê muito, reflete e se dedica ao desenvolvimento de projetos, o que acaba fazendo com que passe muito tempo sozinho, concentrado. "Esse comportamento criava uma espécie de barreira natural entre nós", afirma.

Com o tempo, entretanto, a funcionária não só transpôs a barreira, como conquistou a total confiança do editor. Ao mesmo tempo, crescia a admiração de Elaine pela história do sertanejo, a ponto de tê-lo como exemplo máximo de superação. "Após tomar conhecimento das dificuldades que Cortez enfrentou na vida, decidi voltar a estudar. Pensei: sou jovem, posso mudar, evoluir. Então fiz faculdade de Letras. Cortez me ajudou com livros, pesquisas, horários de trabalho mais flexíveis... Ele chegava ao ponto de, ao final do expediente, chamar minha atenção, dizendo: 'Você vai se atrasar, precisa ir logo para a faculdade'".

Depois de formada, Elaine deu início a um curso de especialização em Marketing. Nessa época, já trabalhando em outra unidade da empresa, a funcionária se destacava na organização de eventos como bienais, lançamentos, feiras, congressos. Cada vez mais, a moça demonstrava segurança e criatividade no planejamento de ações e novidades que impulsionavam o crescimento da Cortez Editora.

Feliz com o evidente desenvolvimento da ex-secretária, o editor fazia questão de que a funcionária o posicionasse semanalmente sobre o andamento do curso de especialização. "Sinto que Cortez foi essencial para a minha formação. Para dizer a verdade, eu não tinha sonhos nem projetos profissionais. A partir do momento em que Cortez passou a me ouvir e a pedir minha opinião, passei a me sentir valorizada. Comecei a exigir mais de mim mesma e querer muito mais da minha vida. Ele me contagiou com sua vontade de crescer", avalia Elaine, considerada uma das profissionais de maior destaque na hierarquia de trabalho da editora.

Apenas um rapaz latino-americano

Para Cortez, o entendimento de que a educação é de fato transformadora foi consolidado com sua entrada na universidade e com a conquista do novo emprego na Ceagesp. Juntas, essas vitórias simbolizavam um novo ciclo em sua vida. Além do acesso ao ensino superior, o editor deixara para trás o emprego no estacionamento e o quartinho acanhado que ocupava. Tão logo conseguiu a vaga na Ceagesp, mudou-se para uma pensão localizada a poucos metros do antigo trabalho.

O imóvel existe até hoje, embora bastante deteriorado pela ação do tempo — como acontece com muitas edificações antigas do centro da capital. Lá,

Cortez morou por cerca de um ano. Em seguida, alugou, junto com o amigo Odorico de Lacerda Cintra, engenheiro agrônomo, um pequeno apartamento no nono andar do Edifício William W. Veneri, 207, mais precisamente na calçada oposta à do estacionamento.

Nessa época, a saudade da família e do sertão era enorme e Cortez tentava amenizá-la nos finais de semana, visitando a prima Maria do Carmo Oliveira, a Carminha, hoje com 80 anos. Em sua juventude, Carminha havia morado na casa dos pais de Cortez, em Currais Novos. O sertanejo tratou de procurá-la já na primeira vez que pôs os pés em São Paulo, ainda quando servia na Marinha. O navio em que viajava atracou em Santos e ficou lá por uns dias. Cortez aproveitou a ocasião para subir a serra e encontrar a prima. A data do reencontro, repleto de alegria e festa, jamais foi esquecida por Carminha: 16 de fevereiro de 1957, coincidentemente, dia do batizado de seu filho Jerônimo Gomes de Oliveira Filho.

Assim, quando veio para São Paulo em definitivo, Cortez acabou estabelecendo com Carminha um relacionamento de apoio mútuo. Casada e mãe de quatro crianças, a prima atravessava sérias dificuldades financeiras. Nesse período, as visitas de Cortez à sua casa se repetiam a cada final de semana. E não obstante o fato de também viver contando os trocados, o primogênito de Seu Mizael aparecia com as mãos repletas de sacolas de mantimentos que garantiam a fartura do almoço.

Quando tinha folga no meio da semana, Cortez voltava à casa da prima para ajudá-la no cuidado com os filhos, que, por sua vez, adoravam o primo "Zé de Mizael". Não porque já tivessem discernimento suficiente para entender seu gesto solidário, mas porque o ex-marinheiro jamais os visitara sem levar os bolsos cheios de doces, que distribuía aos pequenos tão logo os avistava.

Comovida, Carminha agradecia preparando os pratos preferidos de Cortez: macarronada, feijoada e gostosuras típicas do Nordeste, como tapioca. E seguindo à risca a máxima "Uma mão lava a outra", tão logo a situação financeira permitiu, Cortez deu um jeito de contribuir para aumentar a renda familiar da prima. Como ela precisava de dinheiro e ele de alguém que o ajudasse nas tarefas domésticas do novo apartamento, acabou por contratá-la.

E isso seria apenas o começo. Conforme os anos passavam, Cortez prosseguia auxiliando a família de Carminha. Uma vez estabelecido como editor, empregou, em ocasiões distintas, o marido da prima, Jerônimo, contratado como vendedor; o primogênito de Carminha, também chamado Jerônimo, mais conhecido por todos como "Gê" e que, durante anos, criou as capas dos livros publicados pela editora; o filho Marco Antônio, que também trabalhou como vendedor e, finalmente, a própria Carminha, que exerceu as funções de cozinheira e faxineira.

A união entre os primos amenizava as dificuldades vivenciadas na cidade grande, ao passo que fortalecia o laço familiar tipicamente sertanejo, muitas vezes enfraquecido pela distância da terra de origem. Ainda hoje, mais de 40 anos depois, a amizade entre ambos prossegue firme e... doce. Incansável na tentativa de agradar Cortez com seus quitutes, Carminha volta e meia lhe presenteia com pão de ló, uma de suas guloseimas preferidas.

Colarinho branco

O trabalho na Ceagesp, conquistado graças à indicação do amigo Waldomiro Airoldi, foi o primeiro emprego estilo "colarinho branco" de Cortez. Diferentemente dos tempos em que usava um macacão típico de mecânico para lavar e manobrar os carros, dessa vez o traje exigido para o trabalho era o social: estilo mais condizente com o ambiente de escritório.

Porém, apesar do *status* diferenciado, o editor confessa que, a princípio, não se sentia muito à vontade na nova função. Sua responsabilidade era anotar a quantidade de produtos diariamente comercializados no local, tanto para registro interno quanto para posterior divulgação à imprensa. Aparentemente um trabalho fácil, mas não quando se leva em conta a grandiosidade da Ceagesp, hoje a maior rede pública de armazéns da capital paulista, com um complexo de 13 centrais atacadistas, que asseguram o abastecimento de grande parte do estado.

Peixes, hortifrutigranjeiros, flores: o controle de entrada e saída dos produtos era feito a mão, não havia as facilidades tecnológicas de hoje. Mas, apesar das dificuldades do início, diferentemente do que ocorrera no escritório Gold Star, desistir era algo absolutamente fora de questão para Cortez, que permaneceu na ocupação durante um ano, até que surgisse nova oportunidade de trabalho.

Sempre que tinha folga, aproveitava para estudar e fazer as tarefas exigidas pela faculdade. Até porque, durante o curso, o estudante se deu conta de que Economia não era, definitivamente, a área mais adequada ao seu perfil. Assim, limitado pela carência de vocação, precisava se esforçar duplamente para conseguir boas notas.

Filho da PUC

Assim que Cortez iniciou a graduação, em 1966, as aulas ministradas às duas turmas de Economia eram sediadas no chamado prédio antigo da PUC-SP, onde o editor e seus colegas de classe ocuparam as salas D-48ª e 50. O então diretor da faculdade, professor Vespasiano Consiglio, também ocupava o cargo de diretor-presidente da Ceagesp. Havia sido ele, inclusive, que conseguira uma vaga no local para o aluno Orozimbo José de Moraes, personagem que teria grande importância na vida do primogênito de Alice e Mizael. Além de colega de faculdade e de trabalho, Moraes seria, tempos depois, o parceiro profissional que, ao lado do futuro editor, criaria a Cortez & Moraes, dando início à trajetória do sertanejo no mercado editorial brasileiro.

Os amigos se iniciaram na arte de comercializar livros após contato estabelecido com um profissional da Editora Atlas, que já atuava como divulgador dentro da faculdade. O passo seguinte de ambos foi ir até a Atlas na tentativa de também conseguirem um trabalho. Deu certo. Voltaram com um pacote de livros nas mãos e deram início às vendas na própria sala de aula. Eram outros tempos e a margem de lucro era boa, semelhante à oferecida pelas livrarias. As vendas começaram entre o primeiro e o segundo ano do curso e aconteciam de forma simultânea ao trabalho dos futuros sócios na Ceagesp.

O negócio cresceu e a dupla conseguiu que a PUC-SP cedesse um espaço privilegiado para as vendas: uma bancada próxima à sala 50, onde Cortez e Moraes estudavam, espaço que era reduto dos cursos de ciências humanas. Um ponto estratégico, de fácil acesso, onde era possível visualizar todos os andares do prédio. E havia mais: o local também ficava à frente do famoso Pátio da Cruz, referência histórica da Universidade.

Em plena ditadura, o lugar era constantemente utilizado como palco de manifestações e protestos, muitas delas sob a forma de peças de teatro. Nos anos 1960, a circulação dos livros era ainda mais restrita no país e, percebendo a escassez generalizada de publicações voltadas à área acadêmica, Cortez e Moraes passaram a vender apostilas mimeografadas. Cada novo material disponível era imediatamente consumido pelos alunos, ávidos de conteúdos capazes de sistematizar as informações recebidas em sala de aula.

Pelos corredores da PUC-SP, transitavam, cotidianamente, um grande número de estudantes, professores e intelectuais. Conforme a dupla de amigos consolidava o negócio, também recebia a visita de diversos vendedores de livros, provenientes de toda a cidade. As visitas aconteciam por dois motivos bastante distintos: o primeiro era trocar experiências e informações com os novos e promissores representantes do mercado livreiro; e o segundo, verdade seja dita, era paquerar a enorme quantidade de alunas bonitas que circulava, diariamente, pelos corredores da universidade.

Independentemente do motivo que levava o público à bancada de livros dos amigos Cortez e Moraes, o fato era que o ponto de vendas era excelente. As obras mais procuradas pelos alunos pertenciam ao segmento de Educação, com ênfase para os livros do filósofo e educador americano John Dewey. Já na área de Direito, os maiores sucessos eram os códigos Civil, Penal e Trabalhista, sem esquecer a obra *Introdução à Ciência do Direito*, de André Franco Montoro. Em Economia, o destaque era o livro *Introdução à economia*, assinado por diversos autores e publicado pela Editora Atlas.

Vender livros naqueles corredores simbolizava uma oportunidade de ouro conquistada graças à junção de uma série de fatores: a ausência de uma livraria pertencente à universidade; o alto índice de leitura entre os estudantes da época; a comodidade de adquirir exemplares a poucos metros do local de estudos; a rapidez com que Cortez conseguia garimpar obras importantes, muitas delas escassas, nas editoras; a inexistência de internet e de livrarias estilo *megastores* na São Paulo da época e, por último, mas não menos importante, a ausência de uma verdadeira praga que, anos mais tarde, iria abocanhar fatias preciosas do bolo do mercado livreiro no Brasil: as xerocópias.

Nesse período, em nada semelhante ao que acontece hoje, Cortez chegava a comercializar cerca de 500 exemplares por dia. Os números também fornecem a dimensão da mudança que vem sendo registrada no mercado. Atualmente, um livro considerado sucesso vende não mais do que poucas dezenas de exemplares ao dia nas grandes livrarias. Isso quando muito.

No começo dos anos 1970, quando a banca de livros ganhou *status* de livraria e foi transferida para o chamado prédio novo, à frente de onde hoje funciona a loja da PUC-SP, as vendas permaneceram ótimas. E à medida que o negócio crescia, Cortez percebia que o trabalho na Ceagesp não iria longe. Afinal, o sertanejo já vinha dedicando quase todo o seu tempo à comercialização dos livros.

Em contrapartida, Moraes prosseguia empenhado em cumprir seus horários na Ceagesp e só eventualmente comparecia ao ponto de vendas de livros. Diferentemente do amigo nordestino, que desde o início do trabalho no universo livreiro nunca mais pensou em fazer outra coisa na vida, o grande interesse de Moraes sempre fora a carreira acadêmica.

Mas se, de um lado, ambos apresentavam diferenças de comportamento no trabalho e nos estudos, de outro, a amizade continuava firme: um laço que se mostraria ainda mais forte no decorrer do curso, quando Moraes contraiu tuberculose. Durante o período de convalescença, era Cortez quem ia visitá-lo, levando os cadernos para que o amigo se atualizasse nas disciplinas ministradas em sala de aula.

Uma flor para Cortez

A paixão de Cortez pelos livros era mesmo avassaladora, mas dois anos após iniciar seus trabalhos nessa área, seu coração sertanejo viu-se obrigado a arranjar espaço para a inserção de um sentimento ainda maior: o amor. Tudo aconteceu no mítico ano de 1968, marcado por grandes revoluções e mudanças. E em meio a elas, Zé de Mizael esticou os olhinhos apertados de provável descendente de índio tapuia — antigos habitantes do sertão do Rio Grande do Norte — na direção certeira de uma prima de terceiro grau.

A moça, fruto de inusitada miscigenação entre descendentes de austríacos e potiguares currais-novenses, era Potira Steiner Beserra. O primeiro nome, indígena, significa flor. Já o Steiner vem dos antepassados austríacos da mãe, Yolanda Beserra Steiner, que, por não gostar do nome de batismo, era conhecida por todos como Traudi, diminutivo de Waltraudi, prenome comum na Áustria.

Waltraudi seria o nome verdadeiro de Yolanda, não fosse a intromissão do funcionário do cartório, que sugeriu que os pais da menina, os austríacos Carlos e Martha, optassem por Yolanda. O casal, que acatou a sugestão, chegara ao Brasil no começo do século 20 e logo se estabeleceu em Joaçaba, cidade a 414 quilômetros de Florianópolis.

Já o "Beserra" era herança do pai de Potira: Oswaldo Beserra de Araújo e Mélo, natural de Currais Novos, filho de Dona Veneranda Beserra de Melo Rocha e Napoleão Beserra de Araújo Galvão. O jovem Oswaldo deixara a cidade de origem para estudar Veterinária, em Belo Horizonte, onde concluiu o curso. Lá, prestou concurso para o Ministério da Agricultura. Aprovado, foi nomeado para assumir o posto de Inspetor Federal da Divisão de Produtos Animais, justamente na pequena Joaçaba.

Uma vez instalado na cidade, o doutor recém-formado logo despertou a atenção das moças locais. Mas a empolgação da comunidade feminina durou pouquíssimo, mais precisamente até o dia em que Oswaldo avistou Traudi pela primeira vez: "Quando vi aquela *alemoa* de cabelo loiro, olhos azuis e óculos de grau caminhando pela calçada, percebi que era a mulher da minha vida e resolvi ir falar com ela na mesma hora", contava Seu Oswaldo para os filhos, parentes e amigos, sempre que se referia ao primeiro encontro do casal.

Potira foi a quinta filha de Seu Beserra e Dona Traudi, que, ao todo, deu à luz seis crianças: Martha Teresinha (nome que rendia homenagem à avó materna), Veneranda, a Vera (que homenageava a mãe de Seu Oswaldo), Poti Oswaldo, morto aos 6 meses, José Osvaldo e Elfrida, a quem todos chamam de Frida. Os nomes de Poti e Potira, por sua vez, eram inspirados nos índios potiguares, que povoavam o litoral do Rio Grande do Norte antes da chegada dos colonizadores europeus.

Nas horas vagas, Seu Oswaldo exercia a profissão de veterinário atendendo gratuitamente aos animais pertencentes às famílias da redondeza. No restante do tempo, como inspetor do Ministério da Agricultura, realizava vistorias nos frigoríficos da região, onde observava a higiene geral do lugar, a organização de processos e até as práticas de abate, que deveriam provocar o mínimo de sofrimento possível aos bichos.

Por conta da atividade do pai, Potira e os irmãos conheceram todas as cidades vizinhas, uma vez que, durante as férias, se revezavam acompanhando-o nas inspeções. Pai e filhos eram conduzidos em um Jipe pelo motorista Mário Bittencourt. Os viajantes voltavam para casa cobertos pelo barro das estradas. Para as crianças, o melhor das viagens eram os almoços em churrascarias — únicas ocasiões em que comiam fora de casa.

Em 1963, já muito doente, Seu Oswaldo chamou Dona Traudi para uma conversa franca e determinou: após sua morte, Potira deveria deixar Santa Catarina para morar em Osasco com a irmã e madrinha de batismo, Martha, já casada. A ideia era dividir os cuidados da família entre os próprios filhos, que, desde sempre, foram incumbidos de tomar conta uns dos outros. Assim, Martha cuidaria de Potira, Vera tomaria conta da caçula Frida, e José Oswaldo assumiria os cuidados com Dona Traudi.

O desejo foi cumprido à risca. Em 1964, Potira já estava em Osasco, vivendo com a família da irmã Martha. Pouco depois, iniciou o curso de magistério, mas apenas para atender a outra vontade do pai, que vivia afirmando a quem quisesse ouvir: "Filha minha tem de ser professora. Esse negócio de mulher trabalhar onde há muitos homens não dá certo". A vocação da moça, no entanto, passava longe das salas de aula. Potira gostava mesmo era de contabilidade. E foi para essa área que se dirigiu após conquistar o diploma de professora, quando começou a trabalhar no Instituto Nacional de Seguro Social (INSS) de Osasco.

O primeiro encontro entre Potira e Cortez ocorreu no casamento do primo Arlindo Farias, em Carapicuíba. Ela, aos 21 anos, e Zé, como Cortez passaria a ser chamado pela namorada, com 32. O deus Cupido não perdoou e atingiu o casal com a flecha certeira do amor à primeira vista. Mas, nas palavras de Potira, o primo temia confessar seu amor. A justificativa era compreensível. Ao assumir um relacionamento com a normalista, estaria envolvendo toda a família na história. Isso porque Dona Alice, mãe de Cortez, era prima-irmã de Seu Oswaldo, pai de Potira. Ou seja: os pombinhos estavam ligados, também, pelos laços de sangue.

Antes de Potira, Cortez tivera dois relacionamentos amorosos considerados sérios. O primeiro, com a prima Carmelita, moradora do Sítio Pedra Branca, vizinho ao Santa Rita, havia durado em torno de dois anos. Já o segundo, com Elieth Carmen, no Rio de Janeiro, na época em que Cortez servia a Marinha, não chegou a completar um ano. Até porque Cortez perdeu a moça para o amigo — e futuro compadre — Leão de França Bezerra.

A moça não resistiu à lábia de Bezerra, que acabou, por assim dizer, conquistando a sereia que, antes, cantava apenas para Cortez. Mas o namoro não foi adiante e, mais tarde, Leão acabou por se casar com Regina, com quem teve cinco filhos. O primeiro deles, Wagner Bezerra, é afilhado de Cortez. Uma prova de que a amizade entre ambos pairava acima das paixões juvenis. Para além disso, os amigos eram praticamente da mesma família. Cortez é primo de João Dantas Cortez, mais conhecido como Joquinha, casado com Maria Luiza, irmã de Leão.

E mesmo sendo, por assim dizer, um veterano nas coisas do coração, com Potira a história era outra e o sertanejo agia com a timidez típica dos inexperientes. Mesmo sem coragem de pedi-la em namoro, Cortez a visitava praticamente todos os finais de semana. Nessas ocasiões, a tática era convidar a moça para uma ida ao cinema. E aqui cabe um adendo interessante: ao que tudo indica, esse foi o único período em que o filho de Mizael e Alice deu bola para a sétima arte.

No fundo, tudo não passava de uma desculpa do sertanejo para ficar sozinho com a prima, uma vez que, como é do conhecimento da família, Cortez jamais teve paciência para ficar sentado assistindo filmes. Prova disso é que, terminada a fase da paquera, o futuro editor passou exatos 30 anos sem entrar numa sessão cinematográfica. O jejum foi quebrado uma única vez, em 1998, quando, após muita insistência da filha Mara, Cortez aceitou o convite para conferir a exibição do longa-metragem *Central do Brasil*, dirigido por Walter Salles.

Na época de sua paquera com a prima, mesmo no escurinho do cinema, o editor não negou o sobrenome e fez a corte à Potira com todo o respeito devido a um legítimo cavalheiro. A filha de Seu Beserra, entretanto, não via a hora de ser pedida em namoro. Até porque depois disso ainda haveria uma nova etapa a ser cumprida: passar pela aprovação de Luiz Antônio de Mello Lula, marido de Martha e, mais do que um simples cunhado, misto de pai, irmão e amigo de Potira.

Mas a expectativa da moça e de seus familiares era muito superior à coragem de Zé para oficializar o compromisso. Aos domingos, quando o casal voltava do cinema e permanecia de bate-papo no portão, tinha início uma cena típica de comédia: escondida para que Cortez não a visse, Martha se posicionava na porta da sala e, de lá, olhava para a irmã, no portão. Mal os olhos das duas se cruzavam, disfarçando ao máximo para que Cortez não percebesse, Potira fazia um sinal negativo com a cabeça ou com o dedo indicador. O gesto significava que Cortez ainda não tinha feito o pedido de namoro.

No dia em que o editor finalmente deu um chega pra lá em seus temores e fez o tão esperado pedido, Potira logo explicou que seria preciso a aprovação de Lula. No domingo seguinte, Zé de Mizael estava lá, cumprindo as formalidades necessárias. É claro que Seu Lula deu carta branca para o romance, mas não sem antes alertar Cortez: "Cuide bem de Potira porque eu a considero como filha", enfatizou Lula.

Mas o preciosismo de Seu Lula era desnecessário. Cortez seguia a linha tradicional nos assuntos do coração e, apesar de romântico, levou seis meses até que finalmente beijasse a prima. Carinhos em público, então, nem pensar! Para complicar, o tempo para o namoro era escasso. Vez ou outra, o sertanejo a esperava na saída do trabalho. Mas, geralmente, o casal só se via a cada 15 dias, tantas eram as ocupações de Cortez que, além da faculdade, trabalhava na Ceagesp e na banca de livros da PUC-SP, onde já o ajudavam o irmão Enilson Xavier Gomes e o primo Braz Dantas Cortez, o Brazinho, ambos vindos do Nordeste.

Vai um cafezinho?

Meses depois de iniciado o namoro, um evento completamente inusitado veio, por assim dizer, acelerar o andamento das coisas. Por aquela época, Vera, uma das irmãs de Potira, era professora e, ao concluir mais um dia de expediente, resolveu parar num barzinho para tomar um café com o pessoal do trabalho.

Uma atitude banal, não fossem as consequências desencadeadas pela decisão. Consequências que, por sinal, entrariam para o rol das lendas familiares que fazem a alegria das futuras gerações. Depois do tal cafezinho, Vera chegou em casa muito agitada, um comportamento distinto de sua tranquilidade habitual. Cortez e Potira namoravam na sala e, assim que Vera olhou para o futuro cunhado, disparou: "E aí, Zé? Como é que é?! Vai marcar esse casamento ou não vai? Por quanto tempo ainda vai enrolar minha irmã?"

O editor ficou envergonhadíssimo, sem ter a mais vaga ideia de onde enfiar a cara, mas, se o método de pressão foi pouco ortodoxo, pelo menos atingiu seus objetivos: no sábado seguinte, o casamento foi marcado. Décadas se passaram e, sempre que alguém relembrava o episódio, Potira defendia a hipótese levantada por Vera: alguém certamente deve ter colocado alguma droga no café da professora. Afinal, em condições normais, a moça jamais teria chamado a atenção do primo de modo tão rude. A verdade, no entanto, é uma só: se o café continha ou não componentes químicos ilícitos, ninguém pode provar, mas que o episódio deu um sabor delicioso para a história, ah, isso é certo.

O primeiro Fusca a gente nunca esquece

E se na vida amorosa todos os caminhos levavam à Potira, no setor profissional novas mudanças viriam. Após um ano na Ceagesp, ao mesmo tempo em que também se consolidava como livreiro na PUC-SP, surgia mais uma possibilidade de trabalho para Cortez, que fora convidado pelo amigo de faculdade Júlio Clarel Lopes de Moura para trabalhar na Casa Dico, especializada na venda de carros e de peças automobilísticas, onde ingressou em 1º de novembro de 1968. O sertanejo confessa que não sabia nada a respeito do ofício, mas a confiança de Júlio em sua capacidade era tanta que o ex-marinheiro, agradecido, decidiu aceitar o desafio.

Contratado como comprador, Cortez não podia contar com o auxílio de Júlio para se inteirar da função. Isso porque o amigo ocupava a gerência da loja e, nessa posição estratégica, não dispunha de tempo para acompanhá-lo nos primeiros dias. Foi então que Cortez contou com a ajuda preciosa do colega

Valdir Marinho Lobato, contador da empresa, que, anos mais tarde, prestaria serviços para Cortez.

A matriz da Casa Dico ficava em Porto Alegre, já a filial paulistana era localizada na avenida Rio Branco, 1457. Em tempos pré-internet e com os avanços tecnológicos caminhando a passos lentos, os processos de trabalho eram morosos e completamente dependentes dos recursos humanos. Na maioria dos escritórios ou fábricas, eram necessários centenas de funcionários para realizar as várias etapas exigidas em seus processos de produção. Só no setor de contabilidade da unidade onde Cortez trabalhava, por exemplo, havia cerca de 70 pessoas.

Com seu jeito simpático e amigável, Cortez foi conquistando a confiança e o apoio da equipe, que observava seu esforço cotidiano para melhorar de vida. Não raro, os amigos o viam saindo da empresa, ao final do expediente, carregado de sacolas de livros que ele iria vender não apenas na PUC-SP, mas também em outras faculdades da região.

Tamanho empenho já começava a render os primeiros frutos ao sertanejo. O trabalho na Casa Dico possibilitou a Cortez a aquisição do seu primeiro automóvel: um Fusca 1962, adquirido graças ao desconto generoso oferecido pela concessionária. O carro teve um papel importantíssimo no retorno de Cortez à terra natal, na medida em que cumpriu uma verdadeira odisseia, cruzando os cerca de 3.100 quilômetros de estradas que separam São Paulo do Sítio Santa Rita. Vale lembrar que no final da década de 1960, a situação das rodovias brasileiras era ainda pior do que a de hoje.

Pouco antes de partir, entretanto, Cortez mandou carta à família contando sobre a aquisição do veículo, o que provocou enorme alvoroço em casa de Mizael e Alice: "Quando lemos a carta com a notícia da compra do Fusca, minha irmã Santa não se conteve e começou a pular e a dançar, tamanha era a alegria de saber da existência do primeiro carro da família", resgata Enilson.

E nem bem Cortez chegou ao sítio munido de seu possante, os irmãos trataram, cada um à sua maneira, de tirar uma casquinha do automóvel do primogênito. Foi o caso de José Nizário Gomes, também conhecido pelos apelidos de Dedé, usado em família, e "Seu Gomes", como é chamado no mercado livreiro. Ao ver aquela belezura de carro, Dedé rapidamente se prontificou a acompanhar Cortez a um forró que aconteceria nas redondezas. Mas ao chegarem ao local, em vez de Dedé descer do carro e aproveitar a festa, preferiu passar a noite toda sentado no pára-choque do veículo, dando pinta de proprietário. "Senti um frio desgramado e, mesmo assim, fiquei ali mantendo a pose, sem querer saber de ir dançar", entrega.

E foi também com o Fusca que, no final 1969, Cortez viria a sofrer um acidente que deixaria toda a família abalada. Já próximo à casa dos pais, o editor perdeu o controle do carro e acabou caindo numa ribanceira. Era a primeira vez que o editor fazia o trajeto entre a cidade de Currais Novos e o Sítio Santa Rita dirigindo seu veículo sozinho, uma vez que sempre estava com o carro lotado de parentes e amigos. Mesmo escapando ileso, o susto foi grande.

Já as "aventuras" automotivas dos irmãos mais jovens de Cortez teriam prosseguimento tempos depois, em 1972, quando o primogênito trocou o Fusca por um carro modelo Variant, mais adequado ao transporte da enorme quantidade de livros que Cortez vivia carregando de um lugar para outro. Dedé se sentiu tão orgulhoso do novo carro do irmão mais velho que convidou um amigo de Currais Novos para vir até ao Sítio Santa Rita apenas para dar umas voltas com o novo veículo. Já o irmão Adailson Xavier Gomes, assim como fizera Dedé na época do Fusca, tratou de seguir o irmão mais velho a um forró. Cortez, para variar, se esbaldou durante a festa. Já o caçula da ala masculina da família escolheu passar a noite caminhando de uma ponta a outra do recinto, rodando a chave da Variant entre os dedos, para causar impressão.

Capítulo II

Um país se faz com homens e livros

"Aquilo que se viu e se conheceu bem, aquilo que custou anos de aprendizado e que, afinal sustentou uma existência, passa (ou deveria passar) a outra geração como um valor. As ideias de memória e conselho são afins: memini e moneo, *'eu me lembro' e 'eu advirto' são verbos parentes próximos. A memória do trabalho é o sentido, é a justificação de toda uma biografia".*

(Ecléa Bosi, in: *Memória e sociedade — Lembranças de velhos*, pág. 481).

Um vendedor à frente de seu tempo

Diferentemente do namoro com Potira, o relacionamento de Cortez com os livros foi, desde sempre, desprovido de timidez. Uma das testemunhas dessa relação audaciosa é o livreiro Jair Canizela, proprietário da rede de Livrarias Loyola, em São Paulo. Em fins dos anos 1960, Canizela já era considerado um vendedor de destaque no mercado, atuando na tradicional Livraria Vozes, na rua Senador Feijó. Ao saber disso, Cortez foi procurá-lo munido apenas da cara, da coragem e de uma proposta inovadora para a época. A ideia do estudante potiguar era comercializar os livros da Editora Vozes não só para os colegas de classe, na PUC-SP, mas para o maior número possível de alunos da universidade.

Vale lembrar que naqueles tempos, os produtos raramente iam até os clientes. À exceção no mercado livreiro eram os chamados vendedores porta a porta, que saíam às ruas oferecendo, na maioria das vezes, enciclopédias. Afora isso, o mecanismo dos lojistas era sempre o oposto: esperar passivamente a vinda dos clientes em seus estabelecimentos comerciais. E era justamente contra essa passividade que Cortez visava lutar, com ímpetos de quem está acostumado a plantar, a despeito de não ter garantia de colheita.

Usando uma expressão típica da época, Canizela lembra que considerou a proposta um verdadeiro "doce de coco", justamente porque não havia muitas livrarias fora do centro de São Paulo, tampouco dentro das universidades. Tudo indicava, portanto, que os livros seriam facilmente vendidos por Cortez e seu sócio.

E a proposta do futuro editor não poderia ter sido feita em hora mais adequada. Naquele momento, a Vozes atravessava uma fase de reestruturação. Até então, tratava-se de uma editora essencialmente católica, mas já com alguns livros voltados à área de Educação. Havia também a importante *Revista de Cultura Vozes*, marco dentre as publicações periódicas de caráter intelectual no Brasil.

Fundada, a princípio, para contribuir com a formação cultural da comunidade católica brasileira no início do século 20, a revista ultrapassaria as fronteiras religiosas para se tornar uma referência dentre as publicações nacionais. Com 96 páginas, trazia temas como linguística, sociologia e política — uma saudável lufada de ar em tempos de opressão ditatorial. Foram 96 anos de história até sua extinção em 2003. Quando vendia a revista na PUC-SP, o sertanejo chegava a comercializar até 100 exemplares por mês, um número expressivo para a época.

A venda de livros também não ficava atrás, à medida que a editora ampliava seu leque de publicações, principalmente com títulos de Comunicação e Linguística. Os resultados se mostravam um sucesso e superavam as expectativas de Canizela. O sertanejo, por sua vez, começava a ser reconhecido, também, entre os professores e demais intelectuais que circulavam na Universidade. Seu trabalho, entretanto, não se restringia apenas às vendas. Seu passado de minerador fizera dele um garimpeiro nato. Sempre em busca de novidades, Cortez se tornou assíduo nas livrarias da cidade, fazendo amizade com inúmeros representantes do mercado livreiro.

Em paralelo, obtinha informações preciosas que contribuíam muito para o trabalho do amigo Canizela. Cortez sabia o que as editoras publicavam, o que as livrarias vendiam, que tipo de livro os clientes procuravam e por quê. Sua colaboração seria de grande ajuda no projeto de reestruturação da Vozes, que se tornou uma referência brasileira no setor de publicações com viés acadêmico e cultural. Graças a essa mudança, livros de sociologia, linguística, antropologia e serviço social foram lançados pela editora, que tinha nas vendas realizadas pelos sócios Cortez & Moraes um parâmetro sempre positivo.

O casamento

E com os negócios andando em ritmo acelerado, era chegada a hora de Cortez abrir espaço na agenda para constituir família. O casamento com Potira aconteceu na cidade onde iriam morar, em Osasco, na Igreja Matriz de Santo Antônio. A cerimônia civil aconteceu em 3 de setembro de 1970 e a religiosa, dois dias depois. O casal alugou uma casa na rua Padre Damázio, 434, onde nasceu a primogênita Mara.

A essa altura, a mãe de Potira também já morava na cidade. Mas mesmo com a proximidade de sua família de origem, que poderia ajudar nos cuidados com Mara, o casal concluiu que o melhor a fazer era Potira parar de trabalhar para dedicar-se integralmente à criação da filha. Afinal, Potira não achava justo que sua mãe ficasse cuidando da pequena, tampouco confiava em entregá-la aos cuidados de estranhos.

A próxima residência ocupada pela família seria um apartamento na rua Ministro Godói, número 1.186, em Perdizes, São Paulo, a poucos metros da PUC-SP. Só em setembro de 1973 é que a família mudou-se, em definitivo, para um sobrado localizado na mesma rua, onde permanece até hoje. O imóvel, adquirido com sacrifício, foi palco de inúmeras mudanças, sucessos, fracassos e superações vividas pelo clã Cortez. Durante anos, a casa era apelidada de "pensão", tamanho o fluxo de parentes e amigos que receberam abrigo no local.

Devido às condições da casa, cuja construção data, de acordo com o depoimento de vizinhos, dos anos 30, o casal deu início a uma maratona de reformas, não apenas para modernizar e garantir a segurança das instalações, mas para adequá-la às necessidades da grande família, que não pararia de crescer. Até porque com os negócios se consolidando, era chegada a hora de Cortez trazer mais irmãos e primos, que viriam diretamente do sertão para ajudá-lo.

A união de Cortez e Potira daria início a uma parceria que iria além das fronteiras sentimentais. A esposa do sertanejo seria uma figura essencial não apenas na família, mas também na criação e desenvolvimento da futura Cortez Editora.

Um por todos. E todos por um!

Depois de José Xavier Cortez, a primeira pessoa da família a cruzar a divisa dos oito estados que separam o Rio Grande do Norte de São Paulo foi o primo Brazinho, que chegara à terra da garoa em 1969. O rapaz foi recebido pelo próprio Cortez, que o esperava no antigo Terminal Rodoviário da Luz, desativado em 1982, após a construção do Terminal Rodoviário Tietê.

Um ano após a chegada de Brazinho, Cortez o convidou para trabalhar na banca de livros da PUC-SP. O rapaz seria apenas o primeiro de uma série de parentes que teriam o mesmo destino. O segundo seria Enilson, irmão de Cortez. Mais tarde, o sertanejo ainda teria a ajuda do primo José Joaci Gomes, bem como o auxílio esporádico do primo Luiz Gonzaga Cortes (assim mesmo, com "s", devido a um erro do escrivão do cartório na certidão de nascimento), irmão de Brazinho, que, apesar de trabalhar como cobrador de ônibus, passaria a fazer serviços extras como vendedor de livros. Depois chegaria mais um irmão, Dedé e, desse ponto em diante, foi ficando difícil enumerar a chegada sequenciada de tantos familiares.

Cortez já estava casado com Potira quando convidou Enilson para deixar o sertão e vir para São Paulo com a tarefa de ajudá-lo. É também Enilson quem alerta para o fato de que, desde muito jovem, o primogênito de Mizael e Alice nutria o desejo de ultrapassar as fronteiras do Sítio Santa Rita para além da vertente geográfica.

A vontade de ser alguém importante imperava desde os tempos da Marinha, quando Cortez passava férias no sertão. Para justificar a afirmação, Enilson narra com riqueza de detalhes o modo ímpar como o irmão se portava na hora de deixar as dependências do Sítio. Ele conta que, antes de o irmão entrar no ônibus que o levaria à capital, era preciso vencer cerca de um quilômetro de terra até chegar à estrada. Nessas ocasiões, o fiel acompanhante de Cortez era justamente Enilson, encarregado de arrumar um jumento devidamente trajado com seu caçuá para servir de transporte ao mano mais velho.

Ao chegar à estrada sob o sol forte de quase 40 graus, Zé de Mizael se punha de prontidão. Mal avistava o ônibus, ao longe, permanecia com seu traje de marinheiro e ficava ali, solene e empoeirado, aguardando o veículo. Assim que o motorista encostava, os passageiros sentados ao lado da janela esticavam o pescoço na tentativa de ver aquela verdadeira personagem cinematográfica que era Cortez.

Por essas e outras, Enilson crescera idolatrando o irmão. Tudo o que queria era um dia ser como ele e jamais ter de decepcioná-lo. Mais tarde, entretanto, descobriria que isso nem sempre seria possível. Em seus primeiros dias em São Paulo, Enilson foi submetido a uma entrevista feita pelo próprio Cortez. A ideia do irmão mais velho era mensurar o nível de preparo do rapaz, que assumiria a função de vendedor de livros.

Enilson admite que se saiu muito mal. Não conseguia responder a contento nenhuma das questões que mesclavam temas como leitura, escrita, matemática e noções gerais de atendimento ao cliente. "Eu jamais teria sido contratado se Cortez não fosse meu irmão", acredita. Na verdade, Cortez decidiu fazer uma tentativa com Enilson porque, por experiência própria, confiava que o irmão iria aprender aos poucos. Mas a verdade era que sair do cabo da enxada diretamente para os livros era tarefa árdua e nem sempre acessível ao perfil de quem se aventurava nesse desafio. Enilson se viu despreparado para desenvolver as funções para as quais fora contratado. Em suas palavras, faltava-lhe tudo: estudo, conhecimento, jogo de cintura.

Considerado o mais sonhador dos irmãos, o rapaz sofria por não conseguir corresponder às expectativas do mano mais velho, que, por sua vez, estava sempre muito ocupado e ausente. Por mais que Cortez o incentivasse, faltava um acompanhamento mais próximo, alguém que estivesse ao seu lado explicando o passo a passo de todos os processos do trabalho.

Da mesma forma que aconteceria com os parentes que chegaram após Enilson, Cortez logo tratou de matriculá-lo em uma escola. A televisão ainda era uma conquista da classe média, fato que mantinha o rádio como principal veículo de comunicação de massa do país. Pensando nisso, Cortez achou por bem oferecer ao irmão um curso de radiotécnico, que Enilson frequentou vários meses, mas sem obter o aproveitamento esperado: "Não consegui aprender quase nada", lamenta.

A despeito das frustrações de âmbito profissional, Enilson se orgulha do modo como foi bem recebido pelo irmão e pela cunhada Potira. Uma recepção coroada pelo fato de ter sido escolhido para ser padrinho de Mara. Além disso, sua presença na casa contribuía para manter o elo entre Cortez e as lembranças do sertão.

As horas de folga eram dedicadas às conversas que rememoravam *"causos"* do Sítio Santa Rita e da região. Era bom ter alguém para falar sobre os pais, os irmãos, as experiências e sensações vividas naquele pedaço mítico de chão em que foram criados todos os integrantes do "G-10" — paródia criada por Enilson para identificar os dez irmãos por meio da referência à organização internacional fundada em 1964 e que reúne, na verdade, não dez, mas 11 países de grande importância econômica.

Mesmo se sentindo querido e compartilhando bons momentos em família, a frustração profissional de Enilson somou-se à saudade da ex-namorada, Maria das Dores de Oliveira Gomes, a Deuzinha, que ficara no sertão e, mais tarde, viria a ser sua esposa. Por isso, ao final de 1971, o jovem acabou voltando para o Sítio Santa Rita, mais precisamente ao trabalho como garimpeiro. Foi seu adeus, definitivo, à carreira no mercado livreiro.

Acervo Família Cortez

Em plena ditadura, os livros vendidos por Cortez, Joaci e Brazinho na PUC-SP foram fundamentais para a formação crítica de inúmeros estudantes e educadores.

Dedé D'Artagnan

No ano seguinte à partida de Enilson, Cortez já contaria com a ajuda preciosa de Joaci, mais um parente que, juntamente com Brazinho, iria auxiliá-lo na comercialização de livros nos corredores da PUC-SP. Os três primos trabalhavam duro, sempre unidos pelo desejo de conquistar um lugar ao sol em solo paulistano. Durante o expediente, a sintonia dos três mosqueteiros do sertão era grande e bem poderia lembrar a de Athos, Portos e Aramis, famosos personagens da obra do francês Alexandre Dumas.

Mas o negócio da venda de livros era um sucesso e em breve seria necessário que Cortez convocasse outro bravo sertanejo para compor a equipe. Uma espécie de D'Artagnan que, assim como na história de Dumas, chegaria para completar o grupo de mosqueteiros.

Afinal, se Enilson não se adaptara ao trabalho e à vida em São Paulo, havia outro irmão que, preso às obrigações cotidianas da vida no Sítio Santa Rita, não via a hora de receber o convite de Cortez para trabalhar na capital paulista. Era José Nizário Gomes, o mesmo "Dedé" que, no futuro, se transformaria em "Seu Gomes".

Jovem e cheio de sonhos, Dedé mal podia esperar para fazer as malas e seguir o mesmo caminho trilhado pelo irmão Enilson. Afinal, há tempos o rapaz percebia que a carência de oportunidades da região onde vivia poderia comprometer para sempre seus objetivos de vida. Quando adolescente, Dedé chegou a passar quatro anos frequentando a quarta-série, uma vez que a pequena escola próxima ao Sítio só oferecia curso primário. E para que não ficasse sem ter o que fazer, o menino assistia às mesmas aulas repetidamente, chegando ao ponto de se tornar assistente da professora.

Isso porque o pai, Seu Mizael, não permitia que o filho fosse para Currais Novos continuar os estudos. Afinal, Antonio e Enilson já eram casados e, embora permanecessem morando nas proximidades do Sítio, tinham suas próprias famílias para tomar conta. Assim, entre os filhos homens mais velhos, só restava Dedé para ajudar os pais nos serviços pesados. Quando finalmente dona Alice convenceu o marido a deixar Dedé estudar em Currais Novos, o rapaz já contava 18 anos e, em meio às crianças menores, recebeu o apelido de "vovô".

Em 1973, enquanto ainda cursava o antigo ginásio no período da manhã, em Currais Novos, Dedé teve de atuar como professor-substituto na Escola Municipal Assis Gomes, no sítio Pedra Branca, das 13h30 às 16h30, diariamente. Seu Mizael fez questão que o filho assumisse o posto, uma vez que a professora titular havia partido, e os pais dos alunos chegaram a fazer abaixo-assinado pedindo que Dedé, antigo assistente da mestra, ocupasse seu lugar. Coube ao rapaz acatar a decisão paterna, o que fez com que, naquele período, acumulasse as funções de entregador de leite, estudante e professor.

Até então, o contato entre Dedé e Cortez havia sido mínimo. Os dois irmãos se conheceram em uma das férias em que o primogênito, ainda servindo à Marinha, passara no sertão. O futuro editor causou frisson ao chegar à casa paterna carregado de sacolas de presentes. Até então, Dedé, do alto dos seus sete anos, possuía apenas brinquedos feitos de lata, ossos de boi e madeira, e mal pôde acreditar no que via. "Sinto que aquela ocasião foi determinante para que eu me apaixonasse por meu irmão e por tudo o que ele representava para a nossa família", analisa.

De outra feita, logo após ter voltado de uma viagem a Portugal, Cortez presenteou Dedé com um joguinho educativo de perguntas e respostas. E sempre que a resposta estava correta, uma luz colorida se acendia. Dedé jamais se esqueceu do impacto causado por aquele presente que, para ele, sempre teve um caráter mágico.

Assim como as luzes do brinquedo iluminando sua infância, Dedé manteve acesa a esperança de que Cortez, mais cedo ou mais tarde, iria chamá-lo para trabalhar em São Paulo. E para sua felicidade, após anos de espera, os ventos finalmente iriam soprar na direção do Sul maravilha. O chamado do mano mais velho veio em 1974 e, para atendê-lo, Dedé abandonou os dois empregos, além de romper um noivado.

O rapaz partiu levando no peito a ansiedade pela nova vida e a responsabilidade de, junto com Cortez e Potira, cuidar da pequena Íris Xavier Gomes, irmã caçula, que, aos 12 anos, também passaria a morar em São Paulo. A menina, cujo único contato com o irmão mais velho havia ocorrido três anos antes, viria com a missão de estudar e, nas horas vagas, auxiliar Potira, já nos últimos dias de gestação de Marcia, sua segunda filha.

Dedé e Íris chegaram à capital no dia 31 de janeiro de 1974. No dia seguinte, o Brasil registraria uma tragédia que jamais seria esquecida por milhões de paulistas e brasileiros que acompanharam, pelo noticiário, um dos maiores incêndios já ocorridos no país. Um curto-circuito em um ar-condicionado do Edifício Joelma, localizado no nº 225 da avenida 9 de Julho, no centro da capital paulista, provocou as chamas que se espalharam por todo o prédio comercial, ocasionando um cenário de pânico, morte e destruição. Foram 188 vítimas fatais e centenas de feridos dentre as mais de 700 pessoas que trabalhavam ou circulavam pelo local. Muitas vítimas, em desespero, se atiravam pelas janelas dos escritórios, na tentativa de abreviar o sofrimento.

E no mesmo dia 1º de fevereiro, o turbilhão de emoções ainda teria sequência com algo que se contrapunha completamente à ideia de morte: o nascimento de Marcia Beserra Xavier Cortez. Tudo era muito intenso para Dedé. O choque causado pela metrópole foi gigantesco para o jovem que, antes da viagem, só conhecia o Sítio Santa Rita e a cidade de Currais Novos. E o fato de Potira, sempre muito solícita e maternal com os recém-chegados, estar tão ocupada com o nascimento da segunda filha complicaria ainda mais a situação. Dedé se sentia sozinho, perdido, e profundamente traumatizado com as imagens do incêndio. Seus sonhos pareciam ter-se mesclado às cinzas do Edifício Joelma. De repente, tudo o que ele queria era descobrir o caminho da rodoviária, comprar a passagem de volta e retornar para o sertão.

Já Cortez, mesmo às voltas com a correria do trabalho, decidiu usar as poucas armas de que dispunha para demover o irmão do propósito de regressar. O plano era simples: aproveitar os finais de semana para mostrar a Dedé as belezas da cidade. Cortez, que tinha vendido o carro modelo Variant para ajudar na compra de sua casa, pegou um automóvel emprestado e, no sábado, levou o irmão para conhecer o Parque do Ibirapuera e o Museu do Ipiranga. No domingo, foi a vez do Zoológico. "Ele queria que eu me distraísse e visse o que São Paulo tem de mais bonito. Fez de tudo para que eu ficasse. Deu certo. Logo comecei a trabalhar. Fui registrado em 1º de março de 1974, ganhando 600 cruzeiros", relembra Dedé.

Consolidando a Cortez & Moraes

Mesmo antes de Dedé chegar a São Paulo, a parceria entre Cortez & Moraes já estava mais do que consolidada. Após a transferência da banca de livros para a pequena sala localizada no prédio novo da PUC-SP, as vendas aumentaram tanto que os representantes da universidade acharam por bem pedir o espaço de volta, de modo que pudessem usufruir do local abrindo sua própria livraria. Até porque Cortez & Moraes já haviam provado que o comércio de livros era mais do que propício àquele ambiente.

Assim, até que Cortez e o sócio pudessem ajeitar a vida em novo endereço, o sertanejo foi registrado como funcionário da PUC-SP, de agosto de

1973 a março de 1974, trabalhando como gerente da livraria. Após sua saída, coube a Brazinho assumir o posto.

Uma nova etapa começaria para Cortez & Moraes que, auxiliados por Dedé e Joaci, se instalaram no número 19 da rua Curt Nimuendaju, pequena via localizada atrás da faculdade. A perspectiva do negócio era de crescimento ininterrupto. O mercado editorial brasileiro ainda deixava muito a desejar, a ponto de haver lacunas enormes nas publicações direcionadas às áreas de Educação e Serviço Social. Apesar da existência de editoras sérias investindo, principalmente, na linha editorial de Educação, a produção ainda era mínima se comparada à demanda. Prova disso era a grande quantidade de títulos em espanhol utilizados nas salas de aula das universidades brasileiras.

Para atender aos pedidos dos clientes, em sua maioria estudantes, restava a Cortez & Moraes comprar títulos de editoras e livrarias que, por sua vez, importavam livros de diversas áreas. É o caso da Livraria Mestre Jou, propriedade do espanhol Felipe Mestre Jou, onde trabalhava Virgílio da Silva Fagá, profissional experiente, há anos atuando no mercado editorial. Fagá dominava os trâmites relativos às importações de livros e, por isso mesmo, era a pessoa certa para desenvolver esse setor na Cortez & Moraes.

O convite para que Fagá ingressasse na sociedade foi aceito e, assim, a empresa ganhava o seu terceiro sócio. Era 1974 e, graças ao trabalho do novo integrante da equipe, a editora passou a ser ponto de venda de livros cobiçados por estudantes e intelectuais, muitos deles, diga-se, proibidos pelo regime militar. Ao mesmo tempo, a Cortez & Moraes também os distribuía para outras livrarias.

Dedé se recorda de que nessa fase seu nível de alienação política batia nas alturas e, portanto, não tinha noção do perigo que corria em ficar andando com aqueles livros "proibidos" por toda a cidade. Naqueles primeiros anos trabalhando em São Paulo, o maior problema para Dedé, na verdade, era conferir todo e qualquer livro cujo título e o autor estivessem em outro idioma.

Ciente de que o rapaz se atrapalhava com a língua espanhola, Fagá certa vez fez uma daquelas brincadeiras em que se perde o amigo, mas não a piada. Para isso, pediu que Dedé fosse até a outra ponta da loja pegar um determinado exemplar na prateleira. Tão logo o rapaz atendeu à solicitação, Fagá completou: "Ô, Dedé, diga aí qual é o nome completo do autor". Acontece que o sobrenome do tal autor, que começava com "B", era escrito de um modo praticamente idêntico ao nome como é popularmente conhecido o órgão sexual feminino no Brasil. Quando Dedé mentalmente leu o tal nome, se deu conta da encrenca em que se metera e não teve coragem de pronunciá-lo na frente dos clientes. Foi o jeito se fingir de rogado e dizer apenas o primeiro nome do autor. Mas Fagá não deixou por menos e rebateu: "Não, homem! Diga o nome completo! Eu preciso é do nome completo", relembra Dedé, sem conter o riso.

Enquanto o jovem vendedor aprendia a se virar, os sócios se preparavam para atravessar mais uma fase de mudanças: Moraes iria passar um ano no exterior, fazendo um curso importante para a sua carreira acadêmica. Mas o afastamento não representaria problemas naquele momento em que tudo corria bem na empresa. Tão bem que já era possível a Cortez demonstrar aos clientes seu perfil generoso.

Desde o começo da parceria profissional entre os amigos, Cortez, por uma questão de estilo, sempre fora o sócio mais próximo ao público. Simpático, era ele quem se dedicava ao atendimento a estudantes, professores e intelectuais. Seu desprendimento também constituía sua marca registrada, sendo comum vê-lo presenteando clientes com livros. Mas a mania, para lá de inusitada para um livreiro, não era recriminada por Moraes: "Sempre encarei numa boa. No fim das contas, acho que era uma forma de divulgação de nossos produtos". Todavia, o desapego do sertanejo ia além: "Cortez também vendia fiado. Era o modo que ele encontrava de ajudar quem precisava", pondera o ex-sócio.

Um ano depois, quando Moraes voltou do exterior, o setor de importações, comandado por Fagá, já estava firme e forte. E à medida que o negócio se desenvolvia, Cortez mandava vir mais irmãos e primos diretamente do sertão para ajudá-lo. O sucesso das importações foi um dos fatores que permitiu à Cortez & Moraes dar início ao ramo de edição de livros, mudança que semearia as grandes transformações pelas quais a empresa passaria no futuro. Os sócios se dividiam nas tarefas: Cortez e Fagá cuidavam das vendas, contato com o público e divulgação. Fagá, por sua vez, também assumia as importações; já as áreas de administração, contas e investimentos ficavam a cargo de Moraes, que conciliava as atividades com o cargo de professor da PUC-SP.

Enquanto isso, Dedé se ocupava de boa parte das funções operacionais: marcava preços, conferia os livros, fazia entregas. Aliás, a dificuldade para realizar essa tarefa era imensa porque o jovem tinha pânico de elevadores. Temia que, ao entrar em um deles, os edifícios se consumissem em chamas, assim como acontecera com o Joelma. Mas era preciso enfrentar o medo uma vez que as entregas se tornaram frequentes após a Cortez & Moraes ter iniciado o trabalho no ramo de importações.

Livros proibidos pelo regime militar, como os de Karl Marx, eram encomendados quase que diariamente por professores e estudantes. Para consegui-los, os sócios recorriam às publicações em espanhol. Muitas vezes, porém, os livros vinham da editora, livraria e distribuidora Mir, localizada na própria capital.

Mas nem só de títulos de autores estrangeiros era composta a lista de obras vetadas pela ditadura. Em meados da década de 1970, um livro de um renomado autor brasileiro que, por motivos políticos, vinha sendo editado em espanhol, fazia um enorme sucesso entre o público universitário. Era *Pedagogia do oprimido*, de Paulo Freire. Cortez e Moraes tinham de encomendar pilhas de exemplares da obra, que Dedé retirava na agência dos Correios.

Como os sócios da editora tinham bons contatos, os pacotes sempre foram liberados sem problemas. Sempre que Dedé chegava, as caixas já estavam prontas para serem retiradas. Os livros eram colocados na Kombi e levados para a editora sem que Dedé jamais tivesse se dado conta do perigo que corria trafegando com material proibido pelas ruas de São Paulo.

O fato é que a PUC-SP era um foco importante de resistência e debate político nos anos de chumbo e Cortez se beneficiou muito disso no que se refere à venda de livros. Foi uma fase crucial para o seu crescimento profissional. Mas se o prestígio aumentava, o mesmo não se podia dizer de sua conta bancária: "Deixei de ganhar muito dinheiro porque realmente não sabia negociar", confessa.

E por acompanhar de perto as necessidades dos alunos, os sócios trabalhavam, também, na produção de apostilas. A febre das xerocópias ainda não havia se instalado nas universidades e os materiais complementares às aulas eram geralmente preparados pelos professores. A demanda era tanta que, não raro,

Cortez e Moraes varavam madrugadas mimeografando as apostilas para vendê-las na manhã seguinte.

A hora e a vez do coronel Cortez

E se na vida profissional, Cortez se dedicava ao trabalho horas sem fim, a harmonia da casa era mantida pela dedicação da esposa Potira e da irmã Íris, que possibilitavam a segurança e a estabilidade emocional necessárias às pequenas Mara e Marcia. Porém, ao mesmo tempo em que auxiliava nos cuidados com as sobrinhas, Íris precisava enfrentar os primeiros conflitos e inseguranças de sua temporada em São Paulo.

Aluna da Escola Estadual Miss Browne, localizada na rua Padre Chico, 102, Íris precisou ser forte para vencer o preconceito dos colegas de classe, que debochavam de seu sotaque e de seu jeito diferente. Foi um começo difícil, mas a personalidade forte da menina logo se impôs e Íris não demorou a se entrosar com a turma. Um entrosamento que, por sinal, deixava "Zé de Mizael" de cabelo em pé.

A preocupação de Cortez em relação à jovem irmã era enorme. Afinal, sobre seus ombros de irmão mais velho recaía o peso cultural da tradição nordestina que, na maioria das famílias, preconiza a rigidez, a intolerância e a inflexibilidade na criação das meninas, que deveriam ser trazidas no "cabresto". Assim, a responsabilidade de cuidar da caçula era redobrada, exigindo marcação infinitamente mais cerrada do que a direcionada aos parentes do sexo masculino.

E em meio às tradições, havia o espírito livre de Íris, que fazia com que se recusasse terminantemente a consentir qualquer tipo de amarra ao redor de si. A adolescente, saída do sertão diretamente para o ambiente classe média do bairro paulistano de Perdizes, queria mesmo era se divertir, frequentar festas e, de preferência, trabalhar longe da livraria de Cortez, onde era constantemente vigiada por irmãos e primos. A bem da verdade, Íris sonhava ser *hippie*, desejo comum a muitos jovens naquele começo dos anos 1970, tão influenciado pelos desdobramentos do Festival de Woodstock.

Os conflitos entre a caçula e o primogênito não demoraram a aparecer e, em meio a eles, Potira — como era de seu feitio — fazia às vezes de mãe superprotetora, atuando na turma do "deixa disso", sempre lutando para apaziguar os ânimos. Geralmente dava certo, mas, vez ou outra, a mãezona perdia a batalha para a fera da tradição, que ainda insistia em mostrar as garras em sua casa.

A contragosto, Cortez permitia que a irmã saísse, mas exigia que voltasse às 22h, quando a maioria das festas está apenas começando. Era comum Íris ultrapassar o horário estabelecido. Em determinada noite, porém, a moça exagerou. Mal o relógio marcou uma hora da manhã, Cortez convocou o irmão Dedé para a missão de resgatar a princesa. Determinados, os cavaleiros entraram na Kombi e seguiram para o local da festa.

Enquanto isso, pela sempre fervilhante madrugada paulistana, lá vinha Íris, acompanhada de uma amiga e dos respectivos namoradinhos que ambas haviam conquistado na festa. Descontraído, o grupo caminhava pela rua Ministro Godói, já próximo à casa de Cortez.

Ao avistar a Kombi do irmão, Íris bem que tentou evitar o vexame e, mais que depressa, se escondeu atrás de uma banca de jornal. Em vão. Zé de Mizael e Dedé já haviam identificado a caçula em meio ao grupo. Íris levou uma bronca de proporções epopeicas, seguida de um castigo longuíssimo.

A rebeldia juvenil de Íris parecia mesmo moldada para desafiar a paciência e os severos padrões morais do irmão mais velho. Além dos conflitos gerados por festas e namoradinhos, havia os transtornos decorrentes de sua situação escolar. Certa feita, a jovem foi pega em flagrante quando tentava pular os muros do colégio para cabular aula. A peripécia acontecia com frequência. Afinal, a moça sempre preferiu o charme dos passeios pela rua Augusta e pela avenida Paulista à monotonia das aulas.

O resultado das faltas veio grafado sob a forma de uma redondíssima e vermelha nota zero, destacada, tal qual lua solitária, no alto da folha da prova de inglês. Associadas ao comportamento nada ortodoxo de Íris, essas e outras notas baixas contribuíram para sua reprovação ao final do ano.

Zé de Mizael ficou possesso. Para ele, que não tivera a chance de estudar em bons colégios, tendo, ainda por cima, de conciliar as primeiras letras com a lida no cabo da enxada, desprezar ensino de qualidade era, por assim dizer, um crime inafiançável. De uma vez por todas, seria preciso colocar algum juízo na cabeça daquela potiguar indomável. E, para isso, o único método conhecido pelo livreiro era a leitura. A ideia era que durante as férias a irmã lesse pilhas de livros, sempre apresentando relatórios ao final de cada obra lida. Mas ao término de uma semana, Cortez acabou desistindo, porque percebeu que forçá-la seria ainda pior.

Na verdade, o medo de que Íris engravidasse ou até mesmo de que se envolvesse com drogas constituía o motivo principal da marcação cerrada de Cortez em relação à irmã. "Vivíamos outros tempos. Nossos objetivos de vida, naquele momento, eram completamente opostos. Não tinha mesmo como a gente se dar bem", analisa Íris, mais de trinta anos depois.

Cortez desejava para a caçula da família o mesmo que para os outros irmãos e primos que vieram ajudá-lo a edificar uma das mais respeitadas editoras e livrarias de São Paulo. A ideia era que, com o tempo, todos adquirissem as ferramentas necessárias para se desenvolver plenamente, recebendo educação de qualidade e conquistando não apenas um diploma, mas o prestígio e as oportunidades que costumam vir com ele. E o editor ia além: como a cereja do bolo, o ideal era que esses familiares devidamente preparados permanecessem dedicados à livraria e, futuramente, à editora.

Já Íris queria mesmo era ter liberdade de ir e vir e sem necessariamente se amparar na educação tradicional. Aliás, não só Íris, mas dezenas de familiares, para desgosto de Cortez, não levavam o amor pelos estudos e pela empresa a ferro e fogo. Íris foi apenas uma, dentre tantos, que não se adaptou ao estilo de vida e às duras exigências de Zé de Mizael. Ao se dar conta de que não conseguiria domar a jovem, Cortez achou por bem levá-la de volta ao Rio Grande do Norte, onde pudesse estar mais próxima dos pais e longe da febril agitação paulistana da década de 1970.

Era o fim de um sonho. Mas, como sempre acontecia na trajetória de Cortez, nem bem terminava um, já começava outro.

Metodologia do sucesso

O ano de 1975 foi um divisor de águas para a Cortez & Moraes que, além de livraria, faria uma entrada triunfal no ramo editorial por meio da publicação do *best-seller Metodologia do trabalho científico*, do professor Antônio Joaquim Severino.

Autor e editor se conheceram em 1966, quando Cortez, então aluno da PUC-SP, iniciou-se como livreiro nos corredores da universidade. Nessa época, Severino contava 25 anos e era um dos professores mais jovens da instituição. Do mesmo modo que o livreiro, o professor viera de família humilde. A diferença é que nascera em terras férteis, mais precisamente em Carmo do Rio Claro, no Sul de Minas Gerais. Ainda no ginásio, Severino decidiu que iria seguir o sacerdócio e, por conta disso, prosseguiu seus estudos em seminários de Ribeirão Preto e Campinas. Ao fim do segundo grau, recebeu uma bolsa de estudos para cursar Filosofia na Universidade Católica de Louvain, na Bélgica.

Ao voltar ao Brasil e assumir a cadeira de Filosofia da PUC-SP, o jovem professor se deu conta da escassa bibliografia existente nessa área. Foi quando teve início sua parceria com o livreiro, conhecido pela capacidade de conseguir para os clientes obras consideradas raras. "Cortez tinha um tino comercial fortíssimo e vivia nos ajudando a encontrar os livros que precisávamos", comenta o professor.

Severino lecionava História da Filosofia, Teoria do Conhecimento e Lógica. E na década de 1960, os únicos livros de filosofia publicados no Brasil eram da Editora Globo, de Porto Alegre. Já as Edições de Ouro, do Rio de Janeiro, também os publicava, mas em formato de livros de bolso. A coleção *Os Pensadores*, da Abril Cultural, só seria lançada em 1973, representando uma verdadeira revolução na vida de professores, alunos e pesquisadores da área.

Além da escassez bibliográfica, o professor deparava com outra enorme dificuldade em sala de aula. De modo geral, os alunos desconheciam todo e qualquer método de pesquisa. Resenha, seminário, monografia — os estudantes simplesmente não distinguiam uma coisa da outra. Foi então que o educador redigiu uma apostila capaz de oferecer as diretrizes básicas para a produção de material científico. As apostilas eram mimeografadas e, da noite para o dia, se transformaram em verdadeira febre entre os alunos, ultrapassando em muito as fronteiras das aulas ministradas por ele.

A primeira leva de apostilas confeccionadas foi de modestas 150 cópias, número suficiente para atender aos estudantes das três turmas para as quais

Severino lecionava. Cada unidade era vendida por Cr\$ 1, 50 (um cruzeiro e cinquenta centavos). O sucesso foi tamanho que, mesmo sem outra forma de divulgação além do famoso boca a boca, o professor se viu obrigado a confeccionar mais 1200 exemplares, solicitados por universitários de cursos variados.

Quando esse segundo lote de apostilas chegava ao fim — faltando vender apenas 20 unidades —, o professor Severino, em sua sala de aula, recebeu a visita de Cortez, que desejava saber um pouco mais sobre aquele fenômeno. Afinal, os alunos não paravam de procurar as apostilas em sua pequena livraria. Ao ouvir o relato do professor, o livreiro não perdeu tempo: "Deixa que eu vendo essas últimas apostilas".

Dias depois, o sertanejo voltava à sala de Severino com uma proposta audaciosa: "Professor, temos de transformar esse material em livro! O senhor só precisa fazer uma revisão, acrescentar o que quiser e me entregar o texto. Pode deixar o resto comigo". Era novembro de 1974 e logo vieram a correria típica de final de ano e as férias.

Só no Carnaval de 1975 o professor teve tempo de revisar o material e incluir informações que o tornariam mais completo. Assim, em agosto do mesmo ano, a Cortez & Moraes publicava sua primeira obra intitulada *Metodologia do Trabalho Científico*. Após alguns meses, o livro já possuía várias reimpressões, causando verdadeira sensação no mercado editorial. Em 2010, 35 anos depois, a obra prosseguia como o carro-chefe da Cortez Editora, ultrapassando a marca de 500 mil exemplares vendidos.

Mas naquele ano, o sucesso do livro do professor Severino não seria o único motivo de comemoração para a Cortez & Moraes. As ótimas vendas, associadas à certeza de que as livrarias universitárias eram um filão ainda inexplorado, encorajaram os sócios a abrir uma filial da livraria na Universidade Metodista de São Paulo, localizada no bairro de Rudge Ramos, em São Bernardo do Campo. De 1977 a 5 de fevereiro de 1980, a loja ficaria sob a responsabilidade de Dedé.

E as novidades não cessavam. O crescimento da empresa ocasionara a vinda de mais um parente proveniente do sertão para ajudar Zé de Mizael em sua empreitada rumo ao sucesso. Era o primo Leobaldo Dantas Cortez, que, por conta de sua memória prodigiosa, teria, mais de 30 anos depois, uma importância crucial na reconstituição da história do editor.

De modo espantoso, Leobaldo é capaz de guardar datas, nomes, sobrenomes e detalhes essenciais à compreensão de uma trajetória da qual ele participa de modo efetivo desde as décadas de 1970 e 1980, como funcionário de Cortez, em São Paulo. Depois disso, Leobaldo passaria a atuar na rede de livrarias Potylivros, em Natal, atualmente mantida por três irmãos de Cortez: Adailson, Cleodon Xavier Gomes e Seu Gomes.

Dos carrapichos à Muralha da China

O excesso de trabalho e o núcleo familiar que constituíra em São Paulo tomavam todo o tempo de Cortez, mas, nem assim, o editor esquecia o Sítio Santa Rita e os familiares que lá deixara. A preocupação incluía os pais, irmãos e sobrinhos, que nem sempre possuíam as condições mínimas para seu pleno desenvolvimento.

Cortez já havia trazido Enilson, Dedé e Íris, além de ter dado emprego aos primos Brazinho, Luiz, Joaci e Leobaldo. Em 1977, entretanto, chegaria uma pessoa que, mais do que nunca, precisaria de Cortez como nenhum outro parente jamais necessitou. Era o sobrinho Antonio Erivan Gomes, filho de Seu Antonio, e conhecido por todos como Erivan. Irmão de Laércio, Tereza e Alice, o menino era o quarto filho da família. Mais tarde, sua mãe, Maria Zuleide, ainda teria a caçula Zuleide, em cujo parto viria a falecer.

O garoto tinha em torno de cinco anos quando viu o tio Cortez pela primeira vez, pouco depois de ter perdido a mãe. Já na segunda ocasião em que se encontraram, Erivan se recorda de que o tio chegou ao Sítio guiando a Variant, em cujo porta-malas as crianças da família se esbaldavam brincando. Antes dessas visitas, porém, o menino já se habituara a ouvir relatos sobre o filho mais velho de Alice e Mizael. Da mesma forma, estava acostumado a observar a clássica fotografia de Cortez, ainda em trajes de marinheiro. As lembranças se devem ao fato de Erivan, já órfão de mãe, permanecer todo o tempo ao lado da avó Alice, que não se cansava de lhe contar histórias sobre seu primogênito.

A relação de proximidade entre o neto e a avó era enorme. Durante o dia, enquanto Alice costurava, Erivan passava a maior parte do tempo sentado aos seus pés, observando-a horas a fio. E ao contar histórias ao mesmo tempo em que cerzia as roupas da família, Alice, sem se dar conta, fortalecia laços inquebrantáveis no coração do menino, que ainda se emociona ao relembrar esses momentos. E era geralmente quando estava debruçada à máquina de costura que Alice recebia as cartas de Cortez.

Após a leitura, a mãe se apressava em ditar a resposta da carta a uma das filhas, que deveria redigir o texto. Cabia a Erivan a tarefa de ir ao quintal buscar avelós, planta bastante comum no Nordeste do Brasil. Além de seus efeitos medicinais, também era usada para fechar envelopes de carta, uma vez que libera uma espécie de substância leitosa capaz de substituir a cola.

Outra recordação vivíssima de Erivan é o primeiro aniversário da prima Mara, comemorado com pompa e circunstância no Sítio Santa Rita. Foi a primeira vez que o menino viu um bolo confeitado. "Era um bolo muito bonito, redondo, coberto com glacê branco. Nunca tínhamos visto nada igual", revive.

Nas palavras de Potira, foi o próprio Erivan que, ainda bem pequeno, manifestou o desejo de partir com a família do tio rumo a São Paulo. Ao ouvir o pedido da criança, a tia, comovida, disse que não poderia levá-lo daquela vez, mas, assim que possível, ela e Cortez mandariam buscá-lo. A promessa foi cumprida pouco tempo após o regresso de Íris ao sertão. Seu Antonio, pai de Erivan, já havia se casado novamente e vinha encontrando sérias dificuldades para cuidar dos cinco filhos.

Erivan contava 11 anos quando chegou à capital paulista na noite de 22 de dezembro de 1977, acompanhado do avô Mizael e da tia Veralucia. Às vésperas do Natal, o menino ficou deslumbrado com a quantidade de luzes coloridas da metrópole. Naqueles tempos, o Sítio Santa Rita era desprovido de eletricidade e as únicas formas de iluminação que Erivan conhecia eram a lamparina, o lampião, o sol, as estrelas e, é claro, o tão propagado luar do sertão.

No interior da pequena mala que o acompanhou na viagem que mudaria sua vida para sempre, a escassez de itens era o que mais chamava atenção: um par de sapatos, um rolo de fita adesiva da marca Durex e alguns poucos objetos de higiene. Quase não havia roupas, motivo que levou Cortez e Potira a presenteá-lo com várias peças de vestuário naquele Natal.

O choque cultural de Erivan foi imenso: espaço, linguagem, alimentação, clima. Eram tantas as mudanças que praticamente não sobrava tempo para as saudades do Sítio Santa Rita. Tudo era novidade, até mesmo o vocabulário utilizado na casa do tio. O menino não entendia, por exemplo, o que significa o termo "fazer faxina". Afinal, no sertão a palavra faxina designava "cerca". E como era possível fazer uma cerca dentro de casa?

A extrema timidez de Erivan também o faria sofrer horrores nos primeiros tempos passados na capital paulista. Foram seis meses até que conseguisse reunir forças suficientes para não ter de se esconder embaixo da mesa, atrás do sofá ou sob os braços da tia Potira, o que acontecia sempre que a família recebia visitas. É o próprio Erivan quem admite: "Eu era o típico bichinho do mato".

E mal o menino começou a se acostumar à rotina da casa dos tios, findou o período de férias escolares. Era chegada a hora de o pequeno sertanejo sair para o mundo e enfrentar a escola, a mesma em que Íris havia estudado. Mas ao contrário do que se poderia esperar, o mais novo protegido de Cortez acabou surpreendendo a todos com notas excelentes, a despeito de ter estudado os três anos anteriores em escolinhas rurais.

A maior dificuldade era a disciplina de matemática, mesmo assim, Erivan nunca tirava menos do que o conceito "B", considerado muito bom. Dona Hortência, a primeira e inesquecível professora, ao vê-lo praticamente escondido na última fileira da sala de aula, logo o chamou para ocupar um lugar na primeira fila, o que, de certa forma, também contribuiu para a ótima *performance* do aluno.

As exigências de Cortez também merecem crédito no currículo escolar de Erivan. Após terminar as lições de casa, a ordem era que o menino ainda prosseguisse estudando durante duas horas, diariamente. Aliado aos rígidos padrões de disciplina impostos pelo tio, havia o apurado senso de observação de Erivan. Rapidamente, o estudante se deu conta de que, diferentemente de seus colegas de classe, havia recebido uma educação de qualidade inferior. Para piorar, o menino também percebia, aqui e ali, indícios de preconceito contra nordestinos. A soma desses fatores levou o pré-adolescente à seguinte conclusão: se quisesse se destacar, tanto na escola quanto na vida, em geral, teria de ler, estudar e trabalhar duas vezes mais do que as outras pessoas.

E no que dependesse de Cortez, não haveria problemas quanto a isso. Um ano após a chegada de Erivan, o garoto passou a ajudar o tio na livraria por cerca de uma ou duas horas por dia. Cortez fazia questão de mostrar-lhe o mundo dos livros, ao mesmo tempo em que lhe ensinava a valorizar o trabalho. Radical, o tio também lutava para inserir na cabeça do sobrinho ideias que, à época, considerava de extrema importância. Dentre elas: o desprezo por entretenimentos televisivos, tais como novelas e programas de auditório; e a opção pelo consumo do refrigerante Guaraná, um produto nacional, em detrimento da Coca-Cola, de origem americana.

Grande sertão: veredas e *Solo de clarineta*

Firme no propósito de contribuir para a educação de Erivan, Cortez cometeu erros que, por pouco, não afastaram o menino do caminho dos livros para sempre. Menos de dois anos após a chegada do sobrinho, o editor o presenteou com duas obras literárias completamente inadequadas (pelo grau de erudição que exigiam para a idade do rapaz): *Grande sertão: veredas*, de Guimarães Rosa, e *Solo de clarineta*, de Erico Verissimo.

Cortez demorou décadas para saber a verdade, mas o fato é que o menino detestou a experiência. Para Erivan, os textos eram tão difíceis quanto o idioma grego. Mal começava a leitura e o adolescente se sentia tomado por um sono terrível. O jeito era criar uma estratégia para terminar a tarefa inglória o quanto antes. E a saída encontrada pelo rapaz foi simples: Erivan lia uma página e pulava duas. Sua redenção literária, entretanto, não demoraria a acontecer. Poucos anos depois desse episódio, o jovem deparou com a obra *Menino de engenho*, de José Lins do Rego. Em seguida veio *Vidas secas*, de Graciliano Ramos. A identificação com o ambiente e as personagens das duas histórias foi imediata e o contagiou, para sempre, com o vírus da leitura.

Mas nem só de leitura, tarefas escolares e trabalho na livraria era composta a rotina de Erivan. Em 1978, após o nascimento de Miriam, a caçula de

Cortez e Potira, o menino ganharia uma nova incumbência na casa da família, principalmente nas noites de sábado. Cabia a ele tomar conta da prima sempre que os tios saíam para jogar buraco na casa de amigos da vizinhança.

O problema era que Miriam tinha uma energia inesgotável e nunca dormia antes do primo. Era comum o relógio marcar uma hora da manhã e a pequena continuar agitadíssima enquanto Erivan, tonto de sono, lutava para se manter acordado. A única vantagem das noites intermináveis era poder assistir aos filmes que o adolescente jamais conseguia ver durante a semana, quando o tio o fazia dormir às 21h.

Tantas exigências garantiram ao sobrinho de Cortez um senso de responsabilidade bastante precoce. Aos 14 anos, Erivan já trabalhava com registro em carteira, ganhando o salário mínimo. Alguns anos mais tarde, em 1986, metade desse salário seria destinado ao pagamento das mensalidades da PUC-SP, onde o jovem ingressara logo após o ensino médio para cursar Economia — mesmo curso concluído pelo tio, em 1969.

Hoje, ocupando o cargo de diretor comercial da Cortez Editora e participando ativamente, também como diretor, da Câmara Brasileira do Livro, Erivan não traz sequer a sombra do bichinho do mato que se escondia sob os braços da tia Potira. Cidadão do mundo, é o diretor quem costuma representar a empresa em congressos, feiras, cursos e eventos de negócios realizados em diversos países. Em seus roteiros, viagens à América Latina, América do Norte, Europa e, mais recentemente, Ásia, comprovam: já não há fronteiras para o menino tímido e inseguro que deixou o Sítio Santa Rita no final dos anos 1970.

Por vezes, o próprio Erivan parece não acreditar nos rumos de sua trajetória peculiar. Em viagem de negócios à China, realizada em setembro de 2008, o sobrinho de Cortez foi tomado por profunda reflexão ao visitar a imponente muralha que constitui o principal cartão-postal daquele país. Em meio à grandiosidade do monumento, o diretor comercial questionava: "Por que meu tio me levou para São Paulo? Por que eu fui escolhido?".

Cortez, por sua vez, ao responder um *e-mail* que Erivan enviara da China, comentou: "Erivan, por isso temos que acreditar na vida e nas pessoas. Os mesmo pés, os seus, que andaram pelas veredas e caminhos tortuosos cheios de carrapichos lá no sertão do Seridó, agora pisam numa conservada e limpa

Muralha da China, do outro lado do mundo. Isso é progresso. Parabéns e traga novidades para nós".

Além da curiosidade pelas coisas do mundo, o gênio forte do diretor parece ser a característica mais evidente dentre as que foram herdadas do tio. Por isso, o respeito mútuo entre ambos nunca impediu embates, discussões e divergências de opinião. Mas as semelhanças vão além do comportamento e se impõem, também, nas características físicas.

As fotos de Cortez na juventude, por exemplo, lembram fortemente os traços do Erivan de hoje. Uma rápida passada de olhos é suficiente para impressionar os mais desatentos que, após examinarem álbuns fotográficos da família, concluem: o sobrinho é muito mais parecido com o tio Cortez do que com o próprio pai, Seu Antonio. Os relatos de Potira confirmavam: "As pessoas olham fotos antigas do Zé e pensam se tratar de Erivan. Muitas chegam a comentar: 'Nossa, como Erivan está sisudo nessa fotografia'", divertia-se.

É possível mensurar a importância de Cortez na vida do sobrinho quando Erivan resgata uma situação aparentemente prosaica vivenciada por crianças em idade escolar, mas que, para ele, teve um significado enorme. A recordação simboliza não apenas a relevância do tio em seu destino, mas a memória de uma imaturidade que o próprio Cortez, com seu exemplo de vida, o ajudou a superar.

Era 1978 e a professora de Erivan perguntou aos alunos qual a profissão de seus pais. Ainda envergonhado de suas raízes sertanejas, Erivan se sentiu diminuído ao observar as repostas dos colegas. Eram tempos em que a escola pública ainda era sinônimo de qualidade, principalmente em bairros tradicionais de São Paulo, como Perdizes. Nesse contexto, a maioria das crianças vinha de família de classe média e média alta. No geral, os pais eram médicos, dentistas, advogados. Um *status*, na opinião do pequeno Erivan, muito superior ao do seu pai, que era — como ainda o é — agricultor.

A ausência de informação e maturidade fazia com que Erivan acreditasse que a agricultura era um trabalho menor, sem relevância. Uma opinião diametralmente oposta à de hoje, quando o orgulho em relação ao trabalho do pai se tornou imenso. Mas, naquele dia, ao ouvir da professora a temida pergunta, Erivan não conseguiu dizer a verdade. Sem pestanejar, descartou a realidade e verbalizou sua fantasia mais latente: "Meu pai é editor, professora".

Acervo Cortez Editora

LIVRO DE REGISTRO DOS EMPREGADOS

4

Cor... *Branca*
Cabelo... *castanho*
Barba... *raspado*
Bigode... *raspado*
Olhos... *castanhos*
Altura... *1,49*
Peso... *45*

VISTO DA FISCALIZAÇÃO

O Snr. *Antonio Erivan Gomes* ...., portador da
Carteira de Trabalho e Previdencia Social n.º *27359* .... série *0.0.0.5* ....Carteira de Trabalhador
e Previdencia Social (Rural) n.º, ... série........... emitida por..........................
C.P.F. n.º *064492318/27*. Título de Eleitor n.º *57998* .... da *2ª* .... Zona, Carteira de Identidade
R.G. n.º *16.447.222* .... foi admitido em *1* de *abril* .... de 19 *80* para exercer a função
de *Balconista* .... com o salário de Cr$ *2.932,00 (Dois mil*
novecentos e trinta e dois cruzeiros ....)
por *mês* ...., no seguinte horário de trabalho: das *8,00* ..... às *18,00* horas com *2* horas de intervalo
para repouso e alimentação.
Filiado ao Sindicato..

FUNDO DE GARANTIA DO TEMPO DE SERVIÇO:

Data da opção *1 de abril de 1980* .... Data da retratação..........................
Conta vinculada ao Banco *Bradesco digo Comind Agencia São Vicente de Paula*

Nacionalidade *Brasileira*	Quando ESTRANGEIRO	PROGRAMA DE INTEGRAÇÃO SOCIAL
Filho de *Antonio Xavier Gomes* e de *Maria Zulede Gomes*	N.º da Cart. mod. 19........	P I S
Nascido em *Currais Novos RN* a *17* de *Janeiro* de *1966*	N.º do Reg. Geral	Cadastrado em *16.5.1980*
Estado civil *solteiro*	Casado com brasileira?	SOB N.º *120128848399*
Grau de instrução *Primario*	Tem filhos brasileiros?	**DOMICILIO BANCARIO** NOME DO BANCO
Residência *Rua de Godoy - 1113*	Quantos?	*Comércio e Industria de*
Qdo. Mot.: Cart. N. Háb. n.º	Data da chegada ao Brasil:	*São Paulo S.A.*
Situação Militar *dispensado*		AGENCIA/CODIGO BANCO
Nome do conjuge........	Naturalizado	*314*
	Decreto N.º	ENDEREÇO DA AGENCIA
Beneficiários: *O pai*		*R. São Vicente de Paula,* *364.*

Data e assinatura do empregado na ocasião da admissão:

São Paulo *1* de *abril* de 19 *80*.
Antonio Erivan Gomes

Observações: *Horário de Trabalho - 13 ás 18 e 19 as 22 horas*

Anotações posteriores em Livro nº 3 fl.

Ao ser contratado pela Cortez Editora e Livraria, aos 14 anos, Erivan deixava para trás o perfil de "bichinho do mato" para dar os primeiros passos na direção de uma carreira de sucesso.

Potylivros

A chegada de Erivan à capital paulista, no final dos anos 1970, não seria a única mudança substancial na vida de Cortez. A veia empreendedora do editor pulsava ainda mais forte e ultrapassaria as fronteiras paulistanas para se instalar, também, em terras potiguares. Em janeiro de 1978, o editor recebeu um telefonema do irmão Adailson. O rapaz manifestava a vontade de deixar Natal para trabalhar com o irmão mais velho, em São Paulo. Recém-saído da aeronáutica, onde fora soldado por quatro anos, Adailson pretendia enveredar pelo mesmo caminho de parentes que já trabalhavam com o primogênito de Alice e Mizael. Mas, para surpresa do ex-soldado, Cortez tinha uma ideia melhor para ele.

Dias antes, o editor fora convidado para montar uma distribuidora de livros em Natal. Era a Potylivros, que seria criada juntamente com o primo Brazinho e com Cleodon, um dos poucos irmãos de Cortez a não passar pela experiência de trabalhar em São Paulo. Assim, ao receber o telefonema de Adailson, o editor lhe propôs que também fizesse parte da nova empreitada. Cortez sabia que o rapaz precisaria de capital para investir no negócio, mas, ao mesmo tempo, também já conhecia a fama do irmão, tido como o mais econômico da família. E quando questionado sobre suas possíveis reservas financeiras, Adailson confirmou as suspeitas do mano mais velho.

Solteiro e sem filhos, o caçula economizara o que pôde durante os quatro anos em que atuara na Aeronáutica. No fim das contas, o jovem dispunha de 20 mil cruzeiros, o valor exato para entrar como sócio na distribuidora. Cleodon, Brazinho e Cortez também investiriam a mesma quantia no empreendimento. Antes disso, porém, o editor fez uma proposta irrecusável a Adailson: emprestaria a ele metade do dinheiro necessário. Assim, o rapaz poderia usar seus dez mil cruzeiros restantes para se manter enquanto o novo negócio se consolidava no mercado. Foi uma decisão acertada, na medida em que a Potylivros só viria a dar um retorno razoável aos sócios dois anos depois, em 1980.

E foi também no começo dos anos 1980 que Adailson precisou se afastar da empresa durante seis meses para cuidar de um problema de saúde: uma úlcera no olho direito, cujo tratamento seria realizado em São Paulo. A enfermidade, entretanto, não o impedia de ajudar Cortez em sua livraria. Quando Adailson já estava prestes a voltar para Natal, Cortez comunicou-lhe que iria passar sua parte na distribuidora para o seu nome. "Já dei o pontapé inicial, agora vocês têm que caminhar com as próprias pernas", afirmou o editor.

Como havia investido apenas dez mil no negócio, Adailson era o menor investidor dentre os sócios. O rapaz ainda devia os outros 10 mil cruzeiros a Cortez, mas tudo acabou ficando por isso mesmo. Devido ao seu famoso desapego financeiro, o editor nunca cobrou a dívida do irmão, que, por sua vez, também ficou na moita nos últimos 30 anos: "Estou devendo esse dinheiro para ele até hoje! Já pensou quando ele se lembrar disso?! Vai querer corrigir a dívida e aí estou perdido", brinca Adailson, com a certeza de que não corre o menor perigo.

Anos depois da entrada de Adailson na sociedade, o primo Brazinho sairia do negócio para abrir sua própria livraria em Currais Novos. Juntos, Cleodon e Adailson mantiveram a Potylivros como distribuidora, até 1988. Neste ano, Cortez foi a Natal realizar a fusão da Cortez Editora — que ainda tinha Seu Gomes e Potira como sócios — com a Potylivros. A parceria resultou na criação da Livraria e Distribuidora Cortez, estabelecida na capital potiguar. O empreendimento durou até 1992, época em que o sertanejo decidiu deixar a sociedade.

Um ano antes, em 1991, Seu Gomes achou por bem inserir um ponto final em sua permanência em São Paulo, voltando para Natal e, após algum tempo, se desligando da sociedade da Cortez Editora. Como também era sócio da Livraria e Distribuidora Cortez, a ideia era reforçar a equipe e acompanhar de perto a evolução dos negócios.

A partir desse ponto, a ex-distribuidora prosseguiu sendo apenas livraria, embora Cleodon, Adailson e Seu Gomes tenham optado por resgatar o nome como a empresa era conhecida anteriormente: Potylivros.

Hoje, a empresa conta com sete lojas em Natal e três postos em faculdades da cidade. "Às vezes, o pessoal me pergunta se somos loucos por abrir mais de uma livraria em uma única avenida, como é o caso das lojas da avenida Roberto Freire. Então, respondo: 'Ora, se às vezes temos até cinco farmácias em cada rua ou avenida, por que não livrarias?'".

Do cabo da enxada à edição de livros

Mas é preciso uma volta no tempo para detalhar os sucessos e dissabores de Cortez em sua trajetória como empresário. Enquanto seus irmãos e primos se iniciavam no ramo livreiro potiguar, a notícia de que Cortez ampliara o campo de atuação de sua empresa para o setor de edição atravessou os corredores da PUC-SP, espalhou-se por congressos de Educação e Serviço Social e chegou às universidades de todo o País.

Como resultado, professores não apenas da PUC-SP mas de instituições de ensino de estados como Rio Grande do Norte, Piauí e Ceará, locais onde Cortez tinha muitos amigos, vinham até a editora apresentar suas dissertações e teses na esperança de publicação. Era uma euforia imensa, mesmo com Cortez ainda engatinhando no universo editorial.

Movido pela vontade de aprender e pela intuição, características determinantes em todas as fases de sua vida, o sertanejo encarou mais esse desafio e, como se costuma dizer por aí, "meteu os peitos" desvendando, na prática, a arte da edição de livros. Mais uma vez, teria de trabalhar de sol a sol, com a diferença de que, dessa vez, substituiria a enxada pela pena. Além das incumbências diárias como livreiro, Cortez tinha de achar tempo para ler originais, tirar dúvidas com os colegas da área, contratar capistas e revisores. As mudanças vinham em ritmo acelerado. A bem da verdade, nem Cortez nem Moraes e tampouco o professor Severino esperavam o estrondoso sucesso de *Metodologia do trabalho científico*, rapidamente alçado à condição de estrelato dentre as poucas publicações acadêmicas da época.

O boca a boca em torno da editora não cessava, bem como a apresentação e avaliação de originais. Olhando em retrospecto, os profissionais que compunham a editora naquela época admitem que a qualidade de algumas dessas obras é discutível. Porém, a escassez de livros acadêmicos nacionais era tão gritante que, muitas vezes, a falta de parâmetro prejudicava sobremaneira a avaliação de algumas obras que, hoje, possivelmente não passariam pelo crivo dos editores.

Mesmo atuando de forma assumidamente amadora, a Cortez & Moraes tinha todas as condições de prosperar. Uma oportunidade de ouro surgiu quando a Editora Agir, à época com alguns títulos direcionados à área de Serviço Social, deixou de publicá-los. Como resultado, Cortez tornou-se o único editor brasileiro a investir fortemente nesse segmento. Em paralelo, a empresa atuava em um nicho ainda pouco explorado pela concorrência: a venda de livros em congressos e eventos universitários. Verdadeiro filão do mercado livreiro e onde Cortez marcava presença constante.

Graças à participação nesses eventos, sua rede de relacionamentos no setor acadêmico cresceu de maneira impressionante. Vínculos com educadores e intelectuais, tais como Paulo Freire, Moacir Gadotti, Walter Garcia, Luiza Erundina, Maurício Tragtenberg, Myrian Veras Baptista, Octávio Ianni e Florestan Fernandes foram consolidados nessas ocasiões.

O bom relacionamento com esses expoentes do pensamento crítico brasileiro possibilitou, inclusive, a publicação de livros em sistema de coedição com a PUC-SP, o que, de certa forma, avalizava o compromisso da Cortez & Moraes com uma linha de pensamento mais progressista, característica dos intelectuais pertencentes aos quadros daquela universidade.

Entre 1980 e 1983, a futura Cortez Editora também produziria, em parceria com a instituição, 16 números dos chamados *Cadernos da PUC*. Coordenados pelo padre Edênio Valle, os cadernos traziam temas ligados à Psicologia, Sociologia, Educação, Linguística, Arte e Linguagem, Serviço Social e Filosofia. Tanta sintonia serviu para fortalecer amizades, além de render livros que se tornariam, por muito tempo, os carros-chefes da editora.

Tudo pelo social

Cortez apoiou ativamente as reflexões e mudanças advindas do novo pensamento que caracterizou a teoria e a prática do Serviço Social no Brasil, em contraponto à sua gênese mais conservadora. No final da década de 1970, os profissionais da área se uniram aos grupos que compunham os movimentos populares, cujas trajetórias e ações ganhavam força em todo o País. É o caso do surgimento do Partido dos Trabalhadores (PT), da Central Única dos Trabalhadores (CUT), das Comunidades Eclesiais de Base (CEBs), para citar apenas os movimentos de massa mais conhecidos.

O aparecimento desses grupos modificou os rumos da sociedade e da política brasileira, principalmente porque se esforçavam para dar voz às camadas economicamente desfavorecidas da população. E foi justamente nesse período, mais precisamente em setembro de 1979, que a cidade de São Paulo registrou a ocorrência do 3º Congresso Brasileiro de Assistentes Sociais (CBAS). O evento passaria à história com o nome sugestivo de "Congresso da Virada", que completou 30 anos em 2009.

O Brasil vivia os estertores da ditadura, e a Lei da Anistia, sancionada em 28 de agosto de 1979, já havia possibilitado o retorno de diversos exilados. Mesmo com esse cenário, os participantes do Congresso observaram, dentre os componentes da mesa, a presença de autoridades ligadas ao governo e à elite brasileira. Numa atitude corajosa, os membros da plenária destituíram essas autoridades de seus postos, substituindo-as por representantes do povo. Foi um momento marcante, de autocrítica do Serviço Social. Desde então, a base de legitimação da categoria tem sido os movimentos sociais, fundamentados na vontade coletiva e não no pensamento conservador imposto pelas classes dominantes.

Esse viés questionador dos profissionais de Serviço Social também se deve, em parte, ao trabalho de Cortez, que passou a editar os livros dos profissionais da área justamente nesse período de efervescência. Era uma junção de forças: as novas ideias do Serviço Social brasileiro precisavam circular e os livros eram o veículo certo para isso. Sem essas poderosas ferramentas os profissionais da área dificilmente poderiam viabilizar, na prática, as mudanças propostas por seus teóricos que, uma vez disseminadas nas salas de aula, originavam debates nos círculos acadêmicos em geral.

Outro grande instrumento para a propagação das novas teorias da área foi a publicação, também pela Cortez Editora, da *Revista Serviço Social & Sociedade*, lançada em setembro de 1979 e há mais de 30 anos registrando e divulgando conceitos e experiências do setor. "De certa forma, é como se Zé de Mizael tivesse saído do interior do Brasil profundo sem saber que tinha uma missão: aproveitar suas vivências e experiências, bem como a vontade de romper com o atraso, dando voz aos que, assim como ele, clamavam pelas necessidades do avanço social. Foi uma convergência feliz", avalia a professora Elisabete Borgianni, da assessoria editorial da Cortez Editora.

O professor Marcos Cezar de Freitas, pertencente ao conselho editorial de Educação da Editora, completa o pensamento de Borgianni: "Cortez veio para São Paulo para dar voz, para abrir espaço. É um ourives da palavra. O tempo todo lapidando seus livros e zelando, junto com a equipe, para produzir o melhor. Quem zela pelo microscópico está atento à universalidade das coisas. É esse o cuidado que Cortez tem com cada livro produzido".

Borgianni também atenta para o fato de Cortez ter conseguido, desde o começo dos anos 1980, reunir em seu catálogo grandes nomes do Serviço Social brasileiro, muitos deles atados pelas amarras do regime ditatorial ou recém-chegados ao País após o exílio. É o caso dos professores Marilda Iamamoto, José Paulo Netto, Nobuco Kameyama e Vicente de Paula Faleiros. Quando finalmente puderam voltar à ativa, quem primeiro lhes deu voz foi Cortez. E com as mudanças propagadas pelos livros, registrou-se um crescimento qualitativo da profissão, fundamentada na nova visão crítica, contrária ao Serviço Social das décadas anteriores, impregnado de religiosidade e do caritativismo cristão.

A aposta de Cortez foi muito mais ideológica do que mercadológica, uma vez que ninguém poderia imaginar que aquela nova linha editorial se consolidasse de forma tão bem-sucedida. Por conta disso, em pleno século 21, o Brasil pode dar o tom no Serviço Social mundial. "Temos autores de ponta e um público leitor extremamente qualificado", comemora Borgianni.

E um desses expoentes é José Paulo Netto, que ouviu falar de Cortez pela primeira vez à época em que vivia o exílio, em Portugal. O amigo argentino Natalio Kisnerman, assistente social que estava de passagem por terras lusitanas, contou-lhe que seu próximo livro seria lançado no Brasil por ninguém menos que Cortez. De imediato, Netto comentou que deveria se tratar de um editor muito corajoso, uma vez que outras editoras não ousavam, em plena ditadura, publicar o tipo de livro que Kisnerman escrevia.

Ao voltar para o Brasil, em setembro de 1979, Netto voltou a ouvir o nome de Cortez, dessa vez por intermédio de amigas que lecionavam na PUC-SP. As professoras faziam referências à *Revista Serviço Social & Sociedade*, também publicada pelo editor. Logo, Netto seria apresentado ao sertanejo, passando a colaborar com a revista e também traduzindo livros para a Editora.

Mas a amizade entre autor e editor só ultrapassaria os laços profissionais anos mais tarde, quando Netto teve acesso a informações detalhadas sobre a trajetória de Zé de Mizael. Até então, o acadêmico sabia apenas que Cortez era um homem de esquerda, que fora expulso da Marinha em meados da década de 1960. O passado sertanejo do editor ainda era completamente desconhecido para o professor, que, ao descobrir a origem rural do empresário, em 1986, passaria a nutrir admiração ainda maior por ele. "Desse momento em diante, entendi que Cortez era um ser humano raro. Eu me sinto extremamente honrado por ser seu amigo", enfatiza Netto.

Mas o professor ainda teria motivos de sobra para admirar o editor. Por estar retomando sua carreira após o exílio, Netto vivia um momento de extrema dificuldade financeira. Casado, o professor começava a lecionar na PUC-SP, ministrando pouquíssimas aulas, que não lhe rendiam mais do que alguns trocados ao final do mês. Seu maior rendimento eram os dois salários mínimos que recebia do Partido Comunista Brasileiro (PCB), do qual fazia parte.

Foi quando Cortez passou a convidá-lo para almoços e jantares com frequência espantosa, além de também oferecer serviços de tradução para a então companheira de Netto. "Cortez era de uma generosidade e solidariedade incríveis e, sempre que me dava um trabalho ou me convidava para uma refeição, o fazia de modo extremamente elegante, para que eu não percebesse que, no fundo, ele queria mesmo era me ajudar", relembra Netto, sem esconder a emoção.

Com o tempo, a amizade entre ambos se fortalecia. A partir de 1988, passaram a se reunir para a chamada "rodinha dos sábados", composta também pelo professor Evaldo Vieira, e por Roberto Moutinho, ex-distribuidor de livros baiano, amicíssimo de Cortez e já falecido. À época, Moutinho havia desativado sua empresa e prestava serviços à Livraria Cortez, além de estar morando por uns tempos na casa do editor. Cada participante ficava incumbido de comparecer ao encontro munido de uma garrafa de cachaça, embora os únicos fãs da "marvada" fossem Netto e Moutinho.

As conversas giravam em torno de assuntos diversos, como política, livros, escritores. Cortez ouvia tudo com a máxima atenção, sempre disposto a aprender com os amigos. Eleitor de Luiza Erundina, o editor participava do debate de forma mais acirrada quando a conversa rumava na direção da política.

Autor e editor também se encontravam em eventos, congressos e palestras dedicadas aos profissionais da área de Serviço Social, realizados em todo o Brasil. Era comum que, em meio à confusão e à trabalheira recorrente nesses eventos, os amigos conseguissem encontrar um tempinho para um bate-papo. Mas foi em 1991 que Netto, vitimado por um enfarte, teria uma das maiores provas da amizade do editor.

Tão logo o professor deixou o hospital, Cortez foi visitá-lo em casa. Ao chegar à residência, o editor chamou a companheira do amigo num canto e ofereceu ajuda para o que fosse preciso: médicos, remédios, atendimento hospitalar. "Lembro que isso aconteceu justamente numa época em que a Editora enfrentava uma de suas crises financeiras, o que só reforça o comportamento amigável, cúmplice e desprendido de Cortez", acrescenta Netto.

Já a relação entre o editor e Marilda Iamamoto, renomada autora da área de Serviço Social, tivera início anos antes, desde os tempos em que o sertanejo vendia livros nos corredores da PUC-SP. Anos depois, Iamamoto publicaria, pelas mãos de Cortez, a obra considerada uma das bíblias do Serviço Social brasileiro. É *Relações sociais e Serviço Social no Brasil*, lançada em 1982. Um sucesso monumental que, ainda hoje, é um dos títulos mais vendidos da Editora. As primeiras conversas sobre o livro surgiram no final dos anos 1970, quando os sócios Cortez & Moraes estavam estabelecidos na rua Curt Nimuendaju.

Marilda, então estudante do curso de mestrado em Sociologia Rural, na USP, câmpus de Piracicaba, era presença constante na PUC-SP devido aos amigos que mantinha na Universidade. Por esse período, foi convidada pela professora Leila Lima Santos, na época diretora do Centro Latino-Americano de Trabalho Social (CELATS), para fazer uma pesquisa resgatando a história do Serviço Social brasileiro.

Era um projeto grandioso, que exigiria um ano de pesquisa e, por conta disso, Marilda convidou o historiador e economista Raul de Carvalho para ser coautor do trabalho. Raul era filho de Apolônio de Carvalho, figura histórica da esquerda no Brasil e um dos fundadores do Partido dos Trabalhadores (PT). A importância de contar com um intelectual como Raul no projeto estava em sua capacidade de enxergar o Serviço Social sob um prisma diferenciado, complementar à visão de Marilda. Raul era, por esse motivo, o perfil ideal para escrever a segunda parte do livro.

A obra foi a primeira a mesclar a história do Serviço Social no País à trajetória da própria sociedade brasileira. Um verdadeiro marco na medida em que, até os anos 1980, as publicações da área, além de escassas, possuíam um viés ultrapassado do ponto de vista do conteúdo e já não atendiam mais às necessidades do setor, carente de informações e atualizações.

Para se ter uma ideia, os cursos de pós-graduação da área de Serviço Social tiveram início apenas em 1972. O doutorado surgiria só nos anos 1980, juntamente com o reconhecimento da área pelo Conselho Nacional de Desenvolvimento Científico e Tecnológico (CNPq). Em fase anterior, a produção de textos, artigos e estudos por parte dos assistentes sociais brasileiros era limitada, a ponto de se refletir na literatura utilizada nos cursos de graduação, composta, basicamente, por livros importados.

O avanço de Cortez como editor se deu, portanto, no mesmo período em que era registrado o crescimento da pós-graduação da área, o que acarretou o surgimento das dissertações de mestrado e teses de doutorado que, uma vez publicadas, passariam a abastecer o mercado editorial brasileiro. Já a disciplina de História do Serviço Social passou a ser obrigatória em 1982, quando foi aprovada pelo Ministério da Educação, após a constituição do primeiro currículo mínimo, proposto pela Associação Brasileira de Ensino em Serviço Social, em convenção realizada em Natal, em 1979.

Nesse contexto, o livro de Marilda e Raul trouxe pesquisas e abordagens inéditas e se tornou obrigatório para os estudantes e profissionais da área. A obra promoveu a ampliação do debate teórico da profissão, que ainda possuía um lastro conservador e filantrópico, como demonstram os livros anteriores às mudanças registradas pela categoria. "Eram publicações que davam ênfase a análises descritivas da profissão, sempre dentro da concepção positivista-funcionalista do Serviço Social", aponta a professora Marilda.

Na contramão dessa vertente, a obra *Relações sociais e Serviço Social no Brasil* promoveu a primeira análise da profissão sob a ótica do Marxismo, um dos diferenciais que fazem com que o livro, ainda hoje, trafegue com desenvoltura em meio acadêmico, totalizando 27 edições e duas traduções para o espanhol.

Redigido num tempo desprovido da existência dos computadores pessoais, a obra é marcada, também, pelo romantismo que vinha no bojo dos prazos escassos e da precariedade dos recursos tecnológicos do início dos anos 1980. Parte do texto foi manuscrita e entregue para a Editora com diversas emendas coladas às páginas, numa situação, por assim dizer, proustiana (conta-se que o escritor francês Marcel Proust, autor de *Em busca do tempo perdido*, era o terror dos editores franceses, justamente porque entregava os originais em situação caótica, manuscritos com uma letra minúscula. Cada uma das páginas se desdobrava em outras tantas, tamanha a quantidade de emendas inseridas nas laterais).

A capa do livro, por sua vez, reproduzia a fotografia da primeira turma de Serviço Social no Brasil, formada pela PUC-SP, precursora em oferecer o curso no País. Na foto é possível identificar, dentre outras alunas, Lucy Montoro, esposa do ex-governador de São Paulo, André Franco Montoro (1983-1987), a professora Nadir Kfouri, que viria a ser a primeira reitora da PUC-SP (1976-1984), e a também professora Helena Iraci Junqueira, que cedeu a foto à Marilda. Os autores tiveram acesso irrestrito aos arquivos da PUC-SP e da PUC-RJ, consultando trabalhos de alunos, teses e outros documentos originais.

O livro foi lançado em 1982, quando já não havia mais Cortez & Moraes e, sim, a novíssima Cortez Editora, que fez uma coedição com o CELATS. Dito dessa forma, tudo parece tranquilo, mas a verdade é que o livro de Marilda e Raul já fazia parte do período de bonança que se seguira à tempestade enfrentada, dois anos antes, por Cortez.

Fim de um ciclo

E a tempestade surgira — quem diria — pela afinidade existente entre Cortez e os educadores da PUC-SP. Se por um lado essa proximidade favorecia os negócios, por outro também trouxe complicações, a ponto de causar a ruptura da sociedade entre Cortez, Moraes e Virgílio. Os amigos divergiam, principalmente, em relação a uma possível ampliação do número de sócios. Com a empresa em franca expansão, Moraes era terminantemente contra o ingresso de novos sócios na empreitada, possibilidade cogitada por Cortez, que vinha recebendo propostas de alguns educadores da PUC-SP.

Com o passar do tempo, o desgaste se tornou irreversível e o rompimento, inevitável. A decepção de Cortez foi tamanha que, mesmo após 11 anos de parceria, optou por deixar a sociedade imediatamente, sem esperar sequer a dissolução jurídica da empresa. Houve apenas um acordo extrajudicial para distribuição dos bens. O preço da decisão intempestiva foi altíssimo.

Coube a Cortez apenas cinco títulos de livros da área de Serviço Social, bem como o primeiro número da *Revista Serviço Social & Sociedade*, publicações que Moraes e Virgílio, por verem a sociedade já em seus momentos finais, se recusaram a editar. Cortez, entretanto, tinha se comprometido a lançar os livros, que abasteceriam o histórico Congresso da Virada. Só lhe restou bancar as publicações sozinho. Para isso, conseguiu 25 mil cruzeiros emprestados pelo fiel funcionário Leobaldo, que guardava o dinheiro na caderneta de poupança para usá-lo em seu casamento: "A bancária que me atendeu achou que eu era louco por querer retirar aquela quantia. Eram tempos de inflação galopante e os juros da minha conta renderiam um bom dinheiro no dia seguinte. Mas fazer o quê? Cortez tinha pressa e não podia esperar nem mais um minuto", conta Leobaldo.

O editor também solicitou a Moraes e Virgílio que, mesmo já estando com um pé fora da sociedade, pudesse utilizar o selo da Cortez & Moraes. Afinal, os livros não poderiam sair sem a chancela de uma editora. E assim foi. O fim da sociedade acarretou não só a pior crise financeira vivida por Cortez desde o início do trabalho como livreiro, como também o término da amizade com Moraes, que já durava 15 anos. Desde então, ambos nunca mais trocaram palavra. Trinta anos depois, entretanto, a dupla alega não existir rancor de nenhuma espécie. Ao contrário: quando questionado sobre o ex-sócio, Moraes faz questão de ressaltar o respeito e a admiração que ainda nutre pelo editor.

Na outra ponta, Cortez assume que, se foi o mais prejudicado financeiramente, deve isso à sua livre e espontânea teimosia, uma vez que fazia questão de desvencilhar-se o quanto antes daquela situação, nem que para isso tivesse de recomeçar praticamente do zero, como de fato aconteceu. Foram tempos dificílimos. Mesmo assim, quando instigado a reavaliar suas atitudes, o editor afirma não se arrepender de nada. Quanto à parceria entre Cortez e os professores da PUC-SP e outras universidades, essa se concretizou tempos depois por meio de um Conselho Editorial da Cortez Editora formado, principalmente, por educadores da PUC-SP. Após alguns anos, esse conselho se desmembrou e formou a editora Autores Associados, hoje com sede em Campinas.

E se para o sertanejo o rompimento da sociedade rendeu dores de cabeça financeiras, no caso de Moraes a enxaqueca teve dimensões de caráter jurídico. Isso porque após a separação dos sócios seguiu-se uma briga judicial de cinco anos entre Moraes e o professor Antônio Joaquim Severino, autor do *best-seller Metodologia do trabalho científico*, que em 2010 estava na 23ª edição e com diversas reimpressões.

Na época da dissolução da Editora, Severino enviou carta aos sócios lamentando o ocorrido e explicando que gostaria de ficar ao lado de Cortez na nova editora que, possivelmente, seria fundada por ele. Ocorre que, algum tempo depois, enquanto revisava a sexta edição do livro, a ser lançado pela recém-criada Cortez Editora, o professor foi surpreendido com a informação de que o mercado livreiro já recebera uma suposta nova edição da obra, publicada pela Editora Moraes — como passou a ser chamada a empresa do ex-sócio de Cortez.

As versões sobre o fato apresentam interpretações diferentes. Na memória do professor Severino, ao questionar Moraes sobre o acontecido, ouviu do editor o argumento de que o livro em questão era o melhor produto da Editora e, por isso mesmo, não iria abrir mão dele. Além disso, Moraes se considerava a firma remanescente, com direitos sobre o catálogo. Teve início o impasse: "Se um tribunal me disser que você tem razão, retiro esse livro do mercado e deixo de publicá-lo", afirmou Severino.

Já Moraes, quando questionado sobre o episódio, justifica, sintético: "Foi um desencontro. Quando recebi a carta de Severino comunicando que preferia publicar o livro com Cortez, já tinha mandado a edição para a gráfica". Ao fim dos cinco anos de batalha, a Justiça deu ganho de causa ao autor. Moraes, por sua vez, prosseguiu no ramo editorial e livreiro juntamente com o amigo Virgílio. Anos mais tarde, abandonou o setor para se dedicar totalmente à carreira acadêmica. Coube a Virgílio dar continuidade ao negócio, mudando o nome da então Editora Moraes para Editora Centauro, onde permaneceu até seu falecimento.

Capítulo III

Nas asas da fênix

Abriu em mim um susto; porque: passarinho que se debruça
— o voo já está pronto!

(João Guimarães Rosa, in: *Grande sertão: veredas*)

O nome e o prestígio como garantias

Apesar de ter saído do negócio praticamente sem livros, dinheiro, estoque, imóvel ou outros bens materiais, Cortez conseguiu manter dois trunfos imprescindíveis para o sucesso de qualquer empreendimento: o nome e o prestígio na praça. E foi por conservar o respeito e a admiração de editores e livreiros importantes de São Paulo e do Brasil que o sertanejo conseguiu angariar forças para iniciar mais um capítulo de sua história. Assim, nascia, em 18 de janeiro de 1980, a Cortez Editora e Livraria, instalada na garagem da casa de seu proprietário. E até que Cortez se livrasse de todas as burocracias envolvendo a dissolução da antiga empresa, o jeito foi abrir o novo negócio em nome de Potira e do irmão, Dedé.

Em espaço improvisado, a família se virava para comercializar centenas de livros consignados, cedidos por editores que prosseguiam acreditando no trabalho e na honestidade de Cortez. Bastou que o editor os procurasse para que, em uma semana, a garagem-livraria já estivesse repleta de títulos em sistema de consignação. Ou seja: Cortez só pagaria pelos livros se os vendesse, caso contrário, poderia devolvê-los sem custos para as respectivas editoras. Trata-se de uma prática comum nos dias de hoje, mas raríssima naquela época.

Os representantes do mercado editorial e livreiro confiavam em Cortez e queriam vê-lo bem. Era o caso dos profissionais de casas editoriais conceituadas como a Global, a Vozes, a Atlas, a Zahar, a Brasiliense e a Martins Fontes, que o ajudaram muito nesse recomeço, bem como as distribuidoras Brasilivros, Catavento e Disal. Da mesma forma, os clientes — a maioria professores, alunos da PUC-SP e moradores das imediações — prosseguiam fiéis ao livreiro.

Mesmo com esses incentivos, a situação ficou tão crítica que Adailson — que aproveitou o período de seis meses em São Paulo para trabalhar para Cortez — chegou a ficar todo esse tempo sem receber salário. O pagamento só veio, na íntegra, em dezembro, último mês de sua estadia na cidade. O esforço do editor para se reerguer foi monumental e contou com o auxílio de toda a família. Mais do que nunca, o esquema era de mutirão. A esposa, os irmãos, primos e sobrinhos se encarregavam das vendas, do atendimento, do estoque.

Com o passar do tempo, tudo foi se ajeitando na vida profissional de Cortez. Já a retomada da amizade com Moraes nunca chegou a ser cogitada. Quando questionado sobre o fato de o ex-sócio ter afirmado que, nos últimos 30 anos, ambos já terem se cruzado tanto na PUC-SP, quanto em restaurantes tradicionais do bairro, Cortez se diz surpreso: "Puxa! Moraes afirmou que já nos esbarramos nesses locais?! Pois eu sou mesmo muito distraído. Juro que nunca mais o vi".

Após o fim da sociedade, a situação complicou-se não apenas para Cortez, mas também para Dedé. Se, por um lado, o rapaz ainda morava com a família do irmão, por outro, permanecia trabalhando na livraria da Universidade Metodista, subordinado à dupla Moraes e Virgílio. E, apesar dos pedidos insistentes do funcionário, os ex-sócios de Cortez não admitiam a hipótese de dispensá-lo. Moraes dizia que tinha desfeito a sociedade com Cortez, mas que isso não interferia em sua relação profissional com Dedé, considerado por ele e Virgílio como um ótimo colaborador. Para Dedé aquilo foi um sofrimento e, com um peso gigantesco nas costas, seguia para o trabalho rezando para ser dispensado.

E foi então que Cortez requisitou a presença do irmão de forma mais incisiva. Era preciso mão de obra qualificada para alavancar os trabalhos da livraria, uma vez que Cortez precisava se dedicar mais à Editora. Até porque os autores que pertenciam ao catálogo da Cortez & Moraes permaneceram todos ao lado do editor após a separação dos sócios. Dedé pediu as contas e, novamente, Moraes e Virgílio se recusaram a liberá-lo. O jeito foi o funcionário entrar na Justiça para conseguir sair do emprego.

E foi justamente com o dinheiro resultante da demissão que Dedé conseguiu entrar como sócio na Cortez Editora. Só então, o rapaz estaria começando a jornada que o levaria a assumir, graças a uma das ideias de Cortez, a alcunha pomposa de "Seu Gomes", como viria a se tornar conhecido no mercado livreiro. O nome rendia homenagem ao primo José Bezerra Gomes, intelectual e escritor currais-novense falecido em 1982.

A mudança de apelido também tinha outros motivos que iam além da homenagem familiar. Na opinião de Cortez, "Dedé" não era uma alcunha propícia para um vendedor de categoria. "José", primeiro nome do irmão, também não poderia ser usado porque era comum demais. Tanto que também era o primeiro nome de Cortez. Já "Nizário", segundo nome do rapaz, era de difícil pronúncia. Prova disso era que, volta e meia, os clientes o chamavam de "Mizário", "Nazário" ou "Belizário". Logo, o jeito foi apelar para "Gomes", antecedido por um "Seu", de modo a deixar o novo apelido com ares ainda mais respeitosos.

Mas a troca de nomes era fichinha perto do problema que Seu Gomes teria pela frente. Mal assumiu o posto na nova livraria, o vendedor deparou com uma situação delicadíssima, para dizer o mínimo. Cortez simplesmente não permitia que fossem vendidos livros da Editora Moraes, o que criava uma saia justa para seu principal vendedor.

Os educadores chegavam à loja solicitando obras referenciais como *Escola, Estado & Sociedade*, de Barbara Freitag, *As belas mentiras — A ideologia subjacente aos textos didáticos*, de Maria de Lourdes Chagas Deiró, *Eu e tu*, de Martin Buber e *Metodologia do trabalho científico*, do professor Antônio Joaquim Severino. Seu Gomes, por sua vez, respondia que não tinha os livros e que não havia jeito de consegui-los. Os clientes ficavam perplexos: "Como assim não pode conseguir?", diziam. A coisa ficou insustentável. O irmão se queixava com Cortez, que prosseguia irredutível em sua decisão.

O fato é que os livros da antiga Cortez & Moraes eram indicados pela PUC-SP e por isso a procura dessas obras na livraria, vizinha da Universidade, era tão intensa. Fosse como fosse, Seu Gomes não podia comercializá-los. Três meses se passaram até que Cortez cedesse, mas com a condição de que os livros fossem comprados via distribuidor, no caso, a *Brasilivros*. Tudo para que não se fizessem negócios diretamente com os ex-sócios.

O trabalho na garagem, entretanto, limitava o crescimento da livraria. O faturamento não decolava. Tudo era muito acanhado. Para amenizar o drama, o local vivia passando por pequenas reformas, de modo que o editor conseguisse ampliar seu espaço. Em uma dessas ocasiões, aconteceu um daqueles episódios que dão a dimensão da teimosia sobre-humana de Cortez. Era uma terça-feira, dia de feira livre na rua Ministro Godói. E em meio à gritaria dos feirantes, Seu Antônio, pedreiro contratado por Cortez, rebocava uma parede.

Movido por sua inquietação contumaz, o editor pediu para que o pedreiro o deixasse ajudar. Seu Antônio, ciente de que cada macaco deve permanecer no seu galho, respondeu que não precisava. Afinal, como pedreiro, Cortez deveria ser um excelente editor e coisa e tal. Mas Seu Antônio ainda não sabia que, quando Zé de Mizael põe uma ideia na cabeça, não há filho de Deus que o impeça de realizá-la. Após muita insistência, o pedreiro, vencido pelo cansaço, permitiu que Cortez, literalmente, pusesse a mão na massa. Com pose de grande construtor, o editor pegou a típica colher de pedreiro, encheu-a de cimento, tomou certa distância e lançou a massa na parede como se estivesse arremessando bola em campeonato de beisebol.

O desastre estilo pastelão foi imediato. Logo na primeira tentativa, o editor impingiu tamanha força no arremesso que a massa voou por cima do muro, passou por uma das barracas da feira e atingiu, em cheio, o rosto de uma pacata senhora que comprava peixes. Foi um Deus nos acuda. Do outro lado do muro, ao ouvir o *zum-zum-zum* provocado pelo tumulto, Cortez saiu em desabalada carreira e, mais que depressa, tratou de socorrer a mulher, que a essa altura estava nervosíssima.

O editor pediu mil desculpas e levou-a para se lavar no andar de cima do seu sobrado. Até hoje ninguém sabe quais argumentos foram utilizados pelo editor para se desculpar com a digníssima senhora. O fato é que, quando o culpado e a vítima desceram as escadas do sobrado, todos presenciaram, boquiabertos, o que parecia impossível: a mulher não só havia se acalmado como estava completamente solidária com Cortez. Lá pelas tantas, chegou a dizer: "Imagine... O senhor não teve culpa. Eu é que peço desculpas porque estava tão distraída que não vi o cimento vindo em minha direção".

A grande família

Nesse período em que lutava para se reerguer como empresário, Cortez contaria com a ajuda de Leobaldo, que, poucos antes da dissolução da empresa, havia viajado ao sertão para se casar. O primo ponta firme viria para São Paulo em plena lua de mel, acompanhado da esposa Francisca Dantas Cortez, a Chiquinha. Mas antes de assumir seu posto na nova Cortez Editora, Leobaldo precisaria pedir demissão para os ex-chefes Moraes e Virgílio, de modo que pudesse ser contratado pela nova empresa de Cortez. E assim foi.

O casamento de Leobaldo e Chiquinha ocorrera em 19 de janeiro de 1980. Três dias depois, os pombinhos tomavam o ônibus na direção da terra da garoa, levando, a tiracolo, dois sobrinhos do editor, que também viriam para ajudar os tios Cortez e Potira na empreitada de fazer da Cortez Editora uma referência. Eram os jovens Francisco Ednilson Xavier Gomes, de 15 anos, filho de dona Santa, e José Laércio Gomes, 16, filho de Seu Antônio.

Os meninos estudavam de manhã e trabalhavam à tarde. Na sequência, vieram os primos João Maria Cortez Gomes e Joventino Alcendino Gomes Filho. O sonho de José Xavier Cortez em construir sua empresa com o auxílio da família acabou por torná-la mais próxima, em todos os aspectos. As dificuldades, novidades e desafios de sair do sertão em direção à terra prometida transformavam primos, irmãos e tios numa espécie de massa compacta, solidificada pelas mesmas emoções, dúvidas e temores dos que deixam sua terra natal em busca de novos horizontes.

Cortez, por sua vez, era visto como o líder sempre pronto a dar apoio, conselhos, abrigo. Antes de serem acolhidos, porém, era preciso que os familiares do editor enfrentassem uma odisseia às avessas. Uma viagem em que, diferentemente daquela realizada pelo grego Ulisses, que cruzou os mares, levaria os sertanejos a transpor os perigos, desconfortos e a poeira das estradas brasileiras a caminho do Sul maravilha.

Ao contrário do que acontece atualmente, quando viajar de avião se tornou uma realidade bem mais acessível à boa parte da população brasileira, nos anos 1970 e 1980, cruzar os ares ainda era um luxo concedido apenas à elite. Assim, para a maioria dos migrantes nordestinos, o jeito era enfrentar dois ou três dias nas poltronas dos ônibus das viações São Geraldo e Itapemirim, responsáveis pela maioria das linhas que partiam das capitais nordestinas para o Sudeste e vice-versa.

Nessas travessias, a realidade era dura: calor excessivo nos estados do Nordeste, frio nas madrugadas de Minas Gerais, noites mal dormidas, falta de higiene — uma vez que havia apenas um único banheiro para ser compartilhado entre os passageiros. E para coroar, o choro quase incessante de crianças irritadas pelo tédio e pelo cansaço produzidos pela viagem. Não raro, as refeições de beira de estrada também deixavam a desejar, causando mal-estar generalizado em alguns passageiros.

Essa era apenas a primeira prova de fogo por que passavam os familiares que seguiam na direção de José Xavier Cortez. Alguns foram além e realizaram o percurso mais de uma vez, como aconteceu com Leobaldo. E o fato de o rapaz ser incumbido de trazer Ednilson e Laércio em sua segunda viagem para a capital paulista tornou seu regresso muito mais tenso, porque repleto de novas atenções e cuidados.

Paternal, Leobaldo temia pela saúde dos meninos, fosse durante o dia, nos precários restaurantes encontrados pelo caminho, fosse na hora de dormir. Numa dessas ocasiões, por volta da meia-noite, quando o ônibus deixava o Estado da Bahia e se aproximava das frias montanhas mineiras, Leobaldo achou por bem ir até às poltronas dos garotos checar se estavam devidamente aquecidos. Foi então que, ao arrumar o cobertor sobre eles, Ednilson, em meio ao estado confuso de semiconsciência que antecede o sono profundo, estendeu a mão para Leobaldo, dizendo: "A bênção, papai". Ao que Leobaldo, comovido, respondeu: "Deus te abençoe, meu filho".

Ao chegarem, Leobaldo e comitiva se juntaram a João Maria e a Seu Gomes. As três filhas do editor já eram nascidas e a casa mais parecia uma pensão. O espaço da residência era escasso, mas o da livraria era ainda mais. Além disso, faltavam materiais básicos para o dia a dia de trabalho, tais como caixas, barbantes, colas e fitas adesivas.

Não havia dinheiro para nada e pilhas de livros permaneciam sobre a mesa do editor. Assim, para ajudar a empresa, Leobaldo, já instalado com Chiquinha numa casa alugada na rua Padre Chico, recolhia as caixas de papelão que encontrava pelo caminho para levar à Livraria. Houve um dia em que conseguiu juntar onze delas. Ao chegar ao trabalho carregando montes de caixa nas mãos e nas costas, o homem mais parecia um catador de papelão. "Nunca me importei com isso. Acho que todo trabalho é digno", destaca Leobaldo.

O primo também costumava juntar barbantes e outros materiais que a Editora recebia por meio de entregas trazidas pelos Correios ou por outras editoras. Certa vez, o fiel escudeiro Leobaldo juntou pilhas de barbantes e papéis e embalou cerca de 20 pacotes de livros que deveriam ser enviados aos clientes pelo reembolso postal. Depois da imensa trabalheira, o funcionário precisou se ausentar do recinto e, ao voltar, foi surpreendido de modo terrível.

A pequena Marcia, filha de Cortez, achou por bem pegar a tesoura e fazer picadinho das embalagens dos pacotes, a ponto de torná-las imprestáveis. Leobaldo ficou uma fera, mas, pouco depois, a história virou piada. "Hoje costumamos dizer que foi a primeira vez que Marcia, futura veterinária, fez uma espécie de operação, brincando com a tesoura como se fosse um bisturi", acrescenta Leobaldo.

Não havia mesmo como ficar nervoso com nenhuma das crianças por muito tempo. Até porque cada vez mais elas acabavam por fortalecer a união da família. Exemplo disso foi o nascimento de Fabiana, primeira filha de Leobaldo, na antiga maternidade Condessa Filomena Mattarazzo, na Alameda Rio Claro, na Bela Vista. A ideia era que apenas Leobaldo acompanhasse a esposa, Chiquinha, ao hospital.

Ambos seriam conduzidos ao local por Seu Gomes. Porém, na hora agá, o sentimento familiar falou mais alto. A ponto de a kombi da Cortez Editora ficar completamente lotada com a verdadeira comitiva que seguiu em direção à maternidade. Além de Leobaldo, Chiquinha e Seu Gomes, o veículo ainda levou: Potira, Mara, Marcia, Miriam, Erivan e até o primo Luiz Cortes.

Cortar o cordão umbilical que unia a grande família era realmente difícil. Exemplo disso também ocorria à hora das refeições na casa do editor. Além do

A garagem do sobrado da família foi a primeira sede da Cortez Editora e Livraria. Sem espaço ou materiais adequados para trabalhar, entravam em cena o improviso e criatividade.

Acervo Cortez Editora

Acervo Cortez Editora

Para realizar o sonho de abrir e manter a Cortez Editora e Livraria o sertanejo possuía apenas dois trunfos: o nome e o prestígio na praça.

LIVRO DE REGISTRO DOS EMPREGADOS

VISTO DA FISCALIZAÇÃO

Cor: *branca*
Cabelo: *castanho*
Barba: *raspada*
Bigode: *aparado*
Olhos: *azul*
Altura: *1,69*
Peso: *70*

O Snr. *Leobaldo Dantas Cortez*, portador da
Carteira de Trabalho e Previdência Social n.º *21.281* série *209* Carteira de Trabalhador
e Previdência Social (Rural) n.º _____ série _____ emitida por _____
C.P.F. n.º *182805524-72* Título de Eleitor n.º *548504* da *2ª* Zona, Carteira de Identidade
R.G. n.º *13.130.317* foi admitido em *1º* de *Abril* de 19*80* para exercer a função
de *Encarregado de Estoque* com o salário de Cr$ *6.500,00 (Seis mil e*
quinhentos cruzeiros mensais)
por _____, no seguinte horário de trabalho: das *8,00* às *18,00* horas com *2* horas de intervalo
para repouso e alimentação.
Filiado ao Sindicato _____

FUNDO DE GARANTIA DO TEMPO DE SERVIÇO:

Data da opção *1 de abril de 1980* Data da retratação _____
Conta vinculada ao Banco *Brasileiro de Descontos S.A.*

Nacionalidade: *Brasileira*
Filho de: *Alírio Dantas Cortez*
e de: *Maria Colita Cortez*
Nascido em: *Currais Novos*
a *16* de *abril* de *1949*
Estado civil: *Casado*
Grau de instrução: *Primário*
Residência: *Ministro Godoy, 1113 - Perdizes*
Qdo. Mot.: Cart. N. Hab. n.º _____
Situação Militar: *Dispens. de Incorp.*
Nome do conjuge: *Francisca Dantas*
Cortez
Beneficiários: *Esposa*

Quando ESTRANGEIRO

N.º da Cart. mod. 19 _____
N.º do Reg. Geral _____
Casado com brasileira? _____
Tem filhos brasileiros? _____
Quantos? _____
Data da chegada ao Brasil: _____
Naturalizado _____
Decreto N.º _____

PROGRAMA DE INTEGRAÇÃO SOCIAL

P I S

Cadastrado em *20.03.1975*

SOB Nº
10659838270

DOMICILIO BANCARIO
NOME DO BANCO
Mitsubishi Brasileiro

AGENCIA/CODIGO BANCO
466

ENDEREÇO DA AGENCIA
Líbero Badaró - 633

Data e assinatura do empregado na ocasião da admissão:
São Paulo *1* de *abril* de 19 *80*.
Leobaldo Dantas Cortez

Ficha dactiloscópica
Polegar direito

Observações: *Certificado de Incorp. nº 433779*

Leobaldo Dantas Cortez tem orgulho de ter sido o primeiro
funcionário registrado da Cortez Editora e Livraria.

núcleo familiar composto por Cortez, Potira, as três filhas, Erivan e Seu Gomes, os almoços e jantares ainda contavam com a presença dos sobrinhos Laércio e Ednilson, e dos primos Joventino, João Maria, Valdenor e Leobaldo. Nos finais de semana, entretanto, o cenário era transferido para a casa de Leobaldo, onde aconteciam as refeições. Isso porque a fama de Chiquinha como boa cozinheira era superior à quilometragem Currais Novos-São Paulo. Assim, os quitutes preparados pela alquimista dos temperos passaram a ser mais uma excelente desculpa para reunir os amigos.

A casa dos espíritos

A fidelização dos clientes seria uma constante na história de Cortez. Assim, foi com naturalidade que os professores e alunos que o conheciam desde a época em que vendia livros nos corredores da PUC-SP prosseguiram frequentando sua garagem e comprando livros das mãos do editor e livreiro potiguar.

Compadecidos com os esforços de Cortez para tocar os negócios, os educadores usaram de sua influência para que os religiosos da Universidade alugassem o imóvel da rua Bartira, número 387, para a instalação da nova Cortez Editora e Livraria, o que aconteceu no final daquele ano de 1980. Era a chamada "Casa dos padres", assim conhecida por ter abrigado, durante anos, muitos dos sacerdotes que administravam a Pontifícia Universidade Católica de São Paulo.

Tratava-se de um espaço estratégico, uma vez que o imóvel também era localizado ao lado da PUC-SP e dava praticamente para os fundos da residência de Cortez, na rua Ministro Godói. O novo espaço, composto por três imóveis em um mesmo terreno, era gigantesco se comparado à garagem do editor. As duas casas da frente possuíam dois pavimentos e ainda havia a edícula dos fundos, tudo muito amplo e perfeito para as necessidades da Editora e Livraria.

Cortez reformou o espaço e, no andar superior do primeiro imóvel, instalou seu escritório e o de Potira; já a livraria ocupava o piso inferior. Os cômodos do segundo imóvel abrigaram o depósito onde trabalhava Leobaldo. A edícula foi usada para acomodar os sobrinhos e demais parentes que trabalhavam com o editor.

Os religiosos da PUC-SP, por sua vez, também ficaram felizes com o negócio, a ponto de ajudar a divulgar a inauguração da nova sede da Editora e Livraria, realizada em grande estilo. Cortez agora tinha um ótimo espaço, um luminoso bonito à frente da loja e a possibilidade de ampliar o estoque. Não demorou para que a Livraria se tornasse um sucesso. Como resultado, os sacerdotes também alugaram a casa ao lado para Cortez, que, agora sim, começava a ter a visibilidade comercial compatível com o peso de seus autores e clientes, que ajudaram a construir a marca que se tornaria referência em todo o País.

Com crédito na praça, ótima localização, inauguração badalada, intensificação das edições e participação constante em eventos e congressos, a empresa seguia se consolidando. Potira se encarregava das finanças, Seu Gomes, do gerenciamento da livraria, Maria do Socorro, sua futura esposa, cuidava do caixa, e Leobaldo, do estoque. Já os sobrinhos Ednilson, Laércio, Mizael Xavier Neto e Erivan eram pau pra toda obra, atuando nas funções de estoque, vendas e compras. A equipe ainda seria reforçada por Paulo Sérgio Cortez, o Paulinho, e José Nazareno Cortez Silva, mais dois parentes recém-chegados.

Leobaldo trabalhou na sede da rua Bartira durante dois anos. Um período intenso, marcado pela chegada maciça de familiares do editor e pelo aumento substancial de clientes na livraria. Em sua maioria, educadores que fortaleciam vínculos de respeito e amizade com o editor. Cortez, por sua vez, lutava para compensar a ausência de uma formação mais tradicional no ramo dos livros com sua dedicação ímpar ao trabalho.

Mas nem só de suor era feito o cotidiano da Editora e Livraria. Não raro, quando diminuía o movimento da loja, já no período noturno, Cortez se juntava aos funcionários e começava a contar histórias sobre as coisas do sertão, do Sítio, do Nordeste. Muitos clientes e educadores se encantavam com esses eventos porque, por meio deles, tinham a oportunidade de aprender um pouco mais sobre a cultura popular nordestina.

No dia a dia da Empresa, o editor pedia que os funcionários o chamassem de "Seu Cortez", mas apenas na presença de clientes. Durante o expediente, o entusiasmo do sertanejo pela livraria era tamanho que, por vezes, criava situações embaraçosas. A vontade de atuar em todos os setores da loja, por exemplo, fazia com que o editor se metesse a realizar trabalhos que eram de responsabilidade dos funcionários. Uma mania que tirava Leobaldo do sério porque, na tentativa de ajudar, o editor armava a maior bagunça nas prateleiras dos livros, que deviam estar todos em ordem alfabética.

Em uma dessas ocasiões, Leobaldo perdeu a cabeça, subiu nas tamancas e recriminou Cortez, que entendeu o recado e desistiu da arrumação às avessas. Mas se tudo era por amor aos livros, os defeitos de Leobaldo também eram, frequentemente, relevados pelo editor. Afinal, a dedicação e a lealdade do funcionário, que perdeu as contas dos finais de semana em que trabalhou apenas para que o serviço não acumulasse, eram um verdadeiro patrimônio da Empresa.

E o maior "defeito" de Leobaldo, se assim se pode chamar, era ser extremamente detalhista. Cortez, constantemente ocupado e com mil coisas na cabeça, por vezes não tinha paciência para ouvir os relatos minuciosos do primo. "Um dia eu estava explicando algo a Cortez e, quando vi, ele me deu as costas e me deixou falando sozinho. Não admiti aquilo e pedi que voltasse para me ouvir. Ele voltou e até hoje não sei como não fui demitido naquela ocasião", conta o primo.

A verdade é que, apesar dos defeitos de um e de outro, a relação de confiança e cumplicidade que mantinham era absoluta. Certo dia, o editor confidenciou ao primo que não dormira à noite toda devido a uma série de problemas pelos quais a Empresa passava. Leobaldo havia sido o escolhido para ouvir o desabafo de Cortez. Um evento raríssimo, uma vez que o editor é conhecido por dificilmente compartilhar problemas, reclamações ou queixas com quem quer que seja.

Leobaldo acredita que ainda estaria trabalhando para Cortez não fosse o trauma adquirido após um assalto, o primeiro da história da Editora. Era 16 de maio de 1981, um sábado à tarde, quando, por volta de 13 horas, três assaltantes invadiram a loja e renderam os clientes no escritório do editor. Os assaltantes obrigaram Potira a entregar todo o dinheiro que havia no caixa, acumulado desde sexta-feira, às 16 horas, horário de fechamento dos bancos.

O roubo se concentrou no primeiro andar, onde estavam Cortez, Potira, Leobaldo e Valdir Lobato, contador da empresa e amigo do editor desde a época em que ambos trabalhavam na Casa Dico. Um dos assaltantes chegou a pedir aos clientes que entregassem suas joias, mas seu comparsa o demoveu da ideia, afirmando que o dinheiro arrecadado no caixa da livraria já seria suficiente.

Uma hora depois, os bandidos deixavam o local levando cerca de 40 mil cruzeiros. A despeito de não terem usado de violência, a tensão vivida naquela situação calou fundo em Leobaldo, que se viu profundamente traumatizado pelo episódio. A experiência negativa desgostou o fiel funcionário a ponto de fazer com que optasse por abandonar São Paulo de vez. De volta a Natal, Leobaldo passou a trabalhar na rede Potylivros, na tradicional unidade da rua Felipe Camarão, número 609, no centro da capital potiguar, onde está até hoje, aos 61 anos de idade.

Mesmo sem diploma de curso universitário, a força de vontade e a dedicação ao mundo livreiro permitiu a Leobaldo oferecer educação de nível superior aos quatro filhos: Fabiana, Flávio, Raiana e Rivelino. O exemplo de Cortez, de receber, ajudar e abrigar parentes em casa também foi seguido à risca por Leobaldo, que, nos últimos anos, ofereceu acolhida para diversos familiares que precisavam se estabelecer na chamada Cidade do Sol.

Já a casa de Cortez, com o tempo, foi se tornando cada vez menor frente ao grande número de pessoas que não cessavam de chegar para trabalhar com o editor. Tão logo se mudou para a sede da rua Bartira, Cortez perguntou ao sobrinho Ednilson se o jovem não conheceria rapazes que, uma vez no sertão, se interessariam em vir trabalhar na capital paulista. A resposta foi afirmativa. E assim, chegaram cerca de 10 jovens, dentre eles Garcia, que, até hoje, permanece na empresa. A princípio, a turma se instalaria num dos cômodos ainda vagos da nova sede. Meses depois, seriam transferidos para a edícula nos fundos do terreno.

Por ser antiga residência de sacerdotes, o famoso casarão que serviu de sede à editora era envolto em uma atmosfera de mistério, a ponto de ser visto por alguns dos meninos como assombrado. Segundo conta Ednilson, um dos padres que habitava o lugar havia falecido no banheiro da residência. Por isso mesmo, durante os primeiros meses em que ocuparam um dos cômodos do casarão, o medo de usar o toalete nas madrugadas era grande. "A gente temia encontrar o espírito do padre", revela Ednilson.

Quando finalmente se mudaram para a edícula, cessou o medo dos fantasmas e teve início o clima de pensão que caracterizaria o espaço. A pequena casa abrigaria até 15 rapazes, que se apertavam nos dois quartos repletos de beliches. Acostumados às dificuldades da vida no sertão, os garotos não reclamavam da falta de estrutura desses primeiros tempos. Aos poucos, iam recebendo os salários e mobiliando a casa com fogão, geladeira, camas.

E como costuma acontecer quando há muita gente e pouco espaço, as confusões se tornaram frequentes. Os jovens se desentendiam pelos motivos mais variados: guloseimas que, misteriosamente, desapareciam da geladeira; descuido na arrumação; preferência por esse ou aquele programa televisivo e por aí vai. Cortez não aceitava as brigas e se metia com frequência: "Ele vinha fazer a vistoria pra saber se estava tudo correndo bem. Mas ele era muito rígido, não era fácil. No fundo, acho que ainda gostaria que estivéssemos todos sob sua batuta", entrega Ednilson.

Rígido ou não, no dia em que o pau comeu solto na edícula, Zé de Mizael foi o único a conseguir botar ordem no "barraco". De acordo com Potira, o arranca-rabo se deu entre Adailson e um de seus primos, João Maria. Tudo começou porque Adailson queria dormir, enquanto João Maria e outros preferiam assistir tevê. O bate-boca foi esquentando e só terminou com a presença de Cortez.

O editor, que estava sossegado em sua casa, recebeu um telefonema de um dos rapazes: "Seu Cortez, corre aqui que Adailson e João Maria estão se pegando na maior briga". Ao chegar ao local, o sertanejo decidiu atacar aquele que havia sido o verdadeiro foco do problema: o aparelho de televisão, cujos fios foram arrancados pelo editor. Ao verem aquilo, os rapazes se aquietaram de imediato. No dia seguinte, como era de se esperar, Cortez distribuiu sermões intermináveis.

O certo é que, aos trancos e barrancos, a situação financeira da empresa foi melhorando, até que o editor pôde comprar uma casa na rua Wanderley, número, 575, esquina com a rua Monte Alegre. A casa abrigou Seu Gomes, que, diferentemente dos outros rapazes, já estava casado e precisava ter seu próprio espaço. O sobrado era arejado, com dois pavimentos. Abaixo do andar térreo, havia ainda um porão, que passaria a ser a nova moradia dos jovens que trabalhavam com Cortez. Dessa forma, a edícula da rua Bartira poderia se transformar em refeitório para atender a equipe com mais conforto à hora das refeições.

Buraco da lacraia

A mudança para o novo endereço exigiu dos rapazes não só uma eficiente estratégia de organização, com regras rígidas de convivência, mas, acima de tudo, bom humor. Adeptos da máxima "rir é o melhor remédio", os sobrinhos, primos e irmãos de Cortez não se deixavam abater por pouca coisa. Por isso, quando chegaram ao porão que lhes serviria de abrigo na casa da rua Wanderley e constataram que o lugar era tão apertado que mais parecia um esconderijo de inseto, não pensaram duas vezes. Daquele momento em diante, o porão seria chamado de "Buraco da lacraia".

E se por um lado a escassez de espaço era motivo constante de piada entre os rapazes, por outro não seria empecilho para abrigar, além dos mais de dez moradores, a presença das namoradas e amigas que, vez ou outra, visitavam os habitantes locais. Mais do que qualquer outra coisa, a operacionalização dos encontros deveria obedecer às tais regras de convivência, sob pena de comprometer o bem-estar geral. Até porque do alto de seus elevadíssimos níveis hormonais, tudo que os rapazes não queriam era ter de abrir mão das visitas das meninas. O combinado era simples: se na hora "x" um dos moradores recebesse uma namorada, caberia aos demais procurar o rumo da estrada e sair do imóvel, de modo que o casal pudesse ficar algum tempo sozinho.

Cortez, como era de se esperar, não deveria desconfiar da armação juvenil de seus pupilos nem em sonho. Ao que parece, essa era a única regra devidamente respeitada por todos. Já Seu Gomes, volta e meia desconfiava da travessura dos rapazes e justamente por morar ali com a esposa Maria do Socorro e os filhos Bianca e Rafael, temia que as visitas das meninas comprometessem a respeitabilidade do local. "Eu orientava, pedia que não trouxessem as namoradas, lembrava-os o tempo todo de que aquele era um ambiente familiar, mas era difícil contê-los", relembra Seu Gomes.

A preocupação era mais do que compreensível, afinal, o assanhamento dos rapazes já havia provocado até mesmo acidentes de grandes proporções, como ocorrera na época em que os jovens moravam na edícula aos fundos da casa dos padres. Certa vez, na ânsia por observar duas moças que tomavam sol no quintal vizinho, um dos rapazes — que prefere não ter seu nome revelado — subiu no telhado da edícula para obter um melhor ângulo da cena.

O problema é que as telhas não suportaram seu peso e o jovem acabou por despencar das alturas, caindo sobre uma máquina de lavar roupas. O resultado do *voyeurismo* juvenil foi dramático: vários ossos quebrados e três meses com o corpo completamente engessado, tal qual uma múmia. Depois da traquinagem, o rapaz teve de passar todo o período de convalescença na casa de Cortez, mais precisamente sob os cuidados de dona Maria do Socorro Dantas, funcionária de confiança do editor, especializada nos cuidados da casa, que incluíam, muitas vezes, a tarefa de descascar inúmeros abacaxis, muitos deles de grande porte, como era o caso do jovem em questão.

E à parte das situações envolvendo garotas, as tentativas de manter a ordem no buraco da lacraia ainda renderiam confusões intermináveis. Para amenizar o problema, a saída foi estabelecer um esquema de eleições. O mais votado seria o líder temporário denominado como "prefeito" ou "gerente". Durante o mandato, que poderia durar de uma a duas semanas, a função do eleito era colocar ordem na casa por meio da organização de escalas de trabalho.

Assim, em determinada quinzena ou semana, um lavava a louça, o outro varria a casa, um terceiro fazia as compras e assim sucessivamente. Na teoria, era perfeito, mas na prática, como revela o ex-integrante do buraco da lacraia Francisco Chagas Garcia, alguns dos "prefeitos-gerentes" eram da pá virada e, quando assumiam a liderança, conseguiam a proeza de deixar o porão ainda mais bagunçado.

Apesar de tudo, os rapazes, muitas vezes sem se dar conta, vivenciavam uma oportunidade de ouro. Cortez propiciava a eles a chance de vir para São Paulo já com emprego garantido, podendo frequentar escolas, cursos e palestras. Recém-saídos do sertão, onde faltava perspectiva de crescimento profissional para a maioria dos jovens, o grupo tinha a chance de circular em ambiente acadêmico e de conviver diariamente com educadores, fosse na Universidade, fosse na Livraria. Em poucos meses, desenvolviam senso de responsabilidade, ampliavam seus conhecimentos e visão de mundo.

Ocorre que essas mesmas oportunidades traziam consigo inúmeras cobranças e exigências, que acabavam entrando em choque com a rebeldia característica dos jovens. Foi o caso de Íris e de Mizael, irmão de Ednilson. O jovem trabalhou na Cortez Editora de 1984 a 1991 e, assim como seus pares, morou na edícula da rua Bartira e, depois, no buraco da lacraia. Mizael afirma que Cortez vivia forçando a barra para que ele desse valor aos estudos. "Meu tio era muito severo e cobrava muito da gente. Acabei pegando birra e acho que, por isso, não estudei como deveria naquela época. Me arrependo amargamente", admite.

Hoje, formado em administração de empresas, Mizael gerencia uma das livrarias da rede Potylivros, em Natal. Da mesma forma que acontece com a maioria dos rapazes que trabalhou ao lado do editor, quando olha em retrospecto Mizael se dá conta de que usufruía de uma verdadeira escola de vida, a começar pela convivência com o núcleo familiar que os recebia. "Eu tinha 16 anos quando cheguei em São Paulo. Lembro que foi tia Potira quem me ensinou a falar corretamente porque nem isso eu conseguia. Saí de Currais Novos e fui parar na Livraria, na Editora, na PUC. Tudo era tão difícil que, anos mais tarde, achei o Exército um grande piquenique", revela.

Muitos dos integrantes que fizeram a história do buraco da lacraia permanecem no setor editorial e livreiro. Ednilson, Erivan e Garcia seguem na Cortez Editora. Outros, como é o caso de Mizael, atuam na rede Potylivros, em Natal. Laércio é representante da Cortez Editora, em Recife, e há os que seguem carreira em outras editoras e livrarias da capital paulista.

O dono da bola

Mas se o trabalho e as cobranças tomavam quase todo o tempo dos profissionais da Cortez Editora e Livraria, também havia, semanalmente, pelo menos uma ou duas horas de diversão garantida, quando o grupo se reunia para jogar futebol. Cortez era um dos mais animados, apesar de os irmãos e sobrinhos, sem exceção, o descreveram como um "perna de pau" de marca maior.

As partidas geralmente aconteciam nas quadras da PUC-SP ou da Universidade de São Paulo (USP). Os jogos tanto podiam ser agendados para os sábados e domingos quanto para os dias da semana, antes de o expediente ter início. Às seis da manhã, todos já estavam a postos. A garantia da ausência de cansaço no decorrer do dia era uma só: a juventude da maioria dos jogadores.

E apesar do julgamento dos parentes no que se refere à relação conflituosa entre Cortez e a bola, o sertanejo nunca se intimidou com a gorduchinha. Pelo contrário, o editor passou anos sendo o terror das equipes e se achando, para espanto geral, o rei da cocada preta na pequena área.

Pouco antes de as partidas começarem, Cortez seguia o mesmo ritual. Chamava Seu Gomes num canto e o orientava para que ficasse ao seu lado durante a competição. O objetivo era que o irmão lhe passasse o maior número de bolas possíveis. Seu Gomes obedecia e então tinha início um verdadeiro show de horror. Durante os 90 minutos do jogo, mesmo se a bola estivesse com o time adversário, Cortez ficava aos berros, repetindo a mesma ladainha de vogais espichadas: "Aquiiiiiiiiiiiiiiiiiiiiiiiiiii, Seu Gomes! Aquiiiiiiiiiiiiiiiiiiiiiiiiiiii, Seu Gomes!".

O caso era tão grave que, certa vez, o editor, mesmo sem condições de jogar, decidiu acompanhar os rapazes apenas para assistir à pelada. Seu Gomes, que pela primeira vez experimentava a sensação de estar em campo se achando livre do verdadeiro encosto que o perseguia durante os jogos, mal pôde acreditar no que viu e ouviu. Mesmo fora da partida, o editor, só para encher a paciência de Seu Gomes, permaneceu a plenos pulmões entoando, da arquibancada, seu inconfundível grito: "Aquiiiiiiiiiiiiiiiiiiiiiiiiiiiiiiiiii, Seu Gomes!!!! Aquiiiiiiiiiiiiiiiiiiiiiiiiiiiiii!".

Mas, se por um lado a presença do sertanejo em campo era um verdadeiro castigo, por outro, também era uma redenção. Durante os jogos, cabia a ele apartar brigas e pôr o ponto final em bate-bocas e provocações. Isso porque quando os ânimos se exaltavam — situação corriqueira no universo do futebol — o que se via era um tal de primo partindo pra cima de primo, irmão tirando satisfação com irmão, sobrinho perdendo a cabeça com tio e por aí afora.

O primo Luiz Gonzaga Cortes, que trabalhou para o editor durante décadas, conta que só o viu extremamente nervoso uma única vez, justamente no futebol, quando um dos jogadores deu uma entrada violentíssima em um colega do time adversário, numa partida realizada na USP.

Ao ver tamanha brutalidade permeando o que era para ser apenas uma brincadeira entre amigos e parentes, Cortez saiu do sério, encerrou o jogo, pôs todo mundo dentro da Kombi e veio calado até a Livraria, em Perdizes. Ressalte-se que o fato de permanecer sem dizer palavra é indicativo de situação gravíssima no manual de vida de Cortez, que costuma "falar pelos cotovelos", como bem lembra Luiz.

As sementes da mudança

Eterno vexame como jogador de futebol, no dia a dia da empresa a atuação de Cortez era bem diferente. Sua intuição, aliada ao trabalho incansável, muitas vezes fazia com que o sertanejo marcasse verdadeiros gols de placa nos negócios. Enquanto os membros da família trabalhavam na operacionalização dos projetos, Cortez se especializava na arte de conseguir novos e importantes autores para o catálogo da Editora, tornando-a cada vez mais conhecida e admirada no meio acadêmico.

Ao mesmo tempo, o editor percebia que era chegada a hora de investir na contratação de profissionais gabaritados para o departamento editorial, que deveria ser composto por equipes com formação acadêmica e vasta experiência nos trâmites da publicação de livros. Se no começo do negócio era o próprio Cortez e seus sócios quem assumiam o processo de ponta a ponta, da leitura de originais à venda, nos primeiros anos da década de 1980 a história começaria a mudar.

A consolidação do Departamento Editorial teve início em 1983, com a chegada do editor Danilo Morales, que já tinha passagens pelas editoras Moderna, Atual e Difel. Anos mais tarde, o departamento ainda contaria com a presença dos editores Ana Candida Costa e Antônio de Paula. Antonio de Paula, muito bem relacionado no mercado, abriria uma série de portas para a editora, que, nesse período, ampliou suas vendas de forma substancial.

Mas no começo da década de 1990, Ana Candida e Antonio de Paula deixaram a Editora. Assim, restaria a Danilo não apenas conservar o que já havia sido conquistado no departamento, mas contribuir com ideias que pudessem colaborar para o crescimento e o sucesso da empresa.

Ocorre que o trabalho de Morales, bem como o de tantos outros profissionais que ingressaram na Cortez após esse período, tão cedo não venceria o modo amador com o qual Cortez ainda conduzia boa parte das atividades da empresa. Mesmo com a renovação das equipes, por muitos anos os negócios continuariam funcionando sem o respaldo de planejamentos estratégicos, pesquisas de mercado, metas de produtividade, sistema de avaliação de funcionários, análise de risco ou qualquer outro instrumento comumente empregado em gestão empresarial.

O que Cortez sabia, intuía e fazia de melhor era conquistar a confiança e o respeito de grandes autores da área acadêmica; participar do maior número possível de feiras e congressos; doar livros a quem precisasse; ser fiador e anfitrião de todo e qualquer estudante ou professor que solicitasse sua ajuda; oferecer oportunidades de trabalho e estudo aos parentes e amigos.

Impregnado com a garra e a determinação dos apaixonados, Cortez, na maior parte das vezes, parecia não dar tanta importância às ferramentas disponíveis no mundo da administração empresarial. Por conta disso, o editor suava em bicas para realizar o que sempre foi seu grande sonho: levar o livro a um número cada vez maior de pessoas e, como editor, publicar temas que propiciassem reflexão, educação e, consequentemente, as mudanças que o País tanto precisava.

Na contramão dos números, balanços e planilhas, o editor esbanjava coração, emoção e intuição. Cabia aos funcionários, como era o caso de Morales e outros tantos que ainda viriam, ser o cérebro e a razão da Cortez Editora. Contudo, se os métodos de trabalho de Cortez eram rudimentares, os princípios e valores que os norteavam eram o que havia de mais sofisticado. Não à toa, mesmo não sendo um administrador nota 10, o sertanejo tinha em seu catálogo boa parte da nata da intelectualidade brasileira.

Nesse contexto, Morales conseguiu reformular, com sucesso, uma coleção que já era vista como vitrine na Editora, mas que precisava de doses de renovação. Era *Questões da nossa época*, que teve início na década de 1980 e seguiu até 2008, totalizando 130 títulos nas áreas de Educação, Ciências Sociais, Serviço Social e Cultura contemporânea. Como resultado da força advinda do catálogo, eram os reitores e demais representantes das universidades quem agora procuravam a Cortez Editora com o intuito de tê-la em um número cada vez maior de congressos, palestras e seminários — locais onde seriam vendidos os livros.

Em 1995, foi a vez do Conselho da Área de Serviço Social ganhar reforços com a entrada da professora Elisabete Borgianni. Na mesma época, já havia uma tentativa de criar um conselho editorial de Educação, que só tomaria corpo, na verdade, em 2000, com a entrada do professor Valdemar Sguissardi. No ano seguinte, esse conselho ganharia o reforço de Marcos Cezar de Freitas.

A preocupação com a qualidade dos conteúdos publicados muitas vezes não deixava espaço para investimentos de ordem estética. As capas dos livros, por exemplo, eram confeccionadas internamente, de maneira bastante artesanal. A mudança em relação à programação visual das publicações, tornando-a mais compatível com as expectativas do mercado, só seria implementada por volta do ano 2000, com a terceirização de novos artistas gráficos.

Personagens de Almodóvar

Enquanto os erros e acertos tomavam corpo, a rotina da Editora seguia como um filme de Pedro Almodóvar — com protagonistas e personagens reconhecidos pelo modo apaixonado e intenso de ser e de viver. A diferença é que, se na maioria das películas do diretor espanhol impera o drama, no casarão da rua Bartira, 387, geralmente o tom predominante era a comédia.

Pouco depois de chegar a São Paulo, em 1983, o funcionário José Garcia Filho, amigo de adolescência de Ednilson, passou a dividir a mesma sala com o editor José Xavier Cortez. No ano seguinte, Garcia entraria no curso de editoração da Universidade Anhembi-Morumbi, iniciativa que o levaria à chefia do Departamento de Produção, que comanda há 27 anos.

E se hoje Garcia está acostumado às peculiaridades do patrão, nos primeiros tempos de trabalho os sustos vinham em sequência. Isso devido à mania de Cortez chamar os funcionários no grito, hábito que quase levou Garcia ao enfarte. O produtor jamais se esquece dos diálogos travados pelo editor e pelo funcionário Manoel Oliveira Gomes, que trabalhava numa sala distante da que ocupavam Garcia e Cortez. Mesmo Oliveira e Cortez tendo telefones ao alcance de suas mãos, as conversas entre ambos se davam, todas, na base do berro. Bastava o editor precisar de uma informação do funcionário para gritar:

"OLIVEEEEEEEEEEEEEEEEEEEEEEEEEEEEEEIRA?!" Ao que o outro prontamente respondia, com o sotaque carregado: "DíííííííííííííííííííííííííííííGA!".

A informalidade no trabalho é uma característica que o editor preservou por décadas. Não que ele a tenha abandonado completamente, mas a mudança é evidente, haja vista o uso recorrente que, há anos, ele tem feito do aparelho de telefônico fixo. E falando em telefonia, o uso do celular também acabou enfrentando certa resistência por parte do editor, que, tão logo teve acesso ao seu primeiro aparelho, passou meses sem saber como usá-lo direito.

Já a adaptação de Cortez aos computadores foi ainda mais crítica, a ponto de o editor ter de recorrer a um curso. Antes disso, sempre que Cortez apertava um botão entrava em pânico por achar que tinha perdido os arquivos. Quem o socorria era Elaine Nunes, gerente de marketing que, à época, era sua secretária. Mas, de acordo com a autora da Casa, Rossana Ramos, nem as dificuldades o impedem de fazer graça com as novidades tecnológicas. "Quando a Editora adquiriu novos *laptops*, ele me ligou cheio de si, dizendo: 'Rossana, agora a Cortez tá moderna. Tem um tal de pau e ponte'", brincava Cortez, referindo-se ao programa de computador denominado *Power Point*, usado para montar apresentações de *slides*.

Além de ter de se adaptar às novas tecnologias, o fato de continuar acompanhando de perto cada passo dado pela empresa faz com que o editor ocupe tanto a cabeça com informações, preocupações e demandas que acaba não sobrando espaço para armazenar detalhes, datas e nomes. É como se sua memória visualizasse e apreendesse apenas o macro, em detrimento do micro.

De tempos em tempos, sua extrema dificuldade em decorar rende histórias impagáveis. O gerente comercial Marcel Cleante costuma dizer que só após 12 anos trabalhando na Editora é que o chefe conseguiu, finalmente, gravar seu nome. Quando precisava falar com o rapaz, Cortez pedia à secretária: "Elaine, chama lá aquele grandão". Já outros funcionários têm os nomes substituídos pela função que exercem. Assim, na hora do aperto, o editor apela: "Chame aquele menino do computador", ou "Peça pro rapaz da produção vir aqui", e por aí vai.

De outra feita, durante a tradicional brincadeira de amigo secreto, realizada na festa de Natal da empresa, Cortez deu mais uma prova dessa sua completa inabilidade. O caso se deu em 2007. Ao descrever a telefonista Laura, sua amiga secreta, revelou: "Eu tirei uma pessoa que está na linha de frente da Editora. É ela quem primeiro atende os clientes, autores e todos os que desejam entrar em contato conosco. Por isso, precisa estar sempre de bom humor e ser muito gentil. A minha amiga secreta é a... É a... É a...". Quando percebeu que não se lembraria de jeito nenhum do nome da funcionária, olhou em desespero para a esposa Potira e pediu socorro: "Potira, como é mesmo o nome da minha amiga???" A gargalhada foi geral.

O mesmo já não acontecia com a profissão das pessoas. O editor valoriza tanto a formação profissional que, volta e meia, encontra alguém e diz: "Ooo, professor, como vai?". O interesse é genuíno, mas a verdade é que quase sempre ele não tem a mais vaga ideia do nome do educador.

O último romântico

Na balança da trajetória de Cortez disputam, de forma acirrada, ponteiros díspares: de um lado, seu pioneirismo e ousadia; do outro, seu modo romântico de fazer negócios, muitas vezes embasados em total desprendimento financeiro. E na tentativa de equilibrar as coisas, nem sempre os ponteiros conquistavam equivalência. Um exemplo disso é o fato de Cortez ter perdido dinheiro contratando profissionais que, por vezes, se aproveitavam de sua falta de ambição para, digamos, tirar proveito da situação.

A ingenuidade do editor nesse quesito era notória, tanto entre os familiares quanto entre os demais componentes de sua equipe. A saída encontrada pelo irmão e sócio Seu Gomes era fazer marcação cerrada a Cortez, de modo a evitar que o barco da empresa naufragasse de vez. Atento a essas questões, Seu Gomes passava os dias cobrando uma postura mais incisiva por parte do irmão mais velho. Afinal, não era admissível que o proprietário da empresa deixasse todos os recursos e decisões sobre investimentos na mão de terceiros. Certa ocasião, o editor se sentiu tão pressionado que admitiu: "Preciso deixar o dinheiro na mão de quem sabe lidar com essas coisas. Não entendo nada disso".

Cortez sempre trabalhou sem descanso e era natural que conseguisse ganhar dinheiro após tantos sacrifícios. O problema era sua completa ausência de interesse em se dedicar a multiplicá-lo, como faz a maioria dos empresários. O ex-funcionário Francisco Chagas dos Santos, irmão de Garcia, relembra as vendas excepcionais da Editora nos eventos de Serviço Social da PUC-SP, quando os vendedores viam pilhas e mais pilhas de livros se desmanchando à sua frente em questão de segundos: "A gente vendia tanto que chegava um ponto em que eu não podia abandonar o posto para ir buscar mais livros do outro lado da rua, na livraria. Então, pra ser mais rápido, eu pegava uma sacola, amarrava-a com uma corda e jogava por uma janelinha para que, do outro lado, os vendedores da livraria repusessem a mercadoria e a jogassem de volta para mim. Era uma loucura", conta.

Mas a despeito das vendas excessivas, os reveses financeiros sofridos pela Editora eram constantes. E ninguém melhor do que o amigo Valdir Marinho Lobato, contador da Cortez Editora durante cinco anos, para elencar alguns dos problemas que, por pouco, não levaram o editor à falência.

Valdir revela que Cortez enfrentou sérias dificuldades financeiras não só com o término da sociedade com Moraes, mas também com o pagamento de adiantamentos exigidos por autores cujas obras simplesmente encalhavam no estoque. "Muitos se valiam da amizade com o editor para conquistar esse tipo de vantagem. Era preciso deixar claro que o fato de serem renomados no meio universitário não significava que seriam sucesso de vendas", assinala Valdir. O contador tinha razão. Quando essa prática foi interrompida, a situação financeira da empresa melhorou.

Outro problema, ainda de acordo com Valdir, era o investimento em projetos e ações que não apresentavam o retorno almejado. Não bastasse a contratação de profissionais que trouxeram problemas à área comercial, havia também o custo de viagens nacionais e internacionais e até a abertura de uma livraria em Natal — aplicações que demandaram esforços, recursos e tempo e que, muitas vezes, não trouxeram os resultados esperados. Com o passar dos anos e a ajuda dos familiares e amigos, Cortez foi superando as dificuldades. E não poderia mesmo ser diferente. "Ele sempre trabalhou em sintonia com seu sonho, sua vocação. E quando isso acontece, uma hora tudo acaba dando certo", acredita Valdir.

Cortez parecia saber disso e não desperdiçava a oportunidade de trabalhar nem quando estava em casa. A verdade é que, por estar localizada a menos de cinco minutos da Editora e Livraria, a residência do editor sempre funcionou como uma extensão da empresa, inclusive com picos de maior movimento e agitação em época de feiras, eventos e bienais.

Nesses períodos, a ansiedade de Cortez chegava às alturas e fatalmente acabava se refletindo no universo doméstico. "Ele ficava tão elétrico que a cada cinco minutos vinha perguntar as mesmas coisas pra gente", relata Maria, que trabalhou na casa do editor durante 23 anos, de 1980 a 2003. Nas mais de duas décadas dedicadas à família, Maria presenciou muita coisa, dentre elas, o aumento do fluxo de hóspedes durante os dias em que ocorria a Bienal Internacional do Livro de São Paulo.

Como era de seu feitio, Cortez ligava para Potira avisando que levaria em torno de três pessoas para jantar, geralmente livreiros, editores, vendedores e distribuidores. Na hora marcada, entretanto, o sertanejo chegava com até seis convidados. Muitos acabavam ficando para passar a noite. A sorte é que a casa sempre teve mesa farta e uma despensa de fazer inveja a muitos hotéis. Prova disso é que nem Maria nem Potira nunca precisaram sair correndo pra comprar mantimentos por conta de convidados inesperados.

Aliás, a chegada das compras da família, aos sábados, constituía um verdadeiro evento na rua Ministro Godói. Nos tempos em que a casa abrigava irmãos e sobrinhos do editor, Potira vinha do supermercado acompanhada de um verdadeiro séquito de carregadores, geralmente três, conduzindo os carrinhos repletos de alimentos.

Alimentação, por sinal, é um assunto sagrado para Cortez, assim como o sono. Seu mau humor fica evidente quando os compromissos se estendem para além da hora do almoço. Até porque uma vez saciada a fome, segue-se uma imprescindível soneca de 20 ou 30 minutos. "Lembro de um evento, no Recife, em que ele encostou a cadeira numa pilastra próxima ao estande e dormiu. Pouco depois, passou um jornalista, reconheceu-o, aproximou-se dele e disse: 'Senhor Cortez, que prazer! Queria fazer uma entrevista com o senhor'. Mas Cortez desculpou-se com o rapaz dizendo que não poderia atendê-lo. Saiu dali e foi até o local onde ficava nosso estoque, de modo que pudesse continuar dormindo sem ser incomodado", recorda o gerente comercial Marcel Cleante.

Amigos atestam que quando Cortez está com fome também é impossível segurá-lo. O editor é capaz de encerrar reuniões, deixar a equipe para trás e até perder negócios. E se é para saciar o apetite, que seja em grande estilo. Amante da culinária nordestina, Cortez pedia à Maria que preparasse seus pratos preferidos: pirão de costela de boi (iguaria feita com a carne da costela e batata-doce) e arroz de leite temperado com coentro e cebolinha, servido com paçoca (espécie de farofa feita com banana e carne de sol batida no liquidificador, juntamente com farinha de mandioca).

Mas Maria, Potira e as meninas também acompanharam a ânsia de Cortez para saciar outro tipo de fome: a musical. Houve um tempo em que o grande sonho do editor era aprender a tocar sanfona. Cortez chegou a fazer aulas, mas o resultado, para a infelicidade de suas ouvintes, sempre foi pífio.

Todas as noites, o sertanejo reunia a turma na sala e tentava arranhar alguma música que fosse além dos manjados acordes da clássica "Asa Branca", de Luiz Gonzaga. Porém, o que se via era constrangedor. Uma a uma, as filhas abandonavam a sala, ao que eram imediatamente seguidas por Potira e Maria. No dia seguinte, durante o café da manhã, o comentário era certo: "Caramba, por que vocês não ficaram mais um pouco para me aplaudir?", ironizava o editor.

O sonho de ser sanfoneiro também já rendeu "causos" memoráveis no ambiente de trabalho. Em 1978, Cortez pegou um voo São Paulo–Natal e, no mesmo avião, encontrou o famoso Mestre Sivuca, um dos maiores sanfoneiros do Brasil. Cortez não se fez de rogado e chegou à capital potiguar todo prosa, dizendo aos amigos que teve como parceiro de viagem um grande companheiro de profissão. Todos pensaram que se tratava de algum livreiro e, curiosos, perguntaram: "Mas quem era esse livreiro, homem? Diga logo!". Ao que Cortez respondeu: "E quem disse que era livreiro?! Era o mestre Sivuca, rapaz, meu colega de instrumento!".

Seguiu-se, obviamente, uma explosão de risos.

O xote das meninas

No coração do sertanejo apaixonado pelo trabalho e pela sanfona, ainda há espaço privilegiado para as filhas, Mara, Marcia e Miriam, que compartilham com o editor uma história de amor, aprendizados e conflitos. Da mesma forma que acontece com 9 entre 10 progenitores, Cortez pode ser considerado um pa(i)radoxo: autoritário e flexível; superprotetor e ausente; afetuoso e distante. Contradições que evidenciam a dificuldade inerente à sua missão: agradar, ao mesmo tempo, três pessoas com necessidades, carências, sonhos e expectativas diversas. É essa a sina de todo pai e com Cortez não seria diferente.

Cortez chega ao ponto de escrever cartas longuíssimas para se justificar, desfazer mal-entendidos, dar lição de moral e manifestar apoio às filhas. Na outra ponta, também redige bilhetes carinhosos. A primogênita Mara é a responsável por esses rompantes literários do pai, uma vez que, assim como ele, adora escrever e acaba estimulando Cortez a exercitar o texto.

E não importa se os textos vêm sob a forma de cartas de cinco páginas ou recadinhos de duas linhas — Mara guarda todos em seu baú de relíquias. E tão logo o baú é aberto, tem-se a impressão de que os bilhetes são feitos, como diria a música de Chico Buarque, "*Com açúcar, com afeto*":

"*Gostaria muito que, ao chegar e ao sair, desse um alô para o seu pai. Beijos*".

Ou ainda:

"*Filha, passe bem e até a volta. Do pai que lhe quer muito, Cortez*".

Já nas cartas é possível observar um tom mais reflexivo, mas nem por isso menos carinhoso:

"*Mara, você, suas irmãs e sua mãe são pessoas muito especiais. Não tenho do que me queixar de vocês — devo ser um pouco exigente em relação à questão cultural, de leitura etc. Mas acho que isso não é defeito. No fundo, o que eu quero é segurança e sabedoria pra vocês. Tudo o que eu faço é em nosso benefício e dos que puderem também auferir. Seu pai que muito te ama, José*".

Mas essa docilidade e carinho explícito nem sempre deu o tom das relações entre o editor e suas meninas, principalmente na fase adolescente das filhas, quando o ciúme e a possessividade do sertanejo atingiram o ápice. Mara chega a comparar a situação que vivia com as irmãs com a de alguns contos de fadas. Em específico, aqueles em que os pais prendem as filhas em torres de castelos, tornando-as inacessíveis. A comparação pode soar exagerada, mas tem seu quê de verdade.

"Aos 14, 15 anos, tínhamos de voltar pra casa às seis da tarde. Lembro que foi um parto conseguir ficar fora até às dez da noite pela primeira vez. Papai também se recusava a nos buscar em festas. Sabe aquela história de ter um pai que é uma fera? Pois é. Ele era assim. Hoje ninguém diz que ele teve esse perfil", detalha Mara.

Na infância das meninas, Cortez também fazia o estilo durão: "Quando ele chegava da Editora, acabava a brincadeira. Todo mundo tinha de ficar quieto pra ele poder jantar e ver o noticiário", relata Miriam. A psicóloga Letícia Taboada, amiga de infância de Miriam, corrobora as afirmações. "Cortez sempre foi muito rígido com as meninas. Era sisudo, tínhamos regras para poder brincar em sua casa e um certo medo dele. Esse Cortez bonachão é mais recente".

Muito dessa rigidez é atribuída aos resquícios da criação de Cortez, moldada pelas características típicas dos chefes de família nordestinos, do qual Mizael, seu pai, era exemplo. De estilo mais seco, como a terra da própria região onde nasceram, muitos sertanejos têm dificuldade em lidar com demonstrações de afeto. Mas mesmo nos tempos em que o comportamento de Cortez era predominantemente mais árido, vez por outra baixava o espírito de ex-marinheiro e, nessas horas, o editor abandonava a sequidão para derramar sobre cada uma das filhas olhares rasos de ternura.

"Ele sempre foi muito preocupado com as crianças. Bastava uma delas cair, ter uma febre ou qualquer coisa assim para ele ficar nervoso. Isso se deve, principalmente, ao fato de ele ter visto sete de seus irmãos morrerem, quando crianças. Cortez sabia o quanto era tênue a linha entre a saúde e a doença, a morte e a vida", observou Potira.

Com a maturidade, Cortez trouxe à tona seu lado mais afetuoso, companheiro e amigável. Quando encontra as filhas, seja na Editora, seja em casa, é comum enchê-las de abraços, beijos, apertos nas bochechas e narizes. O editor completa o quadro cantando musiquinhas compostas especialmente para elas, ainda quando bebês.

Cada uma das canções, se é que podemos chamar assim, é composta por sons que se repetem à exaustão. É o caso de "Itiquinha, itiquinha, itiquinha", dedicada à Miriam; "Quenéném, quenéném, quenéném", para Marcia, e "Zizi-í, Zizi-í, Zizi-í", especialmente para a primogênita. Há também uma composição genérica, porque destinada a qualquer bebê que apareça à frente do editor. Nesses casos, Cortez lança mão de uma letra, digamos, mais complexa: "Tio José-í, tio José-oi, tio José-í, tio José-oi".

Nos anos 1970 e 1980, com o dia inteiramente tomado pelo excesso de trabalho, Cortez seguiu à risca os moldes da família tradicional brasileira, que delegava às mães os cuidados com as crianças. No caso de Mara e Marcia, a presença do pai era marcante nos finais de semana, quando podiam passear juntos.

Mara, aliás, foi a filha para qual o editor pôde doar mais tempo. A situação da empresa, na época Cortez & Moraes, contribuía para isso. As tarefas eram divididas com dois outros sócios e o negócio era bem menos abrangente do que se tornariam anos depois. Com um ritmo de trabalho mais ameno, era possível ao editor levar a filha para passear, vez ou outra, nos jardins da PUC-SP ou nos prédios do centro da Cidade, onde a menina se esbaldava realizando sua brincadeira predileta: subir e descer em elevadores.

Anos mais tarde, Cortez passaria a levá-la ao Parque do Ibirapuera para andar de bicicleta aos domingos, juntamente com Marcia e Erivan. A cena clássica do pai tirando as rodinhas do pequeno veículo e ensinando a primogênita a pedalar compõe uma das recordações mais antigas e queridas de Mara.

Anos depois, mesmo não sendo um ás do volante, uma vez que sua dificuldade para guardar nomes de ruas faz com que se perca constantemente pela cidade, o editor voltaria a ensinar a filha a guiar. As lições aconteciam nas proximidades da praça Charles Miller, no bairro do Pacaembu. Em uma dessas ocasiões, instrutor e aluna tiveram a companhia da Marcia, que, do banco de trás, presenciou uma cena impagável: "Meu pai orientava minha irmã, dizendo: 'Filha, tome cuidado. Imagine que há uma procissão à sua frente e, por conta disso, você precisa dirigir bem devagarzinho'. Mas Mara ainda se atrapalhava muito e dava umas arrancadas terríveis. Meu pai, apavorado, gritava: 'Freia, Mara, freia!! Cuidado com a procissão!!! Cuidado com a procissão!!!'".

Diferentemente das irmãs, a caçula Miriam não teve a oportunidade de viver situações semelhantes ao lado do pai. A pequena nascera no conturbado ano de 1978, quando a sociedade entre Cortez e Moraes já dava os primeiros passos na direção da ruptura que ocorreria, em definitivo, em 1980. Como consequência, Miriam foi a única filha a cursar escolinha maternal. A falta de tempo batia à porta de Potira, que precisou abrir mão da dedicação exclusiva às filhas para assumir o papel de profissional empenhada em ajudar o marido na nova editora. Cortez, por sua vez, passava dias e noites lutando para manter vivo o negócio que era símbolo de suas lutas e ideais.

Em paralelo, os primos e sobrinhos vindos do Nordeste chegavam aos montes e se instalavam na casa do editor. Restou às três meninas dormir no quarto dos pais. Foi uma época intensa, repleta de mudanças e sacrifícios que acabaram se refletindo na personalidade de Miriam, dona de um temperamento forte, libertário e, na fase da adolescência (e também nos primeiros anos da juventude), transgressor. Um perfil que as irmãs atribuem ao fato de a caçula ter tido de se virar sozinha desde muito cedo, tanto na escola quanto na convivência precoce com pessoas distantes de seu círculo familiar.

Hoje, Miriam tenta compensar o tempo que passou longe do pai buscando uma aproximação maior com o editor. "Quero fazer muita coisa que o deixe orgulhoso, de preferência, com ele ao meu lado. Também gostaria que meu pai me contasse mais histórias sobre sua vida. Coisas dos tempos da Marinha e a própria história da Cortez Editora. A empresa tem 30 anos e estou aqui como advogada há apenas três. Ainda tenho muito o que aprender sobre a empresa", pondera.

Não se reprima

Mara e Marcia, por sua vez, sempre foram consideradas mais tranquilas, obedientes e aplicadas nos estudos. A exceção ocorreu durante a sétima série de Mara, quando a menina foi acometida pela chamada "menudomania", uma verdadeira febre transmitida pelo grupo musical *Menudo*, composto, à época de sua explosão midiática, pelos jovens Robby Rosa, Charlie Massó, Ray Reyes, Roy Rosello e Rick Martin, que, anos mais tarde, também faria sucesso em carreira solo.

Os cinco rapazes abalaram as estruturas da primogênita de Cortez, que, por um ano, entrou na onda de fanatismo que atingia milhares de adolescentes latino-americanas. Livros e cadernos foram substituídos por discos, programas televisivos, revistas, álbuns, coreografias, *shows* e tudo o que dissesse respeito aos moçoilos. Ao final do período letivo, Mara receberia a sentença: recuperação em matemática, disciplina na qual nunca havia apresentado dificuldades.

Mas o pior ainda estaria por vir. A primeira prova foi agendada justamente para o dia da viagem da família Cortez para o Nordeste. Adiar o passeio era impossível, uma vez que o objetivo era chegar ao Sítio Santa Rita a tempo de comemorar as bodas de ouro de Mizael e Alice. E para que Mara conseguisse ser aprovada sem precisar fazer a segunda avaliação, teria de conseguir uma ótima nota logo no primeiro teste.

No dia marcado, lá foi a menina fazer a prova, carregando um peso enorme nas costas. E apesar da expectativa geral, tudo o que Mara obteve foi um sofrível "D+", conceito considerado insuficiente. Só lhe restou sair da escola aos prantos. Do lado de fora, a família aguardava no carro que os levaria dali diretamente para o aeroporto. Ao ver as lágrimas da filha indicando o fiasco do exame, Cortez fechou a cara e deu início a um sermão que duraria todo o trajeto. A síntese da ladainha era: "Onde já se viu!? Você só faz isso da vida e ainda não consegue se sair bem!?".

Seguiram-se cerca de 20 dias em que o pai ignorou a filha solenemente. Ao final desse período, voltou a falar com a adolescente, mas só para lembrar-lhe o absurdo que era repetir de ano. A tortura prosseguiu por dois meses. Naquela época, as férias escolares começavam em dezembro e se estendiam até março do ano seguinte. O editor aproveitava o período para trabalhar na capital potiguar, onde ainda era sócio da Cortez Livraria.

Ao voltarem para São Paulo, a descoberta: Mara não fora reprovada. Anos e anos de histórico escolar impecável contaram pontos preciosos na reunião final do Conselho de Classe, que ocorreu após a viagem da família. Os professores foram unânimes e decidiram dar uma chance à menina. Ou seja: Mara passou meses ouvindo sermões à toa. Ao saber da notícia alvissareira, Cortez mudou da água para o vinho e voltou a ser o pai que sempre fora.

Formada em Administração de Empresas pela PUC-SP e com pós-graduação em Administração Contábil e Financeira pela Fundação Armando Álvares

Penteado (Faap), Mara é a filha que há mais tempo trabalha na Editora: são 21 anos, completados em março de 2010. Desde a adolescência, a primogênita já cobria férias da telefonista. E ao ingressar na faculdade, mais precisamente no primeiro dia de aula, o pai comunicou-lhe oficialmente que fora registrada como funcionária da Cortez Editora. Desde então, ocupou diversas funções até assumir o cargo de diretora do Departamento Financeiro, em 1994.

O gosto pela escrita lhe rendeu o posto de redatora oficial do discurso lido em nome da família na cerimônia de entrega do título de cidadão paulistano a Cortez. A habilidade com as palavras é herança do gosto pela leitura, adquirido desde criança, quando acompanhava o pai às bienais. Contribuiu também a decoração peculiar de sua casa nos tempos em que a Editora funcionava na garagem. "Vivíamos, literalmente, cercadas de livros", resgata.

Os livros eram tão presentes na vida de Mara, Marcia e Miriam que acabavam, de alguma forma, integrando o contexto de suas brincadeiras infantis. A diversão preferida de Miriam, por exemplo, era passar as tardes em meio aos livros da sede da empresa, à rua Bartira, onde brincava de "escritório" com a amiga e vizinha Letícia Taboada.

Além da memória sempre vinculada ao universo das letras, as filhas herdaram o gênio forte, a teimosia e determinação que caracterizam Cortez. Mesmo com semelhanças evidentes para todos os que convivem com a família, Mara admite não se achar parecida com o pai: "Pra dizer a verdade, vejo meu pai num patamar muito alto. Não acredito que eu chegue sequer aos pés dele".

Outra diferença entre Mara e Cortez está na postura reservada da filha, que se considera uma profissional de bastidores. Já o pai vive de forma diametralmente oposta, sempre sociável, próximo aos holofotes, marcando presença em eventos, viagens, feiras e congressos.

E por ser a diretora responsável pelas finanças, coube à Mara tomar as providências necessárias para impedir o pai de prosseguir como fiador de praticamente toda São Paulo. Para isso, criou uma alteração contratual que o impedia de ser avalista. Em meio a documentos comuns ao dia a dia da empresa, Cortez acabou assinando tudo sem questionar. Só depois a filha o informou do que se tratava. Uma medida extrema, mas, na opinião da primogênita, necessária.

Mara alega que houve época em que Cortez foi fiador de mais de 30 pessoas. A situação chegou a um ponto insustentável. Os estudantes chegavam a São Paulo procurando imóveis para alugar e logo recebiam a informação de que deveriam procurar o editor. "Meu pai é um homem sem malícia. Sempre acreditou nas pessoas, em seus projetos e ideias. Muitas vezes saiu perdendo por conta desse excesso de confiança", justifica.

Uma paixão diferente

E se Mara e Miriam enveredaram profissionalmente por caminhos que as levaram até a Cortez Editora, o mesmo não aconteceu com Marcia, que, embora também não largue os livros, utiliza-os para se especializar em uma profissão completamente distinta das que fazem parte do mercado editorial. Sua vocação foi comunicada à família quando, aos 4 anos de idade, a pequena chegou em casa segurando um cachorrinho abandonado e dizendo que, quando crescesse, seria "médica de bicho". O termo "veterinária" ainda não era parte de seu vocabulário, coisa que só aconteceu aos oito anos, quando aprendeu, em definitivo, o nome correto da profissão que escolhera.

Na adolescência, o interesse por ecologia caminhou paralelo ao amor pelos animais, resultando no trabalho de Marcia como ativista na organização *Greenpeace*, que atua na defesa do meio ambiente. Anos depois, a moça ingressaria no curso de Medicina Veterinária da Universidade Estadual Paulista Júlio de Mesquita Filho (Unesp), na cidade de Botucatu, onde também especializou-se em Patologia Clínica. Hoje, é responsável pelo Laboratório Clínico e Laboratório de Microbiologia de um hospital veterinário, em São Paulo.

Mesmo acompanhando o desempenho e a dedicação da filha à profissão, Cortez volta e meia tenta convencê-la a participar de forma mais efetiva nos negócios da família. A vontade de tê-la trabalhando ao seu lado, entretanto, não o impediu de fazer sacrifícios diversos para mantê-la no curso de Veterinária.

No ano em que Marcia iniciou a graduação, a Cortez Editora atravessava uma grave crise financeira. A faculdade era pública, mas o editor teria de arcar com custos altos de moradia, alimentação, vestuário e transporte, uma vez que a estudante teria de se mudar para Botucatu. A sorte era que os livros específicos do curso, considerados caríssimos, podiam ser adquiridos pelo editor com desconto. A estudante, entretanto, foi poupada dessas informações, só descobrindo o sufoco que o pai atravessou para mantê-la no curso tempos depois.

Assim como as irmãs, Marcia se recorda de que, na infância, a aproximação com Cortez constituía um evento raro. E se as filhas, por sua vez, tivessem preferido maior número de passeios, bate-papo e convivência estreita com o pai, para Cortez tudo parecia correr dentro dos conformes. Na visão do editor, amor paternal se provava oferecendo educação, pagando os melhores cursos, aconselhando corretamente, dando suporte nos momentos difíceis. E foi justamente num desses momentos de dificuldade vividos por Marcia que ela pôde ver o pai em plena ação, totalmente dedicado a ela.

A veterinária era estagiária de uma frente de trabalho da Prefeitura de São Paulo quando contraiu psitacose, doença infecciosa também conhecida como ornitose ou febre dos papagaios. A contaminação acontece por via respiratória, através da aspiração de poeira contaminada pelos dejetos de animais. A doença geralmente é transmitida por papagaios, araras e periquitos.

Os sintomas são febre, prostração, tosse, dor de cabeça e calafrios, acompanhados de comprometimento das vias aéreas superiores e inferiores. Os pacientes também podem apresentar sintomas semelhantes à pneumonia e ter os sistemas nervoso e hepático atingidos pela moléstia.

Quando contraiu a enfermidade, os médicos não conseguiram fazer diagnósticos precisos e a saúde de Marcia ficou muito debilitada. A jovem chegou a apresentar problemas respiratórios e neurológicos que lhe causavam espasmos e contração involuntária dos músculos. Ao tentar descer as escadas de sua casa, por exemplo, seu corpo se contorcia. À noite, quando precisava ir ao banheiro, mal conseguia ficar em pé e, por várias vezes, teve de se arrastar entre um cômodo e outro.

Cortez entrou em desespero e, na tentativa de deixar a filha mais animada, solicitou que o namorado de Marcia viesse diretamente de Botucatu para permanecer ao lado da moça. O editor não era a favor do relacionamento, mas, naquele momento, o importante era ver a estudante feliz. Outra mudança visível: Cortez também passou a telefonar para casa a todo instante, para saber notícias da filha. "Quando realmente foi necessário, meu pai se mostrou presente, afetuoso, dedicado. Ficou o tempo todo ao meu lado", diz Marcia, cuja cura deveu-se exclusivamente à reação natural de seu organismo contra a doença.

Além do gênio forte, pai e filha têm na dança sua válvula de escape. Cortez, no forró, e Marcia, nas aulas que pratica desde criança. Mas as recordações de Marcia em relação às vezes em que dançou com o pai não estão entre as melhores de sua vida. Cortez já abandonou a moça no salão por quatro vezes, incluindo o baile de formatura da veterinária. De acordo com a explicação de Marcia, o motivo é simples: "De repente, ele vê uma amiga, larga a gente como um dois de paus, e sai rodopiando com a outra pessoa".

Na memória das irmãs, entretanto, o motivo de o pai ter abandonado a moça em pleno baile de formatura foi outro. Na verdade, o editor estava de mau humor porque não gostava do namorado da filha e fez questão de deixar isso explícito a festa toda. E ao que tudo indica, o trauma em relação aos bailes de formatura é praxe na família. Na cerimônia de Mara, Cortez também estava de cara feia, mas dessa vez porque havia levado à festa um amigo de quem Marcia não gostava. Resultado: o clima ficou péssimo. Mas foi na formatura de Miriam que o editor conseguiu se superar. Cortez, viajando a trabalho, simplesmente não compareceu ao evento, deixando a caçula uma fera.

Inferno no Paraíso

À exceção das férias passadas no Sítio Santa Rita, Cortez dificilmente consegue viajar em família. Uma dessas raras ocasiões se deu em 2008. Mas o que era para ser um passeio divertido acabou virando um festival de reclamações. A ligação com a Editora é tão visceral que Cortez não consegue se distanciar do trabalho por muito tempo. Foi assim até mesmo na paradisíaca ilha de Fernando de Noronha, lugar cobiçado por muitos, mas acessível a poucos.

A viagem incluiu Cortez, Potira, as filhas e mais uma turma composta por parentes e amigos. Mas a calma e o contato com a natureza conseguiram seduzir o editor por míseros dois dias. Após esse período, ficou difícil controlar sua impaciência e nervosismo. O estresse chegou ao clímax quando parte do grupo resolveu fazer um passeio até a famosa Baía do Sancho. Cortez não se interessou pela caminhada e preferiu permanecer na pousada. Quando chegaram à praia, os aventureiros resolveram prosseguir pela mata em busca de uma cachoeira formada, vez ou outra, pela água da chuva.

O grupo deu sorte e não só encontrou o lugar como vivenciou uma situação descrita como inesquecível. Ao entrarem na cachoeira, um arco-íris em forma de círculo formou-se em torno da turma. O inusitado da experiência e a forte energia do ambiente levaram o grupo às lágrimas e, sob forte emoção, rezaram em agradecimento.

Na tentativa de registrar o momento, Guilherme, filho de Ednilson, saiu do círculo para fotografar o grupo. Mas qual não foi a surpresa do rapaz quando viu que, de fora, não se enxergava nenhum arco-íris. Os que continuavam formando o círculo, entretanto, prosseguiam visualizando-o com nitidez.

A situação excepcional acabou por estender o período em que ficariam no lugar. Quando voltaram à pousada, envoltos na mais completa paz, encontraram Cortez possesso, preocupadíssimo com a demora do grupo. Marcia tentou explicar tudo o que acontecera, mas o editor fez ouvidos moucos. Ao que parece, não há experiência mística capaz de amenizar a braveza do sertanejo Cortez.

Apanhadoras no campo de algodão

A despeito das diferentes experiências de vida de Cortez e de suas filhas, é nítida a admiração das herdeiras pela história de superação do patriarca, que aprenderam a respeitar desde muito cedo. Em uma das viagens realizadas ao Sítio Santa Rita, o editor apresentou às filhas, ainda meninas, aquela que tinha sido uma de suas principais atividades quando criança.

Para isso, levou-as para colher algodão no roçado. A ideia era que as pequenas guardassem a experiência na memória. Os avós de Mara, Marcia e Miriam acharam um absurdo, mas Cortez foi categórico: "É importante que elas passem por isso". As recordações de Marcia em relação ao episódio não são boas. "Fomos pra plantação de baixo do maior sol. Lembro que algumas folhas de algodão tinham um bichinho, um parasita. Minha mão coçava horrores e comecei a chorar".

Para Mara a experiência não foi tão dramática. "Eu já entendia que, no fundo, meu pai queria nos mostrar a realidade que nossas primas ainda viviam no sertão. Para ele era importante que tivéssemos essa consciência e, por isso, nos dava algumas tarefas para fazer. Mas tudo era bem tranquilo". Já Miriam, por ser a mais jovem, se lembra vagamente do episódio: "Achei bonito ver a flor do algodão. Para mim foi um ensinamento".

Rebelde sem causa

E se dentre os filhos de Alice e Mizael, Íris foi a que teve um perfil mais rebelde na fase adolescente, dentre as meninas de Cortez foi também a mais jovem quem veio para abalar as estruturas. Corinthiana roxa e baladeira de plantão, como costuma se definir, Miriam adora se divertir, namorar, curtir a noite paulistana e assistir aos jogos do time do coração no estádio de futebol — para desespero do pai. Com esse modo de vida definitivamente ousado para os padrões de Cortez, a caçula por pouco não deixou completamente branca a vasta cabeleira grisalha do pai.

Na escola, diferentemente das irmãs, a mais jovem das filhas do editor nunca foi aluna exemplar. Ao terminar o ensino fundamental, foi reprovada no vestibulinho do tradicional Colégio Santa Marcelina, onde as irmãs já estudavam. Foi o jeito frequentar outra escola da região, para tristeza da família. Poucos anos depois, entretanto, Miriam decidiu virar o jogo. Para surpresa geral, foi aprovada no vestibular de Direito, uma das profissões mais tradicionais do mercado de trabalho.

Atualmente a caçula é responsável pela assessoria jurídica da Editora, elaborando contratos de direitos autorais e regularizando a situação de antigos acordos que se deram, apenas e tão somente, no chamado "fio do bigode" — como aconteceu, por exemplo, entre Cortez e o educador Paulo Freire.

Por conta das pendências relativas a esse ultrapassado — e perigoso — hábito comercial, Miriam costuma fazer chacota com o pai: "Pelo amor de Deus, não morra antes de eu regularizar todos esses contratos, por favor!". Brincadeiras à parte, os fatos evidenciam: Cortez é um editor e livreiro às antigas. Do tempo em que a palavra empenhada era atestado de confiança e veracidade, praticamente sinônimo de documento.

Mas Cortez não estava sozinho no modo como fazia negócios. No mercado editorial e livreiro, repleto de educadores, jornalistas e demais profissionais ligados ao mundo das letras, predominavam outros tantos românticos cujo estilo de trabalho era o mesmo do sertanejo. Ainda hoje a advogada encontra dificuldades em convencer alguns autores da velha guarda da Editora — todos amigos pessoais de Cortez — a regularizar a situação contratual.

Quando Miriam lhes comunica a necessidade da mudança, geralmente escuta a mesma resposta: "Minha filha, você acha mesmo necessário?". A advogada admite que precisa ter jogo de cintura para lidar com o problema, mas ressalta: "Para mim, não é tão difícil negociar com românticos. Sou filha de um e, no final, tudo acaba dando certo".

Miriam fala com a certeza de quem já tem experiência suficiente no assunto. Seu início na Editora acontecera na adolescência, quando substituía a telefonista, de forma esporádica, durante as férias, da mesma forma que Mara fizera anos antes. As irmãs também eram "intimadas" a ajudar a equipe sempre que havia eventos de grande porte. "Com meu pai é assim, os verbos vêm sempre no imperativo. É o jeito dele", garante Miriam. Já em 1997, a caçula atuou como secretária da professora Elisabete Borgianni, responsável pelas publicações da área de Serviço Social.

A advogada garante que, de forma gradativa, a Editora vem se distanciando do amadorismo dos primeiros tempos para se firmar, não sem dificuldades, no rol das empresas altamente profissionalizadas. O processo vem se desenhando com mais propriedade desde 2007, quando teve início a maior reestruturação já vivida pela empresa.

Miriam acompanha tudo de perto e, quando observada no dia a dia de trabalho, as semelhanças com Cortez vão se tornando evidentes. Assim como o pai, a advogada tem um quê de hiperatividade e impaciência, além da memória seletiva. Seu espírito livre contribuiu para que Miriam também demonstre, desde muito cedo, aptidões para relações públicas. Viajar, conversar com as pessoas, estar em ambientes e situações que exigem dinamismo são algumas de suas tarefas preferidas.

Um dos desejos da advogada é acompanhar Cortez pelos eventos do mercado editorial no Brasil e no exterior. Mas Miriam sabe que ainda não é o momento certo para isso. "Primeiro é preciso deixar o Departamento Jurídico completamente organizado", explica. A afirmação, tão distante do que faria a adolescente rebelde e despreocupada, soa, muito ao contrário, como uma prova de amadurecimento, responsabilidade e sintonia com o comportamento paterno.

Um comportamento que, diga-se, Miriam observa há muito tempo, mais precisamente desde uma noite da distante década de 1980, quando, caindo de sono, a menina sentou-se na escada do sobrado da rua Ministro Godói para ver o pai no comando de uma reunião de trabalho que acontecia na sala de casa. Uma memória que constituiu a primeira lembrança paterna de Miriam.

Os *workaholics* e o porteiro Zé

A dedicação ao trabalho, traço mais marcante de Cortez, terminou por contagiar boa parte de seus familiares. Basta uma análise mais detida da rotina da empresa para constatar: filhas, sobrinhos, irmãos e primos foram completamente influenciados pelo editor. É comum vê-los esticando o expediente até tarde da noite. Da mesma forma, Seu Gomes, sócio da Potylivros, em Natal, obedece ao ritual de dar uma passadinha na livraria até nos finais de semana, evidenciando certa dificuldade em se desvencilhar dos negócios, mesmo em dias de folga. "Adquiri essa mania com Cortez e hoje não consigo fazer as coisas de modo diferente", explica.

Passar boa parte dos finais de semana na Editora, aliás, é quase uma praxe na vida do fundador da empresa. E nessas ocasiões, sempre que atende ao telefone, muitas vezes em pleno domingo, assume uma personagem diferente e se transforma, a jato, no Porteiro Zé: "Faço isso quando recebo ligações estranhas.

A pessoa quer saber quem está falando, mas fica enrolando pra se identificar. Depois, pergunta se estou sozinho. Eu logo corto o papo, digo que sou o porteiro Zé e que não sei informar nada. Faço o mesmo em caso de telemarketing porque é um modo de terminar a conversa sem ser grosseiro", confessa.

Mesmo longe da Editora, Marcia não fugiu à regra do restante da família. O trabalho no laboratório do hospital veterinário é intenso. Durante muito tempo, as folgas foram raras por falta de quem a substituísse. Cortez ficava preocupadíssimo com o excesso de obrigações da filha, que em determinados períodos chegou a trabalhar de segunda a segunda, meses a fio. "Quando os animais dão entrada no hospital, passam por uma série de exames e preciso estar lá para analisá-los, caso contrário, não é possível o diagnóstico. Adoro meu trabalho!", argumenta Marcia.

Fred Astaire do sertão

Na década de 1980, dedicando quase cem por cento do tempo ao trabalho, era possível afirmar que Cortez só partilhava da convivência da família e dos amigos porque a maioria atuava no mesmo segmento profissional. Boatos dão conta de que o editor não dormia no escritório por falta de espaço para instalar uma cama no local. E em meio às preocupações cotidianas, não era só a diversão que ficava de escanteio. O visual do empresário também deixava a desejar.

O empurrãozinho para que Cortez mudasse o estilo de vida veio do ex-funcionário Chagas, que, nessa época, tomou coragem e chamou a atenção do patrão: "Não era difícil ele aparecer na Editora de chinelos. Também era comum vê-lo com roupas de cores completamente diferentes entre si, nada combinava", descreve Chagas.

Potira deu total apoio às observações do ex-funcionário e, desde então, providenciava para que, de tempos em tempos, Chagas conduzisse o chefe para um verdadeiro banho de loja, de modo que Cortez adquirisse indumentárias dignas de um empresário. O editor achou aquilo uma maravilha. Ao que tudo indica, Cortez estava há tempos esperando alguém que o ajudasse a resolver questões de ordem estética.

Mas Chagas não é o único que reivindica o posto de estilista do editor para si. Anos depois de sua saída da Editora, coube a Elaine Nunes assumir a função: "Às vezes, ele aparecia com uma camisa que não combinava com a calça. Então, comecei a orientá-lo e muitas vezes sugeri que voltasse para casa e trocasse de roupa", afirma Elaine, que ainda hoje vai às compras com o editor para auxiliá-lo na escolha das vestimentas de trabalho.

Mas os primeiros cuidados com o visual não seriam a maior mudança que Chagas provocaria em Cortez. O ex-funcionário adorava dançar e, um belo dia, fez a proposta ao editor: "Como legítimo nordestino, você precisa aprender a dançar forró, homem!". Era a deixa para inaugurar um novo tempo na vida do sertanejo. Foi quando Potira entrou em ação novamente: comprou um gravador para que, todos os dias, ao final do expediente, Chagas pudesse ensinar o chefe a dançar forró.

Após dominar os passos básicos, Cortez procurou escolas de dança para aprimorar o estilo. Ao mesmo tempo, se tornou assíduo das principais casas de forró da capital paulista. Dentre elas, o Recanto do Nordeste, no bairro da Liberdade, e o Restaurante Andrade, em Pinheiros. Em poucos anos, o editor colecionava participações em forrós memoráveis onde requebrou ao som de Luiz Gonzaga, Dominguinhos, Oswaldinho do Acordeon e Pedro Sertanejo.

Alguns amigos o consideram uma espécie de embaixador desse estilo musical tão brasileiro. Isso porque não há evento do mercado editorial, seja no Brasil, seja fora do País, em que Cortez não tente inserir o ritmo musical na programação. E quando recebe autores, editores e livreiros estrangeiros faz questão de levá-los ao Andrade tanto para experimentaram comidas típicas nordestinas quanto para aprenderem a dançar forró.

O amigo Alfredo Weiszflog, editor e presidente da Melhoramentos, conta que, por volta de 1999, a Associação Brasileira de Direitos Reprográficos (ABDR) recebeu a visita da finlandesa Tarja Koskinen-Olsson, então presidenta da Federação Internacional de Direitos Reprográficos (International Federation of Reproduction Rights Organisations — IFRRO). "Era uma senhora de quase dois metros, simpaticíssima e com uma compleição típica de Valquíria. Coube a Cortez levá-la ao forró, onde seria seu cicerone e mestre de dança", lembra Weiszflog.

Ainda nas palavras de Weiszflog, a finlandesa gostou tanto da experiência que não queria mais parar de rodopiar pelo salão: "Cortez já não estava mais aguentando, coitado. Ele praticamente batia no umbigo daquela senhora!", relembra. Pelo que se tem notícia, essa foi a única ocasião em que Cortez encontrou uma parceira capaz de superá-lo no quesito fôlego. Há mais de 20 anos mostrando sua *performance* como dançarino, o editor é admirado por ficar até quatro horas na pista de dança, fazendo pausas apenas nos intervalos feitos pela banda. Afora isso, permanece bailando, esbanjando a energia e a flexibilidade de um Fred Astaire do sertão.

E se dependesse do editor, a trilha sonora oficial dos eventos do mercado editorial também seria marcada pelo compasso da sanfona, da zabumba e do triângulo. Chagas se recorda de uma comemoração sofisticada realizada no bairro de Moema, em São Paulo. A coisa era tão chique que havia até piano de cauda no salão. Cortez não se intimidou e, depois de algumas horas, solicitou ao pianista que suspendesse seu repertório clássico para que ele pudesse apresentar aos colegas um novo CD de forró. E lá foi o editor ligar o aparelho de som e colocar todo mundo pra dançar.

Foi também graças ao forró, acrescido de um empurrãozinho de um determinado político paulista, que Cortez, fumante inveterado, pôs fim ao vício. Tudo começou em determinada eleição ocorrida na década de 1990, quando o editor apostou com a filha Marcia que pararia de fumar caso um dos candidatos, pelo qual Cortez nutria verdadeiro desprezo, vencesse a eleição. Ao final do pleito, o tal candidato acabou vencendo e, apesar de o editor ficar decepcionadíssimo com o resultado da vitória do fulano, cumpriu o prometido e abandonou o cigarro. "Além do mais, o fumo prejudicava meu rendimento no forró e, por conta disso, não havia como prosseguir com aquele vício", conta o editor.

Afinal, se existia alguma coisa que Cortez não permitia, era que algo influenciasse negativamente seu desempenho nos salões. Então, somando-se o forró à vitória do tal candidato, só lhe restou desistir do tabaco de uma vez por todas. "De certa forma, posso dizer que foi a única coisa positiva que aquele político propiciou à minha vida. Devo essa a ele", explica o editor, sem conter o riso e também sem entregar o nome do tal político.

Antes disso, Cortez sofrera anos tentando se livrar do cigarro. De acordo com Garcia, o editor até que se esforçava, mas, tempos depois de parar de fumar, voltava a ser pego em flagrante delito de recaída. Certa feita, um funcionário da Editora decidiu abrir o vidro da janela do banheiro e, ao fazê-lo, deparou com pilhas de bitucas que Cortez lançava no parapeito. Em outras palavras: no auge do desespero causado pela abstinência, o editor fumava escondido, no banheiro, como um colegial.

Há vários anos livre do cigarro, o editor se tornou antitabagista ferrenho, chegando ao ponto de oferecer incentivos financeiros a parentes e funcionários que se dispusessem a largar o costume tão nocivo à saúde. Alguns aceitaram o desafio, mas, ao final, acabaram perdendo a batalha e retornando ao vício.

A disposição do editor em lutar contra o tabagismo culminou na elaboração de uma estatística que comprova a redução do número de fumantes em sua família. De acordo com seus cálculos, dentre os componentes da chamada primeira geração, composta por seus 10 irmãos, 80% foram fumantes durante muito tempo. Esse índice hoje já diminuiu, mas ainda permanece alto, em torno de 60%, se comparado aos 95 descendentes cujos fumantes correspondem a menos de 10%. Em outras palavras: é evidente a conscientização dos mais jovens, para a alegria de Cortez.

E uma vez que o próprio editor se livrou do cigarro, o forró passou a ter tanta importância em sua vida que, em determinados momentos, chegou a disputar atenção com o trabalho. Certa vez, os vendedores da Editora saíam do Pavilhão de Exposições do Anhembi, onde acontecia uma das tradicionais edições da Bienal Internacional do Livro de São Paulo. Era o último dia da feira e centenas de livros precisavam ser retirados do estande da Cortez para devolução à livraria. Um trabalho árduo, já que só havia dois carros para realizar o transporte. E qual não foi a surpresa de Luiz Gonzaga Cortes, primo do editor e funcionário da Editora desde a década de 1970, quando, na hora de ir embora, percebeu que um dos carros havia sumido.

Diferentemente do que pode parecer, o desaparecimento não foi obra de nenhum gatuno. O sumiço fora causado pelo próprio Cortez, que pegara o automóvel para ir ao forró. Ao descobrir a façanha do patrão, Luiz, nervosíssimo, telefonou-lhe cobrando explicações:

Luiz: *"Cortez?! Você pegou o carro pra ir ao forró, homem?"*.
Cortez: *"Peguei, claro! Senão, como eu iria?"*.

Luiz: *"Sei lá como você iria! Isso é problema seu, oras! Agora devolva o carro porque precisamos descarregar os livros".*

Cortez, contrariado, obedeceu.

Em suas andanças pelos forrós paulistanos, sempre nas sextas-feiras e sábados, o editor cultivou muitos amigos. Além dos músicos, que o consideram um dos frequentadores mais queridos, Cortez criou amizades fundamentais, dentre elas, o casal Geraldo e Neusa Enokihara, que há 20 anos também marcam presença no Restaurante Andrade. Assistente social, Neusa teve o primeiro contato com Cortez nos tempos da ditadura, mais precisamente em 1977, quando a PUC-SP foi invadida por policiais. Assustados, muitos estudantes, dentre eles Neusa, saíram correndo pela escada dos fundos da Universidade, que dava acesso à rua Curt Nimuendaju, onde ficava a Editora Cortez & Moraes.

Ao presenciar a situação, Cortez abriu as portas da Editora e escondeu os jovens por algumas horas. Anos depois, por volta de 1985, Neusa reencontrou o editor no forró. A assistente social não o reconheceu de pronto, mas encantou-se pela habilidade do dançarino. "Não sosseguei enquanto não dancei com ele", entrega.

E após descobrir que o Cortez do forró era o mesmo que a protegera da polícia naquele dia fatídico de 77, a amizade entre ambos só se fortaleceu. Desde então, já são mais de 20 anos em que os amigos se encontram semanalmente, à exceção dos dias em que o editor está viajando. "Cortez é muito querido e generoso. Isso aqui não é a mesma coisa sem a presença dele", afirma Geraldo em um dos intervalos do forró.

A tradicional música nordestina também presenteou o editor com uma parceira capaz de executar um dos ritmos mais difíceis da modalidade: o miudinho. A felizarda é Inês Cristina Faustino, que já se consagrou como a acompanhante titular de Cortez nas noites dedicadas ao forró. O compromisso entre a dupla é sagrado e, nos finais de semana, o editor sai de Perdizes para buscá-la em Santo Amaro, na Zona Sul da cidade. De lá, partem para o Andrade ou para o Recanto do Nordeste.

Apaixonada por dança, Inês tem de fazer muitos sacrifícios para prosseguir encantando a todos com a agilidade e a graça que lhe são peculiares. Durante o dia, Inês trabalha como carteira. O excesso de caminhadas, bem como o peso que, diariamente, tem de carregar no trabalho, lhe renderam uma artrose no joelho. Somado a isso, os movimentos rápidos e repetitivos da dança acabaram sobrecarregando ainda mais os ossos. Como resultado, vez ou outra Inês é acometida por crises de dor e precisa se afastar do forró. Quando volta, entretanto, é com a alegria e disposição redobradas.

E para felicidade geral da nação, sempre que isso acontece, Cortez e Inês brindam os presentes com uma coreografia de dar gosto. A vertente dançarina do editor já foi comentada até mesmo pelo escritor Ignácio de Loyola Brandão, em artigo publicado no jornal *O Estado de S. Paulo*, em que discorre sobre o dia em que descobriu o Restaurante Andrade como um dos tradicionais redutos de encontro para os amantes do forró e da típica culinária nordestina em São Paulo. "Fotos invadem espaços com gente conhecida e anônimos, amigos da casa, frequentadores há décadas. Pois logo à minha frente não havia uma figura mais do que conhecida nos meios literários? Quando ele se virou, vi que era o editor e livreiro Cortez, *habitué* de vinte anos, que se solta na pista com uma descontração juvenil".

E uma vez que o forró também é frequentado por escritores, educadores em geral, Cortez, para não perder o costume, aproveita para fazer divulgação da empresa por meio de livros e catálogos. "Se alguém pergunta pela editora, ele logo corre até o carro e pega o material promocional. É hora em que deixa de lado o social e dá início ao comercial", afirma Inês.

Assim como aconteceu com Geraldo e Neusa, a amizade de Inês e Cortez se consolidou ao longo do tempo: "Cortez sempre se mostrou um amigo maravilhoso. Na época em que minha mãe adoeceu, ele me deu uma força incrível. É uma pessoa muito querida. Jamais abrirei mão de sua amizade", completa. E amizade boa é aquela que se mantém não só pelas qualidades do amigo, mas apesar dos seus defeitos também. E Inês conhece bem as duas faces de Cortez, cujas virtudes como dançarino convivem lado a lado com suas manias.

Aos poucos, a amiga aconselha o editor na tentativa de que se torne mais flexível e aberto às mudanças. Certa vez, sugeriu que trocassem de mesa, alegando que seria bom enxergar as coisas por outro ponto de vista. Isso porque há décadas Cortez fazia questão de sentar-se sempre no mesmo lugar.

A relação de Cortez com o relógio também foi motivo de conversa. De acordo com Inês, o editor olhava as horas de cinco em cinco minutos, cronometrando o horário de entrada dos músicos, os intervalos, a duração do jantar. "Ele tratava o forró como se fosse o trabalho quando, obviamente, deveria estar ali para dançar e se distrair." O puxão de orelhas funcionou e, a partir daí, Cortez abandonou o uso do relógio em definitivo.

Apesar do companheirismo, o editor não se aperta quando Inês não pode comparecer ao forró. Seu jeito extrovertido sempre lhe garantiu ótimas companhias. Uma delas, inclusive, passou a fazer parte do catálogo da Editora. Trata-se da professora Rossana Ramos, que, anos após conhecer o editor na pista de dança, tornou-se uma das principais autoras da linha infantojuvenil da editora.

Tão logo chegou ao restaurante, em uma noite de 1992, Rossana viu Cortez arrasando no salão. A professora mal podia acreditar que o editor que tanto admirava estivesse ali, a poucos metros de distância. Não demorou para que Cortez a convidasse para dançar. Na avaliação da professora, Cortez é o dançarino mais democrático que existe. "Não importa se a mulher é gorda, magra, alta, baixa, feia, bonita. Se está de bobeira, ele chama pra dançar."

Sertanejo pop star

Se o sucesso como dançarino já é grande, como editor, então, Cortez chega às raias do estrelato, principalmente nas linhas editoriais de maior tradição na Editora, caso de Educação e Serviço Social. Prova disso é que nas palestras e congressos promovidos pelas duas categorias, os funcionários da Editora optam por chamá-lo de "Seu Xavier".

A estratégia é compreensível. Uma vez reconhecido como "o Cortez da Cortez Editora", o editor é imediatamente cercado por uma aglomeração de educadores que desejam cumprimentá-lo, conhecê-lo ou mesmo pedir uma chance para publicar livros. Em alguns locais, o assédio passa do ponto e faz com que o editor perca o horário de reuniões e outros compromissos do evento.

A situação gera piadas e brincadeiras entre os atendentes da equipe de vendedores da Editora e o próprio Cortez. Sempre que, nesses eventos, o editor resolve pegar no pé dos funcionários, os rapazes invertem os papéis e o ameaçam, em voz baixa: "Olha lá, hein, Seu Xavier! Se continuar perturbando muito, a gente chama o senhor de 'Seu Cortez', em alto e bom som. Já pensou se aquele grupo de professoras escuta?".

Cortez fica pianinho e não abre mais a boca.

As primeiras bienais e outras histórias

A participação de Cortez no mercado livreiro paulista sempre foi uma constante. O editor acredita que quanto mais eventos, debates e discussões sobre as necessidades da área, maiores são as chances de fortalecimento do mercado. Parece contraditório, mas o fato é que se o índice de leitura *per capita* dos brasileiros não passa de 1,9 livro/ano, o que não faltam são oportunidades de crescimento no setor.

Prova disso é o aumento de eventos que privilegiam os debates literários, muitos deles ocorrendo, ao mesmo tempo, em diversas regiões do País. Tais iniciativas deixam sob holofotes um sem-número de escritores, editoras e, é claro, obras publicadas. Em São Paulo e no Rio de Janeiro, a cada dois anos, as bienais se sucedem batendo recordes de público, vendas e participação de autores envolvidos em palestras, lançamentos e sessões de autógrafos. O desafio do mercado é justamente fazer com que esse clima de festa e vendas estratosféricas prossiga por todo o ano.

Mas se hoje os autores e editores conseguem maior espaço para mostrar seu trabalho, houve um tempo em que sequer esses eventos recebiam a atenção dos leitores. Criada em 1970 e organizada pela Câmara Brasileira do Livro (CBL), a Bienal Internacional do Livro de São Paulo sofreu durante seus primeiros anos com a escassez de público. À noite, quando o número de visitantes era ainda menor, só restava aos profissionais se reunir nos estandes para colocar a conversa em dia.

Era assim com o livreiro Jair Canizela, da rede de livrarias Loyola, o editor Wolfgang Knapp, da Editora Pedagógica Universitária, e José Xavier Cortez.

Na época, o editor potiguar ainda não tinha estande no evento e mesmo assim ia à Bienal para dar uma força aos amigos. O desapontamento pela ausência de público era inevitável e, por vezes, os três se perguntavam se todo aquele esforço valia a pena. Anos depois, o próprio Canizela, que é quem relembra a cena, responde a pergunta: "Com ou sem público, está em nosso sangue o prazer de divulgar livros, fazendo com que eles cheguem à maior quantidade possível de pessoas. Temos essa paixão. Mesmo com as pernas doendo, nunca deixamos de prestigiar a Bienal".

A vontade de contribuir com o desenvolvimento do setor também fez com que Cortez participasse de diversas entidades ligadas ao livro. Em 1978, destacou-se como um dos fundadores da Associação Nacional de Livrarias (ANL), entidade sem fins lucrativos que congrega livrarias associadas com o objetivo de incentivar o crescimento do mercado livreiro, dando apoio e incentivo à cultura e à leitura no País. Em 1996, Cortez foi diretor da Câmara Brasileira do Livro (CBL) e, em 2003-2004, presidiu a Associação Brasileira de Direitos Reprográficos (ABDR), que defende o direito autoral no Brasil.

Cortez nunca mediu esforços para colaborar com o desenvolvimento do setor e de seus profissionais. Por isso, sempre que solicitado, o sertanejo recebia em sua sala jovens editores inexperientes, ávidos por informações, orientações e dicas de um editor e livreiro renomado, cujo trabalho era reconhecido pelo mercado.

Essa vertente professoral não deixava de ser um paradoxo, na medida em que, até o final da década de 1990, o editor prosseguia gerenciando a editora com resquícios de amadorismo. Mas isso era considerado mero detalhe quando comparado aos seus tantos acertos. O catálogo estelar e a coragem de publicar obras capazes de fazer a diferença na vida dos leitores sempre chamaram a atenção de boa parte dos profissionais da área, a começar pelos iniciantes, que viam no editor um exemplo a ser seguido.

Foi o caso de José Castilho Marques Neto, atualmente professor universitário e diretor-presidente da Fundação Editora da Unesp. Em 1978, recém-saído do curso de Filosofia da USP, Neto decidiu criar a Kairós Livraria e Editora, juntamente com os ex-colegas de universidade Magali Gomes Nogueira e Moisés Lemonad. As publicações da Editora, de cunho político esquerdista, faziam oposição ao regime ditatorial vigente no país.

Militantes da corrente estudantil trotskista Liberdade e Luta (Libelu), vinculada à Organização Socialista Internacionalista (OSI), os jovens editores publicaram obras fundamentais do pensamento socialista, incluindo textos de Marx, Engels, Trotski, Lênin e Rosa Luxemburgo, além de livros nas áreas de ciências humanas e artes.

A ideia dos três jovens sócios era contribuir para mudar a situação dramática vivida pelo País por meio da leitura, mas, no começo, faltava experiência e traquejo editorial. Daí a necessidade de pedir ajuda a Cortez. De acordo com Castilho, em meio à agitação do dia a dia na Editora, o sertanejo os recebia com o mesmo jeitão informal e despachado que sempre o caracterizou.

Com uma paciência de Jó, Cortez tirava as dúvidas ao mesmo tempo em que falava ao telefone, dava ordens aos funcionários e atendia clientes e autores. "Às vezes, ele saía da sala e avisava: 'Fiquem aí, que eu já volto. Não vão embora, não!'. E assim ele ia e voltava, em meio às explicações que pedíamos. Era de uma generosidade incrível", rememora Castilho.

Os dois se encontrariam novamente na diretoria da ABDR e, em 2003, em Barcelona, no primeiro curso de Edição Global em Espanhol, feito na Universidade Pompeu Fabra. Organizado pelo editor Jordi Nadal, o curso abordava a organização internacional do livro e a internacionalização do mercado espanhol.

Castilho conta que durante as aulas era Cortez quem discorria sobre o mercado editorial e livreiro no Brasil: "Ele tinha um catálogo mais abrangente e muita experiência. Além disso, era querido por todos por ser uma pessoa aberta, sem inibição. Suas informações eram objetivas, vinham de muita vivência e de uma longa reflexão a respeito do assunto". Únicos brasileiros da turma, os amigos assinaram, juntos, o trabalho final exigido pelo curso, cujos professores eram os editores mais renomados da Espanha.

A admiração de Castilho por Cortez vem de longe, dos tempos em que o editor vendia livros nos corredores da PUC-SP. Castilho só lamenta o fato de não ter tido condições de estreitar laços com o editor naquele período em que Cortez era um dos poucos fornecedores dos livros proibidos pelo regime.

"Como todas as relações de quem militava politicamente naquela época, as nossas eram restritas. Eu militava pela redemocratização, fazia parte de uma organização clandestina e tinha de evitar saber muitas informações. Era melhor assim. Podíamos ser presos, torturados. Quanto menos soubéssemos das pessoas, melhor. Era um exercício da desmemória. Por isso, sinto não ter podido me aproximar mais de Cortez naquele período", esclarece Castilho.

Mas as circunstâncias da vida e da profissão acabaram por aproximar os editores a ponto de permitir a Castilho uma avaliação bastante detalhada da personalidade de Cortez: "Eu o encontro em várias situações, lugares, eventos. Mas o local onde ele parece estar mais à vontade é a livraria. Parece ser o universo dele, até mais do que a Editora e as bienais. Cortez é um livreiro que alia generosidade, inteligência e paixão pelo que faz. Ele se torna, assim, uma esperança para quem briga pelo mundo do livro e da leitura. Em um mundo absolutamente globalizado, concentrado, onde um está contra o outro e as editoras estão todas à venda, ele, Cortez, consegue manter uma empresa privada, de cunho familiar, sem abrir mão de seus ideais. Isso é muito importante".

Mas Castilho não foi o único a recorrer à vertente professoral de Cortez. No começo da década de 1990, foi a vez do editor receber em sua sala a editora Rosely Boschini, que então iniciava sua trajetória na Editora Gente. Os conselhos de Cortez auxiliaram muito a carreira de Rosely, que não só conseguiu consolidar sua editora como também se tornou, em 2007, a primeira mulher a ocupar a presidência da Câmara Brasileira do Livro (CBL), cargo para o qual foi reeleita em 2009.

Na opinião de Rosely, Cortez é sinônimo de generosidade e alegria, seja quando ensina o que sabe, seja animando os tradicionais eventos e feiras do mercado editorial e livreiro. Não à toa, na cerimônia de aniversário dos cinquenta anos do Prêmio Jabuti, em 2008, realizada na Sala São Paulo, a presidenta da CBL decidiu render homenagens a José Xavier Cortez, em nome de todos os demais editores presentes na ocasião. "Não poderia ser diferente. Ele é respeitado e querido por todos e, nesse sentido, representa a categoria", enfatiza Rosely.

No começo de sua carreira, entretanto, Cortez também teve oportunidade de observar e aprender com os grandes mestres, dentre eles o casal de editores Wolfgang e Franziska Knapp. "Ambos foram figuras muito importantes não só para mim, mas para todo o mercado editorial. Recorri muito à experiência deles quando abri a Cortez", reconhece o editor.

Em um setor conhecido, também, pelo grande número de intelectuais, o livreiro Jair Canizela ressalta que tanto ele quanto Cortez nunca se consideraram como tal. Eram, isso sim, "trabalhadores a serviço do livro". É Canizela quem exemplifica: "Há mais de 30 anos, publicávamos ou recebíamos livros completamente desconhecidos no País, muitos deles com temas complexos. Nosso trabalho era encontrar uma maneira de fazê-los chegar às mãos das pessoas. Essa era a nossa maior realização".

Amigo de Cortez há 40 anos, Canizela acredita que o editor tem uma visão privilegiada, capaz de detectar tendências e investir em livros que se tornam essenciais ao universo acadêmico. Foi assim com as publicações de Serviço Social. O livreiro lembra que o amigo também soube se adaptar às novas realidades do mercado. "Ele sabe a hora de mudar o rumo do barco, como na época em que a queda nas vendas dos livros acadêmicos exigiu de Cortez a expansão de seu catálogo. Também foi preciso abrir as livrarias para a venda de linhas editoriais diferenciadas, como romances, livros infantis, juvenis e didáticos", analisa.

Capítulo IV

Um sonhador profissional

*"O senhor... Mire veja: o mais importante e bonito, do mundo,
é isto: que as pessoas não estão sempre iguais, ainda não foram
terminadas — mas que elas vão sempre mudando. Afinam ou
desafinam. Verdade maior. É o que a vida me ensinou".*

(João Guimarães Rosa. *Grande sertão: veredas*)

Dando adeus ao amadorismo

Nos anos 1990, a Cortez Editora prosseguiu expandindo seu catálogo e ampliando seu quadro de profissionais. As instalações da rua Bartira já se mostravam pequenas. Os sobrinhos Ednilson e Erivan concluíram o curso universitário e, aos poucos, conquistavam espaços de liderança na empresa.

Da leva de parentes vindos do sertão, os dois sobrinhos foram os únicos que avançaram para os estudos acadêmicos tão logo finalizaram o ensino médio. Íris também chegou a concluir a graduação em Serviço Social, mas apenas em 1994. Três anos antes, Íris voltara a morar com Cortez, juntamente com o então marido, Antônio Jorge Soares, professor universitário norte-rio-grandense, que cursava doutorado na Universidade Estadual de Campinas (Unicamp).

Já Seu Gomes decidiu voltar para Natal em 1991. Coube a Ednilson gerenciar a Livraria. Era a segunda geração da família, que já se diferenciava dos pioneiros pela oportunidade de gerir o negócio com base tanto no aprendizado prático, quanto no teórico, conquistado na universidade. Foi esse o caso de Ednilson que, além da graduação em Ciências Contábeis e a pós em Administração de Empresas pela Fundação Armando Álvares Penteado (Faap), fez vários cursos em entidades ligadas ao setor livreiro.

A despeito das mudanças gradativamente introduzidas pela nova geração de gestores, durante toda a década de 1990 a Editora prosseguiu, na maior parte do tempo, tentando se desvencilhar do amadorismo que ainda imperava, tanto nas ações cotidianas quanto nas decisões estratégicas. Muitas foram as ocasiões em que a empresa chegou ao limite. A máxima "Devo, não nego, pago quando puder" se tornou uma constante. Não raro, a editora era salva no último minuto do segundo tempo, graças às vendas governamentais, que, com frequência, eram responsáveis por colocar as finanças em dia.

O vaivém econômico ainda prosseguiu durante anos, enveredando pelo século 21, mais precisamente até 2007, quando foi registrada a última grande crise financeira da Cortez Editora, superada, mais uma vez, por uma boa venda governamental. O dinheiro caiu na conta da empresa no dia 30 de dezembro, anunciando um novo ano mais tranquilo e promissor.

Após esse último susto, a família Cortez uniu esforços, contratou uma consultoria e criou um comitê gestor composto, na ocasião, por Cortez, Potira, Mara, Miriam, Ednilson e Erivan. Uma das modificações mais importantes vivenciadas pela empresa passa, justamente, pela mudança de Cortez em relação às tomadas de decisão.

Delegar sempre foi uma tarefa paradoxal para o editor, que, apesar de passar a vida lutando para viabilizar o crescimento pessoal e profissional de seus colaboradores, até pouco tempo ainda trazia consigo o perigoso hábito de centralizar ações. Um costume fortalecido após o término da sociedade com Moraes e Virgílio, quando passou anos tomando a frente dos negócios, a despeito de ter ao seu lado fiéis companheiros, como Potira e Seu Gomes.

Após a crítica situação de 2007, entretanto, Cortez parece ter compreendido que delegar não era apenas parte do processo empresarial, mas sim uma atitude essencial que, quando desprezada, pode condenar qualquer empreendimento ao fracasso. Estava claro que as resoluções precisavam ser compartilhadas. Haja vista as tantas saias justas vividas pela equipe, como quando Cortez fechou um grande negócio com a Unesco e esqueceu-se de avisar o Departamento Financeiro, provocando um verdadeiro caos quando a instituição enviou nota exigindo a contrapartida da Editora no negócio.

O viés profissional que vem tomando conta da Editora é recente mas, tudo indica, criará raízes. Por mais que ainda mantenha o perfil informal, o editor já não mistura vida profissional e familiar de modo tão intenso como fazia nos anos 1970 e 1980, época em que essas fronteiras eram cruzadas com uma frequência acima do permitido.

O primo e ex-funcionário Luiz Gonzaga Cortes é uma dentre as muitas pessoas que guardam numerosas recordações dessa fase. Luiz foi um dos primos que, devido à influência de Cortez, dedicou boa parte da vida profissional ao ramo livreiro. Prova disso é que, após trabalhar com o editor nos anos 1970 e início dos 1980, abriu, junto com o irmão Brazinho, a Livraria Potiguar, na sede das Faculdades Associadas do Ipiranga (FAI), em São Paulo. Tempos depois, Brazinho voltou para Natal e Luiz passou a gerenciar a livraria sozinho, até encerrar o negócio, em 1984.

No ano seguinte, Luiz voltou a trabalhar com Cortez, dessa vez como gerente do posto de vendas mantido pela Editora no quarto andar do chamado prédio novo, na PUC-SP. A rotina era puxada. Luiz entrava às 7 da manhã e saía às 23h, apenas com um intervalo para o almoço. "Era justo. Cortez precisava de mim e eu precisava do trabalho", ameniza.

A relação entre os primos era ótima e, como sempre acontecia nesses casos, acabava passando da conta durante o expediente. Era comum ambos reclamarem um do outro por meio de provocações e brincadeiras, mesmo na presença de clientes e fornecedores. Para irritar Luiz, Cortez sentava sobre a mesa e, tal qual uma criança, balançava as pernas no ar. Luiz não deixava por menos: "Ô, Cortez! Você não tem o que fazer, não?" Os clientes, boquiabertos, questionavam: "Nossa, você fala assim com seu patrão?".

Brincadeiras à parte, a dedicação de Luiz ao trabalho era tanta que, vez ou outra, resolvia dar expediente em pleno domingo para adiantar suas tarefas, e o fazia sem nem se preocupar em comunicar ao editor. Em uma dessas ocasiões,

Cortez e Potira apareceram de surpresa para almoçar na casa de Luiz e foram recebidos apenas por sua esposa, Teresinha. Em seguida deu-se o diálogo:

> Cortez: "— *Teresinha, cadê o Luiz?*"
>
> Teresinha: "— *Ihhh, rapaz, ele foi trabalhar*".
>
> Cortez: "— *Mas, hoje?! Domingo?!*".
>
> Teresinha: "— *Sim*".
>
> Cortez: "— *Hum... Deixa eu entrar e telefonar pra ele (...) Alô? Luiz? O que você tá fazendo aí, homem? Cheguei pra almoçar na sua casa e não encontro você!*".
>
> Luiz: "*Ah, é?! Bom apetite! Eu é que não vou deixar meu serviço pra almoçar com vocês, né?*"
>
> Cortez: "*Tá certo. Então, fique aí. Sem você é melhor que sobra mais comida*".

Antes de se casar, Luiz morou cerca de um ano na casa de Cortez, embora já não se lembre mais por que precisou recorrer à residência do primo. "Acho que era porque a casa dele ficava perto da livraria e isso facilitava minha vida", suspeita. Por diversas vezes, Luiz também foi vítima das distrações homéricas do editor. Cortez pedia que o primo o conduzisse de carro pela cidade. O problema era que o editor vivia trocando os endereços ou fornecendo informações completamente equivocadas sobre o trajeto. Foi assim quando solicitou que Luiz o levasse à rua Iguatemi.

Mais que depressa, Luiz providenciou o Fusca da empresa e, junto com Cortez, rumou para o endereço. Qual não foi sua surpresa quando, ao chegar à rua, localizada no bairro do Itaim Bibi, Cortez tascou a pergunta: "Homem, o que a gente tá fazendo aqui?!". Ao que Luiz, prevendo transtornos, respondeu: "Como assim o que estamos fazendo aqui? Você não disse que queria vir à rua Iguatemi?". E Cortez, amarelo: "Ah... Eu disse isso, foi? Pois eu queria era dizer Concessionária Iguatemi, na rua dos Pinheiros".

De outra feita, o editor pediu que Luiz entregasse um livro na avenida Cásper Líbero. Ao chegar ao local, Luiz observou que a numeração informada por Cortez simplesmente não existia. Após telefonar para o primo, o engano foi desfeito. Na verdade, o editor deveria ter dito Fundação Cásper Líbero, localizada na avenida Paulista, e não avenida Cásper Líbero, localizada no centro da capital.

Nas feiras e congressos nacionais, as confusões do editor também davam o tom. Vendedor até debaixo d'água, Cortez era o terror não apenas de Luiz, mas de toda a equipe. Mal chegava aos eventos, os rapazes entravam em pânico. Isso porque o sertanejo não deixava nenhum cliente sem resposta e movia mundos e fundos para conseguir os livros solicitados.

O problema era que o tino comercial de Cortez passava dos limites e, na ânsia de não perder a venda, prometia conseguir até mesmo livros esgotados (em um prazo máximo de 24 horas!). A confusão era certa. No dia seguinte, o cliente voltava ao evento apenas para buscar a encomenda. Quando os vendedores respondiam que o tal título estava esgotado e não havia meios de consegui-lo, os clientes retrucavam, revoltados: "Mas como? Ontem mesmo um vendedor de vocês me prometeu esse exemplar!".

Bom observador, Luiz também presenciou algumas sinucas de bico causadas pela relação estreita entre Cortez e os autores e professores da PUC-SP. Como na ocasião em que uma professora da Universidade quis estacionar o carro na vaga da Livraria e um dos vendedores não permitiu. Cortez, que presenciava a cena da janela de sua sala, gritou: "O que está acontecendo aí?" E ao saber que a moça lecionava na PUC-SP, sentenciou: "Então ela pode estacionar, sim". "O vendedor ficou uma fera, completamente desautorizado na frente da professora", lembra Luiz.

Situações envolvendo dinheiro também são colecionadas aos montes pelo primo do editor. Em um dos diversos eventos realizados no Rio de Janeiro, Luiz havia sido designado para tomar conta do caixa. Foi um estresse. A todo o momento, Cortez vinha pedir dinheiro ao primo, fosse para almoçar, fosse para pagar um cafezinho para os professores que visitavam o estande. Luiz negava os trocados ao chefe e o editor reclamava horrores. "Ele era muito mão-aberta. Se eu deixasse, ele acabava com o dinheiro", afirma Luiz, que prosseguiu trabalhando para Cortez até sua aposentadoria, na década de 1990.

Mas o perfil "mão-aberta" atribuído a Cortez não foi suficiente para evitar que a livraria tivesse obras surrupiadas ao longo de sua existência. O editor chegou a ficar cara a cara com um dos gatunos no exato momento em que, anos depois do crime, o mão leve resolvera confessá-lo em público. O caso se passou em uma festa de aniversário para a qual Cortez fora convidado. "Cheguei à festa atrasado e, ao entrar na sala espaçosa da casa, me aproximei de um grupo de pessoas. Todas estavam sentadas, à exceção de um homem que permanecia em pé, contando aventuras e feitos memoráveis. Antes que o anfitrião me apresentasse, o convidado prosseguiu a narração das aventuras dizendo: 'Vocês sabem que fiz mestrado na PUC, mas como o curso estava muito caro e eu sem grana, praticamente surrupiei da Livraria Cortez toda a bibliografia indicada.'"

Então, o aniversariante apontou para o editor e anunciou ao falastrão: "Pois é, fulano, este é o Cortez, o dono da livraria". O grupo inteiro mal podia se mexer tamanho o embaraço da situação. Mas Cortez ainda teve presença de espírito para dar ao larápio um elegante golpe de misericórdia: "Só espero que esses livros tenham ajudado você a ser um professor competente".

De outra feita, o editor descobriu que havia sido furtado, embora, nesse caso, o ladrão tenha permanecido no anonimato. Era início da década de 1990 e a livraria funcionava no casarão da rua Bartira. Uma porta de aço, daquelas de enrolar, abria a entrada da loja. Naqueles tempos, Cortez normalmente era o primeiro a chegar. Numa manhã, ao levantar a porta, deparou com um envelope onde se lia: "Para Cortez." O sertanejo achou estranho e, mais que depressa, tratou de abrir o invólucro. No seu interior, apenas uma nota de 10 reais e um papel contendo o seguinte texto: "Cortez, deixo essa nota para pagar um livro que levei de sua livraria. Me arrependi. Você não merece!"

Um editor latino-americano

Ainda na década de 1990, Cortez deu início a um projeto editorial que visava fortalecer ainda mais a já consolidada linha de Serviço Social da Editora: era a coleção Biblioteca Latino-Americana de Serviço Social. O projeto inicial, criado pelo uruguaio, com nacionalidade brasileira, Carlos Montaño, professor da Universidade Federal do Rio de Janeiro (UFRJ), data do final de 1993, época em que o educador veio a São Paulo apresentar a ideia a Cortez.

Por falta de verbas para viabilizá-lo, o projeto permaneceu dois anos na gaveta. Mas tão logo a professora Elisabete Borgianni assumiu o cargo de assessora editorial da área de Serviço Social da Cortez Editora, ouviu a seguinte orientação do editor: "Temos aqui um projeto do professor Carlos Montaño que, quem sabe, você pode ajudar a desenvolver".

Assim que finalizou a análise do material, Bete adentrou à sala de Cortez completamente tomada pelo entusiasmo: "Precisamos dar andamento a esse projeto o quanto antes!" Graças à insistência de Bete, a Editora enviou Montaño a um seminário realizado na Guatemala. Na bagagem, o professor levava apenas três livros referenciais da linha de Serviço Social da Cortez, todos em português, uma vez que a Editora ainda não havia publicado em espanhol.

A ideia era testar o interesse do público pelas obras. "Houve interesse, mas a venda foi mínima porque os livros estavam em português", explica Montaño. O resultado não desestimulou Cortez, que providenciou a tradução dos livros e, em 1997, acompanhado por Montaño, lançou a coleção *Biblioteca Latinoamericana de Servicio Social* no Seminário Latino-Americano da região México-Centro-América e Caribe, realizado em Porto Rico.

Era um evento regional, mas que acolheu com boa receptividade os títulos lançados pela Editora, de autoria de José Paulo Netto, Marilda Iamamoto e Maria Lúcia Martinelli. O editor aproveitou a ocasião para estreitar laços com intelectuais, editores, autores e demais profissionais dos mercados educacional e livreiro da América Latina. Cortez e Montaño prosseguiram divulgando a coleção em diversas viagens.

Em 1998, editor e autor estiveram em Concépcion, no Chile; em 1999, foi a vez da cidade de Santiago, no mesmo país. Em seguida, autor e editor rumaram com destino ao Paraguai, dessa vez aproveitando um curso de duas semanas que Montaño ministraria no país. Na sequência, seguiram para o Uruguai. O roteiro foi finalizado com duas idas ao México, sempre em eventos ligados ao setor livreiro e educacional.

Em meio a isso, sempre que possível, Montaño também aproveitava as viagens propiciadas por seu trabalho na Universidade para divulgar a coleção. Cortez, em paralelo, observava o mercado e ampliava suas relações com autores, diretores e representantes do mundo acadêmico. Aos poucos, esses clientes potenciais passavam a solicitar a coleção, sempre elogiando os conteúdos dos livros e ressaltando o fato de que eram imprescindíveis para as suas universidades.

O desafio da Cortez Editora era fazer com que os títulos da coleção substituíssem — ou pudessem complementar — livros considerados como verdadeiras bíblias do Serviço Social na América Latina. Obras muitas vezes consolidadas há mais de três décadas nos círculos universitários e que ajudaram a formar várias gerações de profissionais.

Tratava-se de uma realidade totalmente distinta da brasileira, em que a própria Cortez Editora atuou de modo a não permitir a estagnação das publicações da área — por meio da edição de trabalhos produzidos por mestres e doutores. O mesmo já não ocorria em países da América Latina e de outros continentes, onde os profissionais de Serviço Social consultavam os mesmos textos há séculos.

Eram livros que traziam uma abordagem ultrapassada da área, sem os registros dos saltos de qualidade já conquistados. Em contrapartida, os textos da Biblioteca Latino-Americana traziam uma visão atualizada da profissão e, mesmo não oferecendo lucro num primeiro momento, conquistavam a atenção e o reconhecimento acadêmico.

"Poucas são as editoras que, como a Cortez, pensam a médio e longo prazo e que, principalmente, priorizam o conteúdo crítico de seus livros. Num contexto de desemprego e desesperança, a preferência recai sobre os títulos de esoterismo e autoajuda, que propiciam aos leitores a possibilidade de escapar da realidade, ao invés de transformá-la", analisa Montaño.

Na contramão dessa vertente e mesmo com a preocupação em torno do equilíbrio das finanças da Editora, Cortez se recusa a abandonar a publicação de livros que privilegiam o debate crítico e prossegue investindo em obras capazes de mudar substancialmente a vida dos leitores. Sobre essa postura de Cortez, Montaño completa: "Não sabemos até quando ele vai resistir, mas é nítido que continua tentando".

E se nas andanças pelo Brasil o editor faz questão de divulgar o forró pelos quatro pontos cardeais, nos países vizinhos não é diferente. Após prestigiar as danças típicas de cada local, dentre elas a salsa, a *cueca* — típica dança chilena — e os ritmos paraguaios, Cortez tira da manga um sem-número de CDs de forró, com os quais costuma presentear educadores, livreiros e editores.

Nessas horas, a informalidade dá o tom e, no seu portunhol peculiar, sempre que apresenta o coordenador da coleção Biblioteca Latino-Americana de Serviço Social aos reitores e profissionais do mercado editorial, abre mão de dizer "Professor-doutor Carlos Montaño" para utilizar a alcunha "Dom Carlito", muito mais afetiva, acredita.

Para muitos, essa informalidade pode soar estranha, principalmente quando se trata do meio acadêmico, mas Cortez não dá a menor pelota para isso. E sua autenticidade dá resultado. Montaño ressalta que, em eventos acadêmicos internacionais, ninguém jamais se lembra de mandar lembranças aos editores dos livros comercializados nesses congressos, simpósios ou seminários. No máximo, os professores mandam lembranças a amigos que atuam em universidades brasileiras. Mas com o coordenador da coleção Biblioteca Latino-Americana não é assim que acontece: "Onde quer que eu vá, todos fazem questão de mandar um abraço pro Cortez".

Não é para menos. Além do carisma do editor, havia o esforço, até mesmo físico, de divulgar os livros da coleção nos países latinos. O fato de ser o proprietário da editora não impedia Cortez de carregar pilhas de livros nas malas e bolsas levadas nas viagens. O jeito era reduzir ao máximo as mudas de roupas e usar o espaço que sobrava para transportar as obras. "O lema era pouca roupa, muito livro e uma quantidade generosa de desodorante", brinca Montaño. Gradativamente, a coleção segue ampliando seu número de publicações, tendo atingido 14 títulos no início do ano de 2010.

Na saúde e na doença

Acostumado a lidar com os desafios impostos por seu trabalho, o editor José Xavier Cortez ainda seria surpreendido pela certeza de que problemas de ordem profissional se tornam infinitamente menores se comparados a algumas batalhas travadas na vida pessoal. E uma delas seria enfrentada quando, aos 62 anos, após um exame de rotina, o editor recebeu o diagnóstico de câncer de próstata. O parecer do médico não poderia ser mais pessimista: "O tumor é muito agressivo e não há mais nada a ser feito". Mas Cortez nunca foi homem de desistir fácil e essa não seria a primeira vez. Acompanhado da filha Marcia, familiarizada com o vocabulário científico dos resultados de exames e das explicações médicas, o editor saiu à caça de outros especialistas, dando início a uma verdadeira peregrinação por consultórios, laboratórios e hospitais.

Em apenas uma semana, a família ouviu a opinião de quatro profissionais. Todos unânimes em constatar que a situação era grave, mas não a ponto de sugerir que o editor cessasse de lutar, como havia sentenciado o primeiro médico. De posse das novas avaliações, Cortez descartou a hipótese de realizar a operação pelo seu plano de saúde, uma vez que o responsável pela cirurgia seria o mesmo pessimista que o atendera de início.

Em meio ao desespero provocado pela situação, o editor recebeu um telefonema que simbolizaria o primeiro passo rumo à chamada luz no fim do túnel. A ligação partira de Teresina, no Piauí, mais precisamente da professora Aglair Alencar Setúbal, autora da Cortez Editora que, anos antes, havia sido uma das dezenas de estudantes que recorreram ao editor como avalista. Naquele dia, Aglair fora tomada por uma vontade irrefreável de saber notícias do amigo.

Após alguns minutos de conversa, Cortez contou-lhe sobre a descoberta da doença e sua incessante procura por um especialista. Imediatamente, Aglair entrou em contato com o marido, o médico Antônio Wagner Setúbal, na tentativa de obter a indicação de um profissional competente a ponto de conseguir auxiliar o editor. Setúbal recomendou a Cortez que procurasse o urologista Demerval Matos Júnior, pernambucano radicado em São Paulo.

O sertanejo seguiu o conselho à risca e, tão logo entrou no consultório de Demerval, ouviu do médico a frase redentora: "Homem, fique calmo! Isso não há de ser nada. Deve ser de tanto comer cuscuz!". O tom brincalhão e otimista era tudo que Cortez precisava para se sentir em casa, confiante. A estratégia do médico havia dado certo. O paciente precisava de calma para absorver as informações necessárias ao tratamento. Ao longo da conversa, doutor Demerval esclareceu que a doença poderia ser tratada e, nessa trajetória, manter o bom humor e a atitude positiva seria fundamental. Sobretudo pelo histórico familiar de Cortez, cujo pai falecera em 1995 vitimado pelo mesmo problema, com o agravante de que, anos antes, já tinha enfrentado outro tumor, dessa vez no estômago.

Mesmo encontrando um profissional que lhe inspirava confiança, ainda restava um problema a ser administrado: a Editora atravessava uma grave crise financeira e o valor da cirurgia, acrescido da internação e demais gastos hospitalares, chegava a 18 mil reais. Responsável pelas finanças, Mara sabia o quanto aquela quantia faria falta aos cofres da empresa. Nesse caso, o ideal seria que o editor recorresse ao seu plano de saúde. Afinal, se Cortez esperasse mais 20 dias, um outro médico — e não aquele primeiro que o desenganara —, retornaria das férias e seria designado para operá-lo.

Mas o editor estava inseguro, temendo o pior, e não queria esperar nem mais um minuto. Assim, ao chegar da consulta com o urologista pernambucano, chamou Mara em sua sala e, humildemente, pediu-lhe: "Filha, deixa eu operar com o doutor Demerval?". Passados mais de 10 anos, a primogênita ainda se emociona quando relembra o episódio, único momento em que viu o pai totalmente vulnerável. Mas antes mesmo de a filha recuperar o fôlego e responder, Cortez teve um lampejo: pedir ajuda aos irmãos de Natal, sócios da rede Potylivros.

Quando atendeu ao telefone e ouviu o relato do mano mais velho, Adailson logo conversou com Cleodon e Seu Gomes, que não pensaram duas vezes e, naquele mesmo dia, depositaram não 18, mas 20 mil reais na conta bancária de Cortez. Como pagamento pelo empréstimo, a Cortez Editora cederia livros sem custos para a rede Potylivros durante o período de um ano.

Três dias depois, em uma segunda-feira, 5 de fevereiro de 1998, Cortez dava entrada no Hospital Santa Catarina, em São Paulo, onde seria operado. Na sala de espera, Potira, Marcia e Mara, acompanhadas de Zaira Regina Zafalon, à época, esposa de Erivan, e Júlia Cristina Mota Gomes, casada com Ednilson, dividiam a angústia e a ansiedade. Dentre as filhas, a única ausência era a de Miriam, cujo nervosismo era tão grande que preferiu aguardar notícias em casa.

A cirurgia foi um sucesso. O tumor foi removido e, ao contrário do que sugeriam os exames, a bexiga não havia sido atingida pelas células cancerígenas. Ao deixar a sala de operação, Cortez estava clinicamente bem, mas tremia muito devido ao frio provocado pela anestesia. Marcia se recorda de que, ao ser levado para o quarto, mesmo trêmulo e sob o efeito de forte medicação, o sertanejo ainda tinha forças para manter o bom humor. Ao olhar para Júlia, pediu, com voz pastosa, que a moça coçasse seu nariz: "Júlia nunca gostou dessas brincadeiras e, mesmo sabendo disso, ele segurava a mão dela e puxava na direção do nariz. Todo mundo caiu na risada", relembra Marcia.

Após receber alta, a recomendação era de que o editor permanecesse trinta dias de repouso, um excesso de cuidado completamente inviável dado ao histórico de ansiedade e agitação de Cortez. A família sabia que o editor não suportaria tanto tempo longe da Editora. Mesmo assim, a tentativa de Potira e das três filhas foi louvável. Juntas, improvisaram um misto de quarto e escritório na sala de casa. O objetivo era que o sertanejo, que ainda portava uma sonda para a retirada da urina, pudesse trabalhar e, ao mesmo tempo, receber visitas.

O local contava com um verdadeiro aparato composto por cama, cobertores, mesa, aparelho de fax, papéis e telefone, chegando até mesmo a ser utilizado para a realização de reuniões com a equipe. Uma delas contou apenas com a presença da ala feminina da Editora e tinha por objetivo finalizar os trâmites relativos ao lançamento de um livro.

Assim que as moças chegaram, Cortez pediu que Maria preparasse um lanche para servi-las. Minutos depois, quando a reunião já corria solta, Cortez gritou pela empregada fazendo um pedido inusitado: "Ô, Mariiiiiiiiiia! Procure pra mim aquele negócio que a gente usa no sovaco!". Maria, completamente sem graça, retrucou: "Que isso, Cortez? Que negócio é esse? Do que você está falando? É desodorante que você quer?" Ao que o editor respondeu matando as moças de rir: "Não, Maria, não é desodorante! É aquele outro negócio!" Mas Maria, ainda sem entender nada, insistiu: "Homem, do que você tá falando?! Se não é desodorante que se passa no sovaco é o quê, me diga?!". Então, Cortez puxou pela memória com o intuito de lembrar a palavra exata e, após muito esforço, saiu-se com essa: "É aquele negócio que a gente usa pra ver se está com febre!". Foi quando todas desvendaram, às gargalhadas, que ele se referia ao termômetro.

Mas as reuniões no escritório improvisado duraram pouco. Mesmo com a possibilidade de trabalhar em casa, o sertanejo não se deu por satisfeito. Dez dias após deixar o hospital, na primeira distração de Potira, o editor fugiu e subiu a ladeira da rua Bartira na direção da Editora.

E essa foi a única desobediência de Cortez no que se refere aos cuidados com a saúde. No mais, seu comportamento era espartano. Embora o ritmo de trabalho fosse intenso, a cada três meses o editor parava tudo para ir às consultas com Demerval. Além dos exames de praxe, o editor ainda precisava tomar, também trimestralmente, uma injeção dolorosa. A aplicação era feita pela filha Marcia, que sofria horrores sempre que submetia o pai às agulhadas. Cortez, por sua vez, procurava honrar a sina de "cabra-macho" e, nessas horas, fazia a maior cara de paisagem, sem jamais reclamar de dores.

Graças às idas religiosas ao consultório de Demerval foi possível detectar, em 2002, um novo tumor na mesma região onde se localizava o primeiro. Nesse caso, a opção foi o tratamento com radioterapia, realizada no hospital Oswaldo Cruz. O procedimento durou cerca de dois meses e a recuperação de Cortez foi rápida.

No ano seguinte, entretanto, os exames detectaram novas alterações, mas dessa vez eram tão discretas que doutor Demerval decidiu esperar o máximo de tempo permitido para submeter o paciente a mais um tratamento. Até porque Cortez estava bem, sem apresentar sintomas e levando uma vida absolutamente normal. Nesse contexto, o terceiro tratamento, realizado por meio de terapia hormonal, só teve início em 14 de setembro de 2004.

Os hormônios anulam os níveis de testosterona, podendo também provocar danos físicos e emocionais. Em termos gerais, pode ocorrer perda de massa óssea e muscular, além de alterações de humor e disfunções sexuais. Com o risco de tantos efeitos colaterais, dessa vez Cortez se mostrou um tanto abalado, uma reação compreensível, na opinião do médico. "Seria difícil para qualquer homem saber que uma determinada medicação afetaria negativamente sua sexualidade, na medida em que a libido é completamente prejudicada por esses hormônios", explica o urologista.

Demerval acrescenta, ainda, as dificuldades impostas aos homens que, como Cortez, recebem influência da forte tradição cultural nordestina, que supervaloriza a virilidade, a força e a masculinidade. Por outro lado, ressalta que o editor vivenciava uma situação delicada, lutando bravamente pela vida e já pela terceira vez. Nesse contexto, livrar-se do câncer significaria uma vitória imensa, muito superior às eventuais perdas sofridas na batalha.

Em alguns casos, os hormônios têm de ser ministrados aos pacientes pelo resto da vida, mas, como Cortez mais uma vez respondeu bem à terapia, a medicação foi suspensa em julho de 2008. Quando questionado sobre a experiência de vencer o câncer, Cortez reflete: "Eu trabalho naquilo que gosto e isso ajuda muito. Chego a ficar dias e dias sem me lembrar de que um dia estive doente. Quando fiz radioterapia, por exemplo, não sofri nenhum efeito colateral. O câncer não me atrapalhou em nada, acho até que me trouxe benefícios. Depois da doença, me sinto melhor em relação a tudo".

E não é para menos. Os cuidados com o corpo ganharam atenção redobrada do editor. Há mais de quatro anos, de segunda a sexta-feira, seu dia começa às 6 da manhã, quando tem início uma bateria de exercícios que incluem caminhada, pedalada e alongamento. Após um rápido desjejum, Cortez caminha 12 minutos até o Parque da Água Branca, uma das áreas verdes mais bonitas de São Paulo. O local possui árvores centenárias, pistas de corrida, aulas de ginástica ao ar livre, aparelhos propícios à prática de exercícios, feira de produtos orgânicos e uma série de outras atrações que cativam os moradores da região.

Uma vez no parque, Cortez se dirige a um aparelho semelhante à bicicleta, com pedais fixados ao chão e um confortável assento de madeira onde se exercita por 30 minutos. Em seguida, caminha até um espaço dotado de uma mureta com barras laterais. Ali, juntamente com cerca de 50 pessoas, a maioria com idade acima de 60 anos, participa de exercícios de alongamento e outras modalidades, ministrados por professores ou estudantes de Educação Física da USP.

Cortez é fã incondicional do lugar não apenas por sua beleza e estrutura, mas também pela capacidade de lhe trazer lembranças do Sítio Santa Rita. Em suas trilhas e caminhos, o Parque oferece aos visitantes a possibilidade de contato com animais e aves. Pássaros de várias espécies, patos, galinhas d'angola, gatos, pavões, peixes. Ao vê-los, Cortez parece voltar à infância: brinca e conversa com os bichos sem se importar com os olhares alheios.

A nova sede

Bons e maus bocados da vida de Cortez já foram vividos na atual sede da Editora, cuja história teve início antes mesmo da mudança da empresa para o novo prédio, ocorrida em 1998. Antes de apresentar as características arquitetônicas atuais, a sede passou por uma série de mudanças. De acordo com as lembranças de Miriam, há muitos anos o local abrigava um sobrado habitado por um casal de idosos. "Era um lugar fechado, meio sombrio", descreve a advogada.

Mais tarde, Cortez comprou o terreno e demoliu o sobrado, mas não havia dinheiro para a construção de um imóvel. Foi então que o editor alugou o espaço para um estacionamento. Tempos depois, Cortez recebeu uma proposta da rede de lojas de conveniência americana 7-Eleven, que se comprometia a construir uma edificação no local, desde que pudessem utilizá-la pelo período de duas décadas. Cortez concordou.

Alguns anos depois, entretanto, a rede encerrou suas atividades no Brasil e acabou abrindo espaço para a grande mudança da Cortez Editora e Livraria. A essa altura, o ponto comercial estava ainda mais valorizado. "Pagamos a eles o valor que tinham investido na construção do imóvel, que já contava até com alicerce para o segundo pavimento. Foi um ótimo negócio", recorda Mara.

A mudança propiciou um crescimento sem precedentes na capacidade de atendimento da Livraria, que, no início, comercializava apenas títulos acadêmicos. Após a transferência para a nova sede, a loja passou a disponibilizar um verdadeiro *mix* de produtos. O objetivo era atender a enorme variedade de público proveniente das diversas escolas da região. Com o espaço ampliado devido à construção do segundo pavimento, foi possível oferecer aos clientes maior quantidade de livros didáticos, infantojuvenis e de literatura em geral, além de produtos de papelaria, CDs, DVDs e revistas.

Antes disso, porém, o sobrinho Erivan, que já ocupava o cargo de diretor comercial da Editora, se recorda da dificuldade de convencer o tio a deixar a antiga sede da empresa. O editor parecia enraizado ao lugar e não conseguia visualizar a Editora e a Livraria em outro espaço. "Foram 25 anos no mesmo endereço e Cortez arranjava uma desculpa atrás da outra para permanecer no imóvel", conta Erivan.

As várias faces de Cortez

A resistência do sertanejo a algumas mudanças sempre exigiu do sobrinho doses generosas de paciência. Foram nove anos para que Erivan convencesse Cortez a separar juridicamente a Editora da Livraria. A luta começou em

1999 e terminou somente em 2008, quando as duas empresas finalmente se tornaram independentes. Nesse período, as discussões entre o editor e o diretor comercial eram intermináveis. Cortez acreditava que a Livraria e a Editora deveriam ser vistas como uma única empresa. Erivan, por sua vez, argumentava serem dois negócios distintos, com estratégias, ações, estruturas e objetivos diferenciados.

Da mesma forma, o diretor precisou suar a camisa para persuadir Cortez a comercializar apenas os livros de sua própria Editora nas feiras e eventos dos quais participavam. Foram três anos em que o diretor bateu na mesma tecla. Na opinião de Erivan, cabia apenas à Livraria vender livros publicados por outras editoras. Já o estande da Cortez Editora deveria fortalecer a marca, oferecendo aos clientes obras com selo próprio. "Nos eventos, era comum as pessoas comprarem um livro de outra editora conosco e acharem que aquele era um título publicado pela Cortez. Misturar as coisas gerava muita confusão", justifica Erivan.

O ex-funcionário Francisco Chagas Garcia confirma o temperamento difícil do sertanejo no quesito teimosia, mas completa ressaltando que nem sempre o caso é perdido: "Se ele disser que um copo de vidro é de ferro, então, ele será ferro por muito tempo. Dá um trabalho enorme convencê-lo do contrário, mas uma vez que a pessoa é bem-sucedida nesse propósito, então ele se deixa levar sem dramas".

A vertente mais autoritária de Cortez costuma vir à tona de forma mais aguerrida nos grandes eventos, quando o editor é tomado por intenso nervosismo, agitação e ansiedade. Nessas horas, sobra pra todo mundo. "Ele se envolve em tudo, fica desesperado quando vê que a montagem do estande está atrasada, começa a dar palpite e, muitas vezes, acaba complicando o trabalho dos funcionários. Mas é com Erivan que os embates são mais frequentes. Ambos têm características semelhantes e querem, cada um à sua maneira, impor suas opiniões e ideias", analisa o funcionário Marcílio Rodrigues Carvalho.

Mas se nos eventos Erivan é quem mais sofre com a teimosia de Cortez, nas viagens pelo Brasil, Chagas também não ficava atrás. Em uma ida a Brasília, onde participariam de um evento de Serviço Social, o funcionário literalmente jogou a toalha por conta do jeito turrão do editor. Pouco antes da viagem, Cortez telefonara a um amigo que atuava como distribuidor de livros na Capital Federal. O objetivo era pedir a indicação de um hotel bom e, ao mesmo tempo, de valor acessível.

Ao chegar a Brasília, os funcionários Chagas e Neto, juntamente com Cortez, entraram no táxi, forneceram o endereço do lugar para o motorista e, imediatamente, ouviram a frase: "Vocês vão ficar nesse hotel?!". Ao que Chagas respondeu: "Sim... Por quê?" E o taxista: "Por nada, não... Só perguntei por perguntar".

Aquilo soou estranho, mas o trio seguiu em frente. Uma vez no local, não deu outra: o hotel era péssimo. Em meio ao calor insuportável, o lugar cheirava a mofo e nem ar condicionado tinha. Chagas não se conformava e chamava a atenção do chefe: "Como é que você aceita ficar num lugar desses? Nem eu, que sou apenas seu funcionário, aguento passar a noite aqui!". Mas Cortez, que nunca deu a mínima para conforto, tentava acalmar Chagas argumentando que procurariam um lugar mais adequado no dia seguinte. Afinal, estavam cansados, eram quase onze da noite e o melhor seria tomar um banho e dormir.

Neto, que é irmão de Chagas, também não se importava com a precariedade do lugar e, ao ver o mano nervoso, tratava de irritá-lo ainda mais, fazendo brincadeiras com a situação. Voto vencido, Chagas concordou em ficar. O problema é que nem bem o funcionário entrou no banheiro e ligou o chuveiro, foi surpreendido por uma barata asquerosa que caiu certeira sobre suas costas. Era o que faltava para entornar o caldo da civilidade. Chagas saiu do banheiro possesso, jogou a toalha sobre o chefe e esbravejou: "Eu vou embora! Fique você nessa espelunca, se quiser!". Foi quando o editor se convenceu de que o lugar era realmente um muquifo, aceitando que saíssem à caça de outro hotel.

A despeito de ser uma das pessoas que mais batem de frente com Cortez, Erivan acredita que as qualidades do editor ultrapassam muito a quilometragem de seus defeitos. Para o diretor, o grande talento do sertanejo é manter a ética e a capacidade de ter conseguido, ao longo dos anos, criar uma identidade para a empresa usando os poucos recursos de que dispunha nas diferentes fases de sua vida. Diferentemente de alguns amigos e familiares, Erivan enxerga em Cortez, mais do que um vendedor, um desbravador especializado em abrir frentes para a atuação de sua equipe.

A filha Mara complementa o raciocínio do diretor comercial quando relembra o episódio em que uma determinada iniciativa do editor alavancou as vendas não só da Cortez, mas de diversas editoras de São Paulo. Em 2002, a Prefeitura da capital publicou edital para a realização de concurso público para professores. Dezenas de títulos compunham a bibliografia sugerida para as provas. Dentre os livros, cerca de 40 eram da Cortez Editora, que detinha a maior quantidade de títulos presentes na lista.

Ao ver a relação das obras, Cortez imediatamente entrou em contato com a Câmara Brasileira do Livro (CBL) solicitando que a instituição enviasse uma carta ao então secretário municipal da Educação de São Paulo, Fernando José de Almeida, que, por sua vez, também era autor da Cortez Editora. A ideia era que a carta elogiasse a realização do concurso e sugerisse à Prefeitura a compra dos títulos relacionados na bibliografia do edital. O objetivo era abastecer as bibliotecas municipais com as obras. Afinal, essa seria a única possibilidade para inúmeros professores que precisariam se preparar para o concurso, mas não dispunham de condições financeiras para comprar tantos livros.

Almeida acatou a ideia e a Secretaria adquiriu cerca de dois mil exemplares de cada título, beneficiando inúmeros educadores e dezenas de editoras. "A preocupação de meu pai foi além de propor apenas a compra dos livros publicados pela Cortez. Era época de final de ano e imagino que com aquela iniciativa ele tenha contribuído para salvar o Natal de muitas editoras que estavam em situação difícil", enfatiza Mara.

No dia a dia de trabalho, a diretora financeira procura seguir à risca muito do que aprendeu com o pai ao longo dos anos. Para Mara, o lucro é sempre bem-vindo, desde que, para alcançá-lo, não seja preciso atropelar a ética, as boas relações, a dignidade e as convicções pessoais. "Queremos estar bem, ter uma boa saúde financeira, dinheiro pra investir em bons projetos, mais do que isso não precisa", esclarece.

E o cuidado com a saúde financeira da empresa está, cada vez mais, se tornando parte do cotidiano. No segundo semestre de 2008, época em que a crise econômica mundial desencadeada pela quebra do mercado imobiliário americano vivia seu ápice, Cortez, numa reunião com o comitê gestor, separou uma notícia de jornal referente à crise e alertou a todos para a necessidade de repensar os negócios para 2009. Era a primeira vez que o editor buscava soluções antecipadas a um possível problema financeiro. Mara comemorou: "Fiquei tão eufórica que levantei para dar um beijo em meu pai", revela.

Uma aventura social em Santo André

A entrada da Cortez no século 21 foi marcada, logo nos primeiros anos do novo milênio, por uma verdadeira aventura social registrada a partir de novembro de 2003 no município de Santo André, que compõe a famosa região do ABC, nas proximidades de São Paulo. À época, com 25 anos de existência e a missão de combater a exclusão social, a Livraria Cortez, integrada a um projeto desenvolvido pela Prefeitura de Santo André, inaugurava sua primeira filial na cidade, localizada na avenida Prestes Maia, 3.350, ao pé da favela Sacadura Cabral, naquele período em fase de urbanização.

A ideia era promover a capacitação dos três mil habitantes do bairro por meio do acesso à leitura. Para isso, a loja realizava uma série de promoções em que os títulos eram comercializados por valores baixíssimos, sendo possível ao leitor adquirir até três livros por 10 reais. Mas a medida mais impactante foi viabilizar o aluguel das obras pelo prazo de cinco dias, ao valor simbólico de R$ 1,00.

No decorrer de um ano, 120 moradores, entre crianças e adultos, utilizaram o recurso do aluguel. Os títulos mais procurados entre 2003 e 2004 foram *Estação Carandiru*, de Draúzio Varella, levado às telas pelo diretor Hector Babenco, e *Memórias póstumas de Brás Cubas*, clássico de Machado de Assis. Também em 2004, a livraria realizou oficinas e encontros com cordelistas. Na opinião de Ednilson, que coordenou a implantação da nova loja, o projeto pretendia mostrar que o espaço da livraria não deve ser visto como um ambiente elitizado, reduto de intelectuais. Ao contrário, quanto mais democrática e acessível à população, melhor.

Apesar dos investimentos e da boa vontade da equipe, a Livraria sempre se manteve a duras penas, até o seu fechamento, no final de 2008. A insistência em manter um negócio não lucrativo durante cinco anos é parte da responsabilidade social assumida por Cortez e seus colaboradores, que resistiram ao máximo às oscilações de mercado e às quedas nas vendas do setor livreiro.

No período em que a Livraria existiu, entretanto, a meta pessoal de Cortez foi alcançada, na medida em que a experiência plantou a semente da leitura no coração de vários moradores. Notícias publicadas em jornais locais confirmaram os benefícios conquistados pelo empreendimento. É o que se vê em trecho de reportagem do periódico *Diário do Grande ABC*: "Líria Ferreira, responsável pela unidade andreense, é a principal testemunha da avidez dos clientes. Já viu pedreiro que antes dava de ombros para os livros consumir três títulos em menos de duas semanas; já viu uma compulsiva cliente retirar 26 livros no intervalo de um ano; já viu 60 crianças visitarem a loja num único dia, eufóricas diante de contadores de histórias".

Seguindo a cartilha de vida de Cortez, o exemplo da livraria de Santo André funciona como uma prova concreta de que o sucesso, em alguns casos, não se mede em cifras.

Cortez para crianças

Lançar um selo voltado à literatura infantil era um sonho antigo de Cortez. E após mais de 40 anos dedicado à divulgação de conteúdos acadêmicos, era chegada a hora de promover conhecimento a partir da base, logo nos primeiros anos da infância. A ideia de investir no segmento infantojuvenil ganhou força após Cortez finalizar a leitura de *Sebastiana e Severina*, do autor e ilustrador André Neves, publicado pela Editora DCL.

Voltada para o público infantil, a trama se passa no sertão nordestino e apresenta a amizade entre as duas rendeiras. No enredo, as protagonistas tentam conquistar o amor de um forasteiro por meio de belas canções. Ao ler a história, o editor foi imediatamente transportado para o cenário da Currais Novos dos anos 1950, cidade emoldurada pelos seus sentimentos, saudades e lembranças. Foi quando o editor sentiu a força capaz de advir de um livro infantil.

Mas é verdade que outros fatores mercadológicos também impulsionaram a decisão, já que não era mais possível continuar publicando apenas títulos da área acadêmica. As vendas não correspondiam mais às expectativas da Editora, muito por conta da propagação dos xerox, verdadeira febre entre estudantes do meio universitário.

Na tentativa de virar o jogo, o editor se viu em meio a três alternativas: a primeira era enveredar pelo segmento de autoajuda; a segunda pela publicação de livros religiosos e a terceira seria a criação da área de infantojuvenis. Após reuniões com os profissionais da Casa, o veredito: autoajuda não se encaixava no perfil da Editora. Religião, por sua vez, também era uma opção inviável devido às ótimas editoras que marcavam presença nesse segmento. Desse modo, só restou ao editor abraçar a área de literatura para crianças e jovens que, apesar de também já contar com a competência de grandes editoras, possuí enorme variedade de temas, possibilitando à Cortez todo o espaço necessário para crescer nesse setor.

A nova empreitada exigia alto investimento, autores de excelência e a criação de equipes e estratégias de negócios completamente novas. Para além disso, era preciso encontrar um profissional experiente, sensível, que conhecesse a fundo essa vertente do mercado. Mas a escolha, apesar de criteriosa, não representaria um problema para Cortez.

Desde 2001, o editor vinha mantendo contato com o professor Amir Piedade, autor e também editor de livros infantis. Foi o próprio Cortez quem o convidara para coordenar a *Coleção Docência*, publicada pela Editora no segmento de Educação. A experiência resultou tão positiva que, em 2003, quando foi definida a entrada da Editora no segmento infantojuvenil, Amir já era considerado o candidato natural para a coordenação do projeto.

Grandes autores brasileiros foram convidados para compor o novo catálogo, dentre eles Tatiana Belinky, Júlio Emílio Braz, Edson Gabriel Garcia e Nelson Albissú, que receberam a ideia com grande entusiasmo. Em março de 2004, após um investimento da ordem de R$ 1,5 milhão, a coleção *Ler, gostosa brincadeira* saía do forno com 19 títulos e tiragem média de 10 mil exemplares cada um.

A quantidade volumosa era uma exigência de Cortez. Na opinião do editor, era preciso marcar presença com uma coleção de qualidade e quantidade impactantes. Mas a ousadia da nova linha editorial transcendia os números e se impunha, sobretudo, na força dos temas abordados: inclusão social, diversidade (sexual, racial, comportamental), consumismo e história — conteúdos geralmente escassos nas prateleiras voltadas ao segmento.

Conforme as expectativas, a repercussão foi excelente, com ótimas críticas e ampla cobertura da imprensa. O jornal *O Estado de S. Paulo*, por exemplo, abriu seu tradicional *Caderno 2* destacando a coleção com diversas ilustrações e um texto elogioso do jornalista Antônio Gonçalves Dias. Nos dias que se seguiram, a equipe de divulgadores da Editora precisou se desdobrar para atender à enorme quantidade de pedidos vindos de todo o País.

Em pouco tempo, o catálogo infantil da Cortez se tornaria referência. Ao todo, quatro livros já receberam o cobiçado selo da Fundação Nacional do Livro Infantil e Juvenil (FNLIJ). O primeiro deles, em 2005, foi para *Benedito Bacurau*, de Flávio Paiva, que recebeu a menção "Altamente recomendável — Categoria Criança". Em 2006, foi a vez de *Leonardo desde Vinci*, de Nilson Moulin e Rubens Matuck, faturar o selo de "Melhor Livro Informativo"; em seguida, o destaque foi para *Histórias tecidas em seda*, de Lúcia Hiratsuka, vencedor na categoria "Reconto".

A linha infantojuvenil da Cortez, cujo catálogo ultrapassa os 150 títulos assinados por autores e ilustradores nacionais, também teve obras selecionadas pela FNLIJ para compor o catálogo da tradicional Feira de Livros Infantis de Bolonha (Bologna's Children Book Fair). Coube ao livro *A descoberta*, com texto e ilustrações de Jonas Ribeiro, ser a primeira publicação da Cortez, nesse segmento, a ser traduzida para o espanhol, em 2006. Desde então, já são 21 traduções para o idioma.

Os dados comprovam a consolidação da Editora no setor, com livros escolhidos para compor quase todos os programas governamentais brasileiros, além de vendas bem-sucedidas para organizações não governamentais ligadas à Educação. Como resultado, o selo já responde por boa parte do faturamento da empresa.

Um exemplo de coleção bem-sucedida tem sido a *Nossa Capital*, com 24 títulos publicados, dos 27 previstos, que contam, de forma lúdica, a história das capitais brasileiras para crianças a partir dos sete anos. Comercializada para vários estados e cidades do País, a coleção vem conquistando um número de leitores cada vez maior. Só para o município de Fortaleza foram enviados cerca de 100 mil exemplares do título *Fortaleza: de dunas andantes a cidade banhada de sol*.

Como consequência, na Bienal do Livro daquela capital, a equipe da Editora constatou que tanto as crianças quanto seus pais demonstravam conhecimento sobre a história da cidade por conta da leitura do livro, revelando um ciclo virtuoso que corrobora não apenas a importância da publicação de livros infantis, em geral, mas a proposta dessa coleção, em particular.

Pai coruja, Cortez acompanha de perto a produção de cada um dos livros infantis lançados pela Editora. Além de ler todos os títulos, opina sobre ilustrações, texto, capa, diagramação. O editor também se entusiasma com o perfil diferenciado dos autores da área. Além de escrever, muitos atuam como contadores de histórias e, não raro, aparecem na Editora fantasiados de duendes, fadas e bruxas.

Ao vê-los, Cortez não esconde a alegria de quem fez a escolha certa. A verdade é que, mesmo antes de colocar em prática o sonho de publicar livros infantis, a empolgação do editor com a ideia contagiou a todos, incluindo a amiga e educadora Rossana Ramos. "Cortez me telefonou perguntando se eu tinha algum texto voltado para o público infantil. Em seguida, disparou: 'Se você ainda não tiver nada pronto, escreva. Depois, você mostra para o meu editor. Se ele achar que está bom, você publica'".

Imediatamente, Rossana se dirigiu ao computador e escreveu *Na minha escola todo mundo é igual*, até hoje um dos maiores sucessos da Editora nesse segmento. À época, Rossana era proprietária da Escola Viva, que promovia a inclusão de portadores de necessidades especiais em seu quadro de alunos, no município de Caucaia do Alto, próximo à cidade de Cotia.

O livro demonstrou a coragem da autora e da Editora para abordar temas polêmicos. Com uma trama que desperta os pequenos para a necessidade de respeitar as diferenças, a autora construiu uma história tão contundente quanto sensível, na medida em que traz à tona a importância da diversidade.

A mais nova linha editorial da Cortez também promoveu, por assim dizer, a reconciliação entre o editor e a Marinha. O livro-cupido atende pelo nome de *Cisne Branco*, de autoria de Marcos Vinícius Lúcio e ilustrações de Mario Barata. Lançada em 5 de abril de 2009, no Rio de Janeiro, a obra é um convite para que os pequenos compreendam, de forma lúdica, a função e a importância da trajetória da Marinha no Brasil. Há décadas de distância dos anos difíceis em que atuou como marinheiro, Cortez faz questão de ressaltar o aspecto positivo dessa experiência: "Tudo o que vivi foi essencial para a minha formação, para fazer de mim o que sou. E com a Marinha não foi diferente".

Roteiro de novela

A mesma coragem que impulsiona Cortez a enfrentar dificuldades de ordens variadas também o faz cometer verdadeiras loucuras, muitas delas para auxiliar amigos em apuros. Foi assim em 2004, quando decidiu prestar socorro a uma amiga que atravessava situação desesperadora.

Estrangeira cujo visto de permanência no Brasil já estava por vencer, a moça, a quem daremos o nome fictício de Maria, precisava arranjar uma maneira de continuar vivendo no País com seu filho ainda pequeno. Tudo porque fugia da relação violenta que mantinha com o ex-marido em seu país de origem, localizado na América Latina. Definitivamente, era o tipo de coisa a que Cortez jamais conseguiria assistir, passivamente, de camarote.

Não demorou para que o editor aparecesse com um plano tão mirabolante quanto perigoso. E se Maria arrumasse um casamento com um brasileiro? Essa poderia ser a solução ideal para mantê-la no país com os documentos devidamente regularizados. Mas onde arranjar um noivo? Quem aceitaria submeter-se a uma situação tão delicada, capaz, inclusive de ocasionar problemas com a Polícia Federal?

Depois de gastar um tempo tentando convencer parentes e amigos a se casar com Maria, o editor, finalmente, conseguiu encontrar um espírito altruísta o bastante para topar a empreitada. Afinal, se era para ajudar uma moça vítima de violência doméstica a permanecer no Brasil para criar seu filho em paz e segurança, certamente valeria o sacrifício e o risco. O rapaz, a quem chamaremos de João, era a peça que faltava para formar o "casal".

Os pombinhos fizeram tudo conforme manda o figurino: casaram-se no civil, posando para fotos, sorrindo de felicidade e, claro, tendo Cortez como padrinho. Quando compareceram à Polícia Federal, trataram-se como dois apaixonados: muitos abraços e beijos, além de levarem fotos evidenciando a suposta convivência. Na sequência, restava aguardar os trâmites que dariam andamento à documentação que permitiria à moça viver tranquilamente no Brasil.

O problema é que, dias depois do casório, a Polícia Federal enviou seus agentes, sem agendamento prévio, à residência do suposto casal. O objetivo era checar a veracidade das informações, de modo que a documentação que dava à Maria o direito de permanecer no país fosse finalmente concluída.

Ocorre que o "noivo" esquecera de atualizar sua diarista em relação à mudança de seu estado civil. Resultado: quando os agentes chegaram à casa perguntando por dona Maria, a diarista, sem esconder a surpresa, explicou que o patrão não era casado. Ao ouvir a negativa, os agentes mostraram à mulher uma foto da "noiva". Mas tudo o que ouviram foi: "Nunca vi essa moça na vida".

Numa última tentativa de reverter a situação, o "noivo" ainda compareceu à Polícia Federal alegando que uma diarista não tinha de necessariamente estar a par de sua vida pessoal, tampouco conhecer a esposa com quem se casara havia tão pouco tempo. Porém, a Polícia Federal fazia questão de ouvir o depoimento da outra parte interessada na questão: Maria. Mas como desencontros são parte de tramas rocambolescas, justo em meio a essa confusão, a moça estava viajando. Quando finalmente retornou, nada mais podia ser feito.

Um ano depois, a separação do casal foi oficializada. João explica que a vontade de ajudar Maria o impediu de pensar na quantidade de problemas que arranjaria aceitando o casamento. O primeiro deles surgiu logo após a cerimônia civil, quando João foi ao banco tentar um financiamento para a compra de um imóvel. Mas ao preencher o formulário e assinalar o termo "casado" no item "estado civil", foi informado de que teria de apresentar não só a renda mensal de sua esposa, como uma série de outros documentos pertencentes a ela. Além disso, Maria também teria de assinar toda a papelada referente à nova aquisição.

E ainda haveria outras surpresas: na universidade onde lecionava, João foi informado de que o casamento lhe dava o direito de tirar uma licença de oito dias. "Eu não queria sair de licença naquele momento, mas fui obrigado porque era a lei", explica o ex-noivo. Desde então, só resta a João rir da verdadeira trama de novela em que Cortez o meteu. No mais, tem de se conformar com algumas pequenas mudanças que passaram a fazer parte de sua vida: "Em todas as fichas e formulários que preencho tenho de dizer que sou separado. É estranhíssimo", revela.

O desfecho da novela, entretanto, não foi de todo negativo. Maria realmente teve de voltar ao seu país de origem, mas conseguiu não só se livrar das confusões com o ex-marido, como arranjar um novo noivo, dessa vez verdadeiro, e com quem está muito feliz.

O sertanejo que conquistou a Pauliceia

Além do reconhecimento de amigos e familiares, a trajetória de Cortez também lhe rendeu uma série de homenagens, dentre elas o título de Cidadão Paulistano, concedido em cerimônia realizada no Teatro da Universidade Católica da PUC-SP (TUCA), em 27 de abril de 2005.

Trata-se da honraria máxima concedida pela Câmara Municipal de São Paulo aos cidadãos que, mesmo não tendo nascido na capital paulista, contribuem para o desenvolvimento do município e, consequentemente, para a construção de um Brasil melhor. Para o atual deputado estadual e ex-vereador Carlos Giannazi (PSOL-SP), autor da proposta de concessão do título a Cortez, o editor contribuiu, principalmente, por sua dedicação à educação e à cultura.

"Cortez foi pioneiro na publicação de muitos autores novatos que, com o tempo, se tornaram pensadores críticos, personalidades com trabalhos importantes na área da Educação, principalmente nos anos 1980", pontua Giannazi. O deputado se tornou admirador do editor desde a época em que cursava Pedagogia e História, na Universidade de São Paulo.

Para Giannazi, a luta de Cortez contra o autoritarismo das forças armadas na Revolta dos Marinheiros, responsável por sua expulsão da Marinha, foi tão importante quanto sua trajetória à frente da Editora. "Ao mesmo tempo, Cortez simboliza todos os nordestinos que vieram para São Paulo na esperança de uma vida melhor. É o símbolo do brasileiro migrante que conseguiu ser bem-sucedido na cidade grande, apesar das inúmeras dificuldades", acrescenta o deputado.

Durante o mandato de quatro anos, cada vereador pode indicar até oito pessoas para receber o título de cidadão paulistano. O curioso é que a personalidade indicada precisa assinar uma autorização para permitir a homenagem. Foi então que aconteceu o impensável: Cortez não queria assinar o documento. A modéstia o impedia. Para convencer o sertanejo, foi preciso muita insistência por parte da equipe do vereador. "Cortez foi de uma humildade extrema. Achava que não merecia", revela Giannazi.

Mas o auditório lotado do TUCA na cerimônia de entrega do título, tomado por familiares, amigos, profissionais do setor livreiro, autores e educadores, comprovou que Cortez era o único a pensar assim. E o que era para ser uma solenidade pautada por formalidades tornou-se uma comemoração fiel ao perfil do homenageado, com direito a forró e lançamento do livro *A vez do menino Cortez*, edição não comercial de autoria de Jonas Ribeiro, com ilustrações de Roberto Melo. A obra descreve os sonhos do sertanejo quando criança e o modo como conseguiu realizá-los na vida adulta.

Em seu discurso de agradecimento, o editor destacou: "Esta metrópole me acolheu, assim como a tantos outros migrantes. Nela encontrei espaço para viver. Através dela meus horizontes se alargaram. Aprendi a enxergar e a avaliar melhor o mundo".

O semeador de livros

A história de José Xavier Cortez vem ganhando cada vez mais notoriedade. Além das entrevistas e matérias veiculadas na mídia impressa e eletrônica, o ano de 2010 registrou a estreia do documentário *O semeador de livros*, que aborda a trajetória do editor. Viabilizado pela Lei Câmara Cascudo, da Fundação José Augusto, do Governo do Rio Grande do Norte, o média-metragem foi correalizado pela PUC-SP e dirigido por Wagner Bezerra, que também assina o roteiro com Heloísa Dias Bezerra.

O projeto, que contou com o depoimento de familiares e amigos de Cortez, além de personalidades e intelectuais renomados, também obteve patrocínio cultural da Petrobras e da Companhia de Serviços Elétricos do Rio Grande do Norte (Cosern-RN).

O filme, cujo lançamento oficial ocorreu em 1º de março de 2010, na festa de comemoração dos 30 anos da Cortez editora, realizada no mesmo auditório do TUCA, onde Cortez já fora homenageado, terá distribuição gratuita para instituições públicas de ensino do Rio Grande do Norte, além de ser veiculado pela tevê PUC-SP e por outros canais universitários e educativos do Brasil.

Entre os primeiros contatos de trabalho entre diretor e o protagonista e à finalização do documentário transcorreram dois anos. "Fiz a proposta para Cortez em 2 de janeiro de 2007 e foi um desses eventos que acontecem no dia certo, na hora certa", relembra o diretor e roteirista Wagner Bezerra, afilhado do editor.

Cortez já havia recebido convites semelhantes, mas, nesse caso, pesou a relação de confiança existente entre o principal personagem do documentário e seu realizador. Tão logo recebeu a resposta positiva de Cortez, Wagner deu início à pesquisa e à escolha das fontes. O passo seguinte foi a formatação do projeto para captação de patrocínio.

A primeira instituição procurada foi a PUC-SP. A resposta da então reitora Maura Pardini Bicudo Veras não poderia ser mais animadora: "Pode contar conosco para o que você precisar em termos de pessoal e equipamento". Em outras palavras: a Universidade não dispunha de verba, mas garantiria recursos humanos e materiais. O entusiasmo da reitora era justificado: Maura é cliente de Cortez desde os tempos de estudante, quando comprava livros do editor nos corredores da Universidade.

As filmagens começaram em 2007, em eventos da área de Serviço Social realizados na PUC-SP. Meses depois, era chegada a hora de gravar os depoimentos dos familiares do editor na chamada Bienal da Família, evento que costuma reunir cerca de cem integrantes do clã Bezerra Xavier Cortez no Sítio Santa Rita, em Currais Novos. Palestras, depoimentos, registros fotográficos, vídeos e forrós compõem a agenda do encontro. Uma verdadeira megaprodução para os padrões locais. Memórias de infância e juventude dos participantes de mais idade vêm à tona, contribuindo para que as novas gerações preservem a história da família.

Para o diretor, não poderia haver ambientação melhor para a filmagem de um documentário sobre um editor que passou do cultivo da terra ao cultivo do saber. Bezerra explica que o Sítio Santa Rita foi a locação onde Cortez externou suas lembranças de forma mais fluente e feliz. O filme também ouviu representantes do mercado editorial e do meio político. A receptividade dos entrevistados era sempre a melhor possível. "Muitos souberam do documentário e se prontificaram a dar seu depoimento sem precisar de convite formal", conta o diretor.

Alguns entrevistados se referiam ao editor utilizando conceitos e metáforas que definiam Cortez como semeador de terra e de cultura e também como um eterno marinheiro em busca de novidades, conhecimento e lugares distantes. Nas palavras do diretor, os entrevistados veem Cortez como um homem que sabe ouvir e, mais do que isso, se modifica a partir daquilo que escuta. Alguém que sempre teve amigos fiéis, justamente porque soube cultivar amizades com a habilidade de quem passou parte da vida lidando com a força impositiva da natureza.

"A história de Cortez é vista como a trajetória de exceção de um desbravador. Um exemplo disso foi sua colaboração pioneira na área de Serviço Social. Da mesma forma, todos apontam a qualidade de suas publicações no segmento de Educação e, agora, na literatura infantojuvenil", descreve o diretor. Ainda de acordo com Bezerra, os depoimentos ressaltam, sobretudo, a generosidade do editor, com ênfase em sua preocupação com a transmissão de conhecimento em detrimento do lucro.

O próprio Bezerra é testemunha irrefutável do caráter dadivoso de Cortez desde os tempos em que o diretor, ainda criança, morava no Rio de Janeiro. Em sua ingenuidade típica de menino, o afilhado acreditava piamente que tinha um padrinho rico. Afinal, Cortez era dono do próprio negócio em São Paulo. Assim, nos primeiros anos da década de 1970, quando Wagner contava cerca de 10 anos, decidiu escrever uma carta ao padrinho pedindo o que, naquele tempo, era considerado o máximo da tecnologia no que se refere a brinquedos: um carrinho bate e volta.

Dias depois, lá vinha o carteiro com o tão esperado presente. A criançada da vizinhança delirou ao ver a novidade exibida pelo afilhado de Cortez. Um presente como aquele não deixava de simbolizar um luxo. À época, o pai de Wagner, Seu Leão — o mesmo que, anos antes, havia compartilhado com Cortez uma paixonite juvenil pela mesma moça, Elieth Carmen —, trabalhava como mecânico. Não faltava nada de essencial à família, mas também não era permitido cometer "extravagâncias" do naipe de um carrinho bate e volta. Wagner não cabia em si de alegria.

E por conta da experiência bem-sucedida, ao completar 15 anos, Wagner resolveu ousar. Mandou outra carta ao padrinho, dessa vez pedindo uma mobilete. O cálculo evolutivo era simples: se aos 10 anos o menino ganhara um carrinho tão fenomenal, nada mais justo do que, aos 15, o adolescente ser agraciado com um veículo mais adequado à sua nova fase.

Wagner se recorda que fez a maior confusão na hora de preencher o campo do destinatário no envelope da carta. Ao invés de endereçá-la a José Xavier Cortez, o adolescente confundiu-se e escreveu o nome José da Silva Xavier — uma pisada na bola literalmente histórica lembrando parte do nome de Joaquim José da Silva Xavier, o Tiradentes, mártir da Inconfidência Mineira.

Mas dessa vez o presente não veio, e não teve nada a ver com a confusão feita com o nome do padrinho. O próprio Wagner já desconfiava que se excedera no pedido. "Resolvi arriscar porque sabia que o máximo que poderia levar era um não", justifica. O que ele não sabia era que a negativa não viera do padrinho. Mesmo passando por apertos financeiros, Cortez não resistiu ao pedido do afilhado e chegou a fazer cotação do valor da mobilete em algumas lojas.

Com os valores em mãos, o editor telefonou para o compadre Leão: "E aí, compadre, tudo bem? Estou aqui vendo essa história da mobilete do Wagner e tal e coisa". Mas a reposta de Leão não poderia ser mais categórica: "O quê?! Nem pense nisso! Não quero saber de mobilete aqui em casa." Wagner já era adulto quando descobriu o verdadeiro motivo de ter passado a adolescência desmotorizado.

O editor ainda teria participação efetiva na vida do afilhado em outras ocasiões. Aos 16 anos, Wagner conquistou o segundo lugar em um Concurso Nacional de Poesia. Cortez ficou tão feliz que se ofereceu para publicar os poemas. A edição esgotou com as vendas realizadas pelo próprio autor, na escola onde estudava. Mais tarde, Wagner prestaria vestibular para Publicidade na Universidade Metodista de São Bernardo do Campo. Durante os exames, o rapaz ficou hospedado na casa do padrinho, em São Paulo. Dias depois, o editor, que, por coincidência, possuía uma filial da livraria naquela Universidade, foi conferir a lista de aprovados e deparou com o nome do afilhado, que já havia voltado para o Rio. Foi o próprio Cortez quem telefonou para Wagner dando as boas-novas.

O editor chegou a acreditar que, tão logo concluísse a faculdade, o afilhado poderia trabalhar no Departamento Editorial da Cortez, única área da empresa em que não havia representantes da família. Mas a expectativa foi frustrada quando Wagner decidiu voltar a morar no Rio de Janeiro. Foi então que se criou o que Wagner chama de "dívida de gratidão". Uma dívida que, unida a uma boa história, anos mais tarde renderia um final feliz intitulado: *O semeador de livros.*

A flor que virou estrela

Tanto o documentário quanto as pesquisas para esta biografia já estavam em sua reta final quando a família Cortez atravessou um dos momentos mais tristes de sua história: o falecimento de Potira. Era agosto de 2009 e a esposa de Cortez se preparava para mais uma de suas viagens. Conhecer paisagens, entrar em contato com a natureza e estar em sintonia com novos ambientes constituíam uma verdadeira paixão para Potira, que gostava de viajar acompanhada das irmãs Frida e Vera, além do cunhado Lula, viúvo de sua irmã Martha.

Dessa vez, o roteiro escolhido fora o Pantanal Mato-grossense, para onde iria acompanhada das irmãs. Dona de dois cachorros, três gatos e um quintal cheio de plantas, a ida ao Pantanal tinha tudo para ser positivamente inesquecível para a mãe de Mara, Marcia e Miriam. Porém, três dias após a chegada do grupo ao Pantanal, uma reviravolta sem precedentes faria com que a viagem se transformasse em pesadelo. Potira sentiu fortes dores abdominais, mais precisamente na hérnia existente desde a época do nascimento de Miriam.

Há três décadas, ela relutava em realizar a cirurgia que eliminaria o problema devido ao trauma causado pela morte de seu pai, falecido na década de 1960, justamente em decorrência de uma operação para retirada de hérnia. Os familiares tentavam convencê-la de que o temor não tinha fundamento. Em pleno século XXI, com tantos avanços no campo da medicina, esse tipo de intervenção cirúrgica é considerada simples. Um contexto completamente diferente da realidade vivida há mais de 40 anos, quando os recursos médicos e tecnológicos eram infinitamente inferiores.

A despeito de ser uma mulher bem-informada, ano após ano, a grande companheira de Cortez continuava relutante. "Tenho medo. Sempre me lembro do que aconteceu com meu pai", confessava, com frequência, à irmã Vera. A mudança de atitude viria apenas em 2009 quando, após muita insistência da família, Potira finalmente decidira enfrentar o medo e operar.

Porém, ao realizar exames de sangue, constatou-se um número de plaquetas abaixo do considerado ideal. A sugestão era esperar alguns meses até que os índices se normalizassem. Uma vez que os resultados fossem satisfatórios, a cirurgia poderia ser agendada. E por uma daquelas terríveis ironias do destino, os novos exames seriam feitos justamente após a viagem ao Pantanal.

Mas as circunstâncias correram contra as expectativas e atingiram Potira em cheio em pleno passeio. As dores eram tão intensas que o jeito foi encaminhá-la ao hospital mais próximo, localizado na cidade de Campo Verde. Lá, os médicos verificaram a gravidade do problema e a necessidade urgente de operação. Porém, quando Potira finalmente chegou à mesa de cirurgia, a situação já se mostrava extremamente delicada. Como se diz no jargão da medicina, a hérnia havia "estrangulado".

Hérnias estranguladas constituem uma gravíssima emergência médica, podendo levar à morte do paciente. Isso porque, ao sofrer um estrangulamento, a alça intestinal deixa de receber sangue e, consequentemente, oxigênio. Uma vez que há insuficiência de irrigação sanguínea devido à obstrução arterial ou vasoconstrição — também chamada de isquemia —, o órgão afetado acaba tendo morte celular dos tecidos, processo conhecido na medicina como "necrose".

Nessa situação, a parte afetada se rompe e ocorre a perfuração do intestino, liberando seu conteúdo diretamente na cavidade abdominal, que não está preparada para se defender. Em casos como esse, o paciente pode vir a óbito em decorrência de septicemia, mais conhecida como infecção generalizada. E foi essa a causa da morte de Potira, menos de dois dias após a cirurgia, já na UTI de Rondonópolis, para onde fora transferida depois da operação.

Cortez e a filha Marcia já estavam na cidade, uma vez que viajaram tão logo foram avisados da crise de Potira e do encaminhamento para o primeiro hospital, em Campo Verde. Somados o desespero pela situação e o cansaço da viagem, ambos já estavam completamente atordoados quando receberam a notícia do falecimento. O mais difícil era não poder sequer dispor de tempo para absorver a informação e chorar.

Havia inúmeras providências a tomar, afazeres provenientes da gigantesca burocracia necessária em emergências dessa natureza. Era preciso dar entrada em documentos, assinar outros tantos, providenciar o traslado do corpo, comprar passagens aéreas, checar horários, cartões, comunicar-se com os parentes que ficaram em São Paulo, pensar na logística do velório e do sepultamento. Coisas para as quais, enfim, ninguém jamais está preparado.

Após quase 40 anos de vida em comum, Cortez perdera a esposa, que, com cumplicidade e coragem, enfrentara ao seu lado inúmeros obstáculos e desafios. Potira, a chamada "mãezona" que acolhera sob seus cuidados não apenas as três filhas biológicas mas dezenas de sobrinhos, irmãos e tantos outros parentes do marido, de repente deixara de ser flor para se tornar estrela. Nos últimos anos, seguidora da doutrina espírita, ela não acreditava que a morte simbolizava o fim, mas sim o começo de uma nova jornada.

Coube ao editor e às filhas se esforçar ao máximo para compreender e respeitar sua vontade, encarando essa passagem da forma mais natural possível. Era preciso enxergar sua partida não com doses atrozes de sofrimento, mas com a tranquilidade advinda da certeza de que Potira havia cumprido sua missão: espalhar amor, afeto e solidariedade por todo o caminho trilhado em seus 62 anos.

Não tem sido fácil conviver com a saudade, mas, como não é possível evitá-la, a família faz questão de se recordar de Potira com alegria: suas manias, qualidades, defeitos, seu jeito doce, calmo, sempre pronto a ajudar. Na relação de companheirismo entre Cortez e sua flor não havia espaço para brigas ou discussões. Nenhuma das filhas jamais viu o pai erguendo a voz para a mãe. Talvez porque Potira fosse mestra em lidar com o gênio forte do sertanejo, apaziguando os ânimos sempre que necessário. Ao que parece, Potira só perdeu a paciência uma única ocasião e por um motivo que, visto de longe, só provoca sorrisos. "Só uma vez vi minha mãe esbravejar com meu pai por conta de ele ter derrubado sopa no controle remoto. E foi só", resgata Marcia.

Peça fundamental na trajetória e no sucesso de Cortez, Potira nunca se gabou de sua força e competência. Um ano antes de seu falecimento, Miriam ressaltou a modéstia da mãe: "Ela ajudou meu pai em tudo. Levantou a empresa com ele e, por conta disso, recebeu muitas homenagens dos nossos familiares. Mas é tímida, tem vergonha de tirar fotos, de aparecer em gravações. É uma mulher de bastidores".

A família tem convicção de que lembrar o modo como Potira viveu e amou é a maneira mais eficaz de espalhar a semente do seu legado, fruto de um coração verdadeiramente solidário e generoso.

30 anos da Cortez

"Por um erro de cálculo de 6 meses, minha mãe não pôde presenciar esta festa em que comemoramos os 30 anos da Cortez. Logo ela, que nunca errava cálculo nenhum", lembrou Mara, se referindo à tristeza da perda de Potira poucos meses antes daquele que seria um dos eventos mais importantes já organizadas pela Cortez Editora, em 1º de março de 2010. A frase presente no discurso proferido por Mara caiu como luva na noite em que boa parte das homenagens foram destinadas à memória de Potira. No encerramento de sua fala, visivelmente emocionada, a primogênita de Cortez e Potira completou: "Estou certa de que minha mãe está assistindo esse evento de camarote".

A emoção, de fato, marcou a celebração, que se mostrou inesquecível não só para os familiares e colaboradores da Cortez Editora, mas para os amigos, autoridades e representantes do mercado editorial e livreiro, personagens que lotaram a plateia do Tuca para, mais uma vez, evidenciar seu respeito, admiração e apreço a José Xavier Cortez.

Na ocasião, o filósofo Mario Sergio Cortella, autor da Cortez Editora, conduziu o evento brindando os convidados com uma dinâmica pautada pelo seu bom humor e carisma. Além da apresentação oficial do documentário *O semeador de livros*, ovacionado pelo público, o evento ainda contou com as apresentações do Coral da PUC-SP, da Orquestra Sanfônica de São Paulo e da *mezzo-soprano* Luciene Weiland.

Quase ao final de sua interpretação da música *Asa Branca*, Luciene teve uma surpresa: para deleite dos convidados, Cortez foi levado ao palco pelo senador Eduardo Suplicy (PT-SP), que saiu de seu lugar na plateia, pegou o editor pelas mãos e o conduziu até Luciene, que finalizou os acordes da canção dando um verdadeiro show, dançando forró com o sertanejo.

Um coração cortês

O modo como construiu sua carreira e a paixão devotada aos livros vêm emprestando a Cortez, ao longo dos anos, uma dignidade e uma estatura difíceis de serem alcançadas pela maioria das pessoas. Não raro, sua trajetória é comparada à de grandes nomes do mercado editorial brasileiro, como frisou o padre e amigo José Oscar Beozzo, coordenador geral do Cesep (Centro Ecumênico de Serviços à Evangelização e Educação Popular): "O verdadeiro editor é um promotor cultural, alguém que pensa com generosidade sobre grandes questões e corre riscos para defendê-las. Mas, hoje em dia, quem bate o martelo em grande parte das editoras é o departamento comercial, ao contrário do que ocorria antigamente, quando se publicava o que os editores consideravam importante, mesmo que soubessem que as vendas não seriam tão expressivas. Cortez é dessa estirpe, assim como o foram os editores José Olympio e Ênio Silveira".

Hoje, com as mudanças decorrentes do acesso à rede mundial de computadores e no auge das discussões a respeito do Kindle, aparelho criado pela empresa americana Amazon com a função principal de ler *e-books* (livros digitais) e outros tipos de mídia, tais como jornais e *blogs*, resta às editoras e livrarias descobrir novos meios de atrair a atenção dos leitores. Muitas livrarias acreditam que, para isso, a saída é prosseguir investindo no atendimento de qualidade, com funcionários experientes e bem preparados.

E para melhor atender seus clientes, desde 2005 a Livraria Cortez inaugurou o piso com acesso à rua Monte Alegre. Com a reformulação, os Departamentos Comercial e de Marketing passaram a ocupar um espaço amplo no bairro da Lapa. Para além de comercializar os livros da Editora, que publica uma média anual de 70 títulos nas áreas de Educação, Serviço Social, Ciências

Ambientais, Ciências Sociais, Estudos da Linguagem, Fonoaudiologia, Psicologia e Literatura Infantojuvenil, o espaço também abriga eventos que privilegiam não só a literatura, mas o entretenimento e o lazer.

Além de favorecer a comunidade, as atividades funcionam como uma espécie de reciclagem para os funcionários. É o caso de eventos culturais como os tradicionais saraus, oficinas, lançamentos, Círculo de Leitura, Cine Reflexão e as Contações na Cortez, que, por meio da narração de histórias, buscam estimular nos pequenos o gosto pela leitura.

Uma das atrações que vem chamando mais atenção do público e da mídia é o "Cordel na Cortez", evento que acontece desde 2002 e já está em sua sexta edição. Idealizado por Gilmar de Carvalho, professor da Universidade Federal do Ceará (UFCE), o encontro tem duração de uma semana e, uma vez por ano, reúne poetas, cordelistas, xilogravuristas, educadores e estudiosos do folclore nordestino. Tudo indica que o Cordel na Cortez é o único projeto deste porte realizado por uma livraria. A ideia é dar maior visibilidade à Literatura de Cordel, que enfrenta grande dificuldade de encontrar espaço tanto em outras livrarias, quanto nas pautas da mídia impressa ou eletrônica.

Além da venda de clássicos de autores consagrados do gênero, o evento apresenta, ainda, exposição e cursos de xilogravura para adultos e crianças, apresentações de poesia e música, oficinas e palestras sobre métrica, rima e história do Cordel. Regado a petiscos tipicamente nordestinos, o encontro vem se mostrando como valiosa fonte de informação para pesquisadores e interessados no tema. Em 2008, o Cordel na Cortez apresentou uma programação mais abrangente, com presença ainda maior de artistas e profissionais representativos desse segmento.

Mesmo com os pés fincados nas experiências dinâmicas que garantem a aprovação dos novos clientes, o histórico tradicional da Editora e da Livraria ainda é o maior responsável por atrair o público da loja. Para se ter uma ideia, em outubro de 2008, a revista *Época*, de circulação nacional, publicou matéria divulgando os 170 melhores endereços de São Paulo. Na enquete, a Livraria Cortez foi escolhida como Livraria "Cabeça" porque, de acordo com a publicação: "(...) há 28 anos, atrai intelectuais e acadêmicos, principalmente da área de humanas". O texto ainda ressalta que na livraria "(...) tratados de sociologia, ensaios psicanalíticos, estudos sobre semiótica transformam-se em *best seller* (...) obras de Bobbio, Barthes, Gramsci, livros de interesse ainda mais específico como dicionários de filosofia e literatura de cordel têm lugar cativo nas prateleiras (...)".

Graças a essa diversidade de ações e do reconhecimento do público, o faturamento da livraria se manteve em ascendência nos últimos anos, a despeito de o segmento livreiro ter sofrido reveses consideráveis devido à concorrência decorrente, principalmente, das ações agressivas de empresas especializadas em vendas virtuais, que vêm ganhando força e imprimindo uma marca cada vez mais forte no mercado.

Já as vendas de *e-commerce* da Livraria Cortez representam, hoje, 5% do faturamento da empresa. O segmento infantil e juvenil, por sua vez, cresceu 30% nos últimos dois anos. Mas o número mais curioso da saga de Cortez talvez venha do fato de que, em 1968, sua família era composta por 35 pessoas, tendo apenas um de seus membros, o primogênito de Mizael e Alice, atuando no segmento editorial e livreiro. De lá para cá, totalizando agora 105 integrantes, a família possuí 22 pessoas inseridas nesse mercado.

É essa a "Cortez do Cortez". O homem que, de sol a sol, no cabo de enxada, lutava para extrair do solo os alimentos que garantiriam sua sobrevivência, bem como a de sua família. O Cortez que singrou mares, trabalhando na quentura da casa das máquinas, nas profundezas dos navios que cruzavam oceanos. O Cortez que, ainda marinheiro, iria se rebelar contra os maus-tratos e aderir à revolta que ocasionou sua expulsão das forças armadas. O Cortez da São Paulo cuja complexidade lhe ofereceu, a princípio, a sensação de fracasso. O Cortez lavador de carros, manobrista, equilibrista, saudoso de sua gente. O Cortez esforçado, arretado, cabra danado que conseguiu a façanha de passar no vestibular de uma das melhores universidades do país. O Cortez de colarinho branco, fazendo contas na Ceagesp. O Cortez vendedor de livros. O Cortez fiador. O Cortez que doava livros. O Cortez que deu lição de moral no assaltante. O Cortez agregador, batalhador, espécie de pássaro que insistiu em abrigar grande parte de sua família sob suas asas. O Cortez formador de opiniões, professor informal de mercado editorial, dançarino de forró, mascate, mercador, desbravador, rapaz e editor latino-americano, sertanejo, idealista, quixotesco, sonhador, nordestino, índio, paulista, cidadão daqui, de lá, do mundo! O Cortez, por fim, brasileiro: esse ser miscigenado, misto de tudo e, ao mesmo tempo, único. O Cortez em cujo peito pulsa um coração cortês.

CORTEZ
A saga de um sonhador

ENCARTE DE FOTOS

As fotos que integram esta obra pertencem, em sua maioria, ao acervo pessoal do biografado José Xavier Cortez e também da Cortez Editora e Livraria. Em algumas fotos de eventos da empresa, já não foi mais possível identificar os autores das fotografias. Porém, em futuras edições, ficaremos felizes em creditar as fontes, caso se manifestem.

Cortez e Potira, no canto esquerdo (ele, sentado; ela, em pé), reunidos com a família de Potira, em Osasco. Enilson, irmão de Cortez, aparece sentado, à direita.

Leobaldo, ao lado da antiga Livraria Cortez & Moraes Ltda., na Rua Curt Nimuendaju. Novembro de 1975.

Acervo família Cortez

Passeios dominicais no Parque do Ibirapuera. Da esquerda para a direita: Erivan, Mara e Marcia.

Acervo família Cortez

Da esquerda para a direita (em pé): Dedé (Seu Gomes), Joaci e Brazinho. Agachados: Cortez (à esquerda) e Leobaldo: fazendo pose para a posteridade, em São Paulo, 1975. Final do jogo: 3x3.

Capa da 1ª edição de *Metodologia do Trabalho Científico*,
primeiro livro publicado pela Cortez & Moraes, em 1975.

A sede da Cortez Editora na rua Bartira, 387, pouco antes da mudança para a esquina da rua Bartira com a Monte Alegre.

Acervo família Cortez

Do sertão de Currais Novos ...

Acervo família Cortez

... para a neve de Innsbruck, Áustria, 1994.

Da esquerda para a direita: Potira, Francisca Eleodoro Severino, Prof. Severino, Cortez, e José Paulo Netto. Lisboa, 1993.

Cortez, à esquerda, de óculos e gravata azul clara, representando a Câmara Brasileira do Livro, na Feira Internacional do Livro de Guadalajara. À sua frente, de jaqueta marrom, o então presidente do México, Carlos Salinas de Gortari.

Cortez, à direita; Erivan, à esquerda, e, ao centro, o amigo Alexandre Psillakis.

Guilherme Loureiro

Acervo família Cortez

O editor José Xavier Cortez, na Suíça, 1994.

Cortez e Erivan na Piazza
San Marco, Veneza, Itália.

Cortez no Vaticano.
Outubro de 1994.

Acervo Cortez Editora

Cortez e Paulo Freire, 22 de agosto de 1996.

Acervo Cortez Editora

Cortez e o autor Boaventura de Sousa Santos, recebendo
o Prêmio Jabuti de 1994, categoria Ciências Humanas.

Da esquerda para a direita: Antonio Carlos Caruso Ronca, então reitor da PUC-SP, Cortez, o professor Antônio Joaquim Severino e o professor Mario Sergio Cortella, na inauguração da Livraria Cortez, em 19 de março de 1998.

Evento na Livraria Cortez com o bibliófilo José Mindlin, à esquerda, o professor e tradutor Ricardo Araújo, ao centro, e o poeta e tradutor Haroldo de Campos, à direita.

Da esquerda para a direita: Marieta dos Santos Koike, Carlos Montaño, Maria Cecília Vega e Cortez, no lançamento da *Biblioteca Latinoamericana de Serviço Social*, em Porto Rico, julho de 1997.

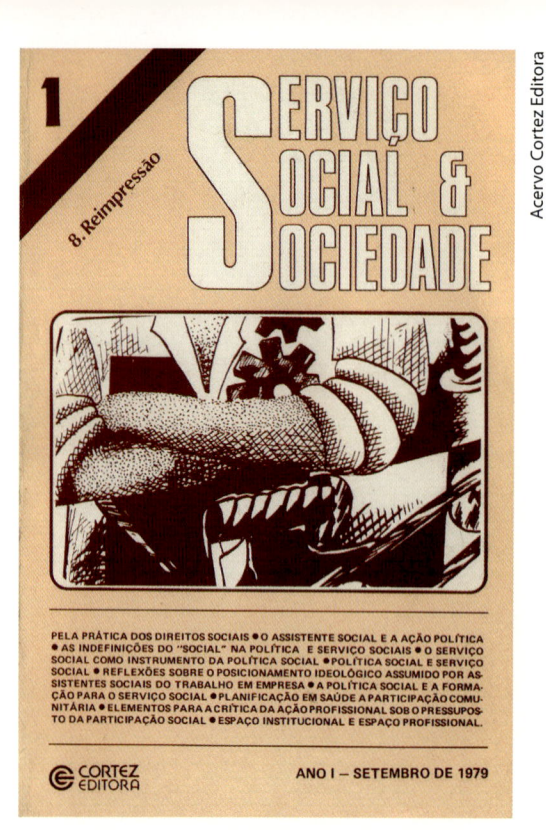

Acervo Cortez Editora

Capa do 1º número da *Revista Serviço Social & Sociedade*, publicada pela Cortez Editora há 30 anos.

O histórico número 100 da
Revista Serviço Social & Sociedade.

Acervo Cortez Editora

Década de 90: Cortez à esquerda, reunido com os integrantes do Conselho da *Revista Serviço Social & Sociedade*.

Acervo Cortez Editora

Evento comemorativo dos 30 anos da Revista Serviço Social & Sociedade, em 28 de agosto de 2009.
Ao centro da mesa, a assistente social e ex-prefeita de São Paulo, Luiza Erundina, hoje deputada federal (PSB-SP).

Acervo Goimar Dantas

A miniatura de casa de taipa típica do sertão nordestino, criação dos artesãos Marlos Camilo e Ruy Mazurek, enfeita o escritório do editor.

Acervo Goimar Dantas

O Sítio Santa Rita, em Currais Novos, do modo como é hoje: espécie de portal. Espaço mítico para todos os integrantes da família Cortez.

Família reunida.
Da esquerda para a direita: Potira, Mara, Cortez, Marcia e Miriam.

Da esquerda para a direita: o trio parada dura formado por Miriam, Marcia e Mara
bota pra quebrar na IV Bienal da Família, em 2008.

Os dez irmãos na IV Bienal da Família, em 2008. Da esquerda para a direita, a partir da segunda fileira: Cortez, Antonio, Luiz, Francisca (Santa), Cleodon, Enilson, Seu Gomes, Adaílson, Veralucia e Íris.

Parte dos integrantes da IV Bienal da Família se reúne para evento no Sítio Santa Rita.

A coleção *Atlas da Exclusão Social* integra a área de Ciências Sociais da Cortez Editora.

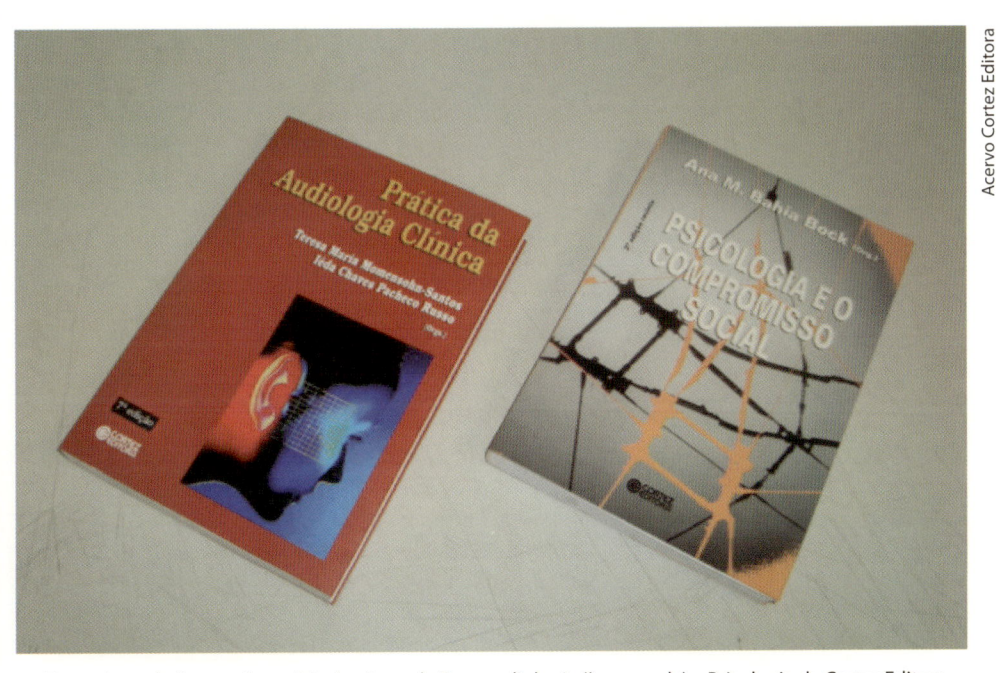

Exemplares de livros referenciais das áreas de Fonoaudiologia (à esquerda) e Psicologia da Cortez Editora.

Acervo família Cortez

As irmãs de Potira: Vera, à direita, de camiseta preta, e Frida, à esquerda, de óculos e casaco bege, reúnem-se com parte da família Cortez, em almoço realizado em setembro de 2009.

Receber a família em casa é uma das maiores alegrias de Cortez.

Acervo Goimar Dantas

Cortez, no Parque da Água Branca, com a turma da ginástica, sob a coordenação do professor Emerson Gimenes da Silveira, que aparece do lado esquerdo de Cortez.

Acervo Cortez Editora

Bienal do Livro de Natal, 2007.

Workaholic assumido, Cortez costuma trabalhar todos os dias da semana. Corre à boca pequena que só não dorme na editora porque não há espaço para colocar uma cama no local.

Boa parte dos contatos profissionais e pessoais que Cortez cultiva ao longo do anos podem ser encontrados nos registros caóticos da agenda acima. São centenas de telefones, anotações e recados que o editor tem orgulho de decodificar.

Cortez (o terceiro da esquerda para a direita), ao lado dos ex-companheiros da Marinha, em evento realizado no Rio de Janeiro.

Da esquerda para a direita: Seu Gomes, Adailson, Cleodon, Cortez e Diógenes da Cunha Lima, na inauguração da uma das livrarias da rede Potylivros, em Natal.

Fachada da sede da Cortez Editora e Livraria, na Rua Monte Alegre, em Perdizes.

A área de Linguística da Cortez Editora reúne em seu catálogo autores referenciais no Brasil.

O autor Nilson Moulin e o editor José Xavier Cortez recebem o prêmio
de *Melhor Livro Informativo*, da Fundação Nacional do Livro Infantil e Juvenil (FNLIJ),
pela obra *Leonardo desde Vinci*, escrita em coautoria com o ilustrador Rubens Matuck.

Acervo Cortez Editora

Cortez recebendo o título de Cidadão Paulistano pelas mãos do
então vereador Carlos Giannazi, hoje deputado estadual (PSOL-SP).

Estande da Cortez Editora na XIV Bienal Internacional do Livro do Rio de Janeiro. Setembro de 2009.

Acervo Cortez Editora

Evento em homenagem ao pensador francês Edgar Morin, em 17 de julho de 2009,
na Livraria Cultura do Shopping Bourbon Pompeia.

Acervo Cortez Editora

Os autores Antônio Joaquim Severino, Zilma Ramos de Oliveira e Selma Garrido Pimenta
participam de seminário na IV Bienal Internacional do Livro de Alagoas.

Cortez ao lado de Inês Cristina Faustino, sua parceira de forró há mais de dez anos.

Cortez e a inseparável turma do forró, no Restaurante Andrade.

O SEMEADOR DE LIVROS

DE WAGNER BEZERRA

A SAGA DO EDITOR JOSÉ XAVIER CORTEZ
UM NORDESTINO QUE FEZ
DOS LIVROS A SUA PRÓPRIA HISTÓRIA.

ROTEIRO
HELOISA DIAS BEZERRA E WAGNER BEZERRA

Realização:

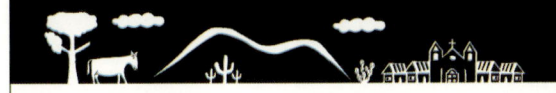

Co-produção:

Capa do DVD do documentário *O Semeador de Livros*, de Wagner Bezerra, lançado em março de 2010.

Elaine Nunes, Cortez, Evaldo Vieira e Danilo Morales, no evento
dos 30 anos da Cortez Editora, no TUCA, em 1º de março de 2010.

Familiares, amigos e representantes do mercado editorial e livreiro prestigiaram os 30 anos da Cortez Editora.

Comunidade Comunicação

Da esquerda para a direita: Fábio, Lucinda, Cortez, Marcos, Crispiniano e Amir.

Comunidade Comunicação

Ednilson, Erivan, Cortez, Seu Gomes e Laércio comemoram as três décadas da Cortez Editora.

Levado ao palco de surpresa pelo senador Eduardo Suplicy, Cortez dança forró com a mezzosoprano Luciene Weiland, no TUCA, no evento dos 30 anos da Cortez Editora e Livraria.

Entrevistados

Adailson Xavier Gomes

Alda Vieira de Freitas

Agnaldo Alves de Oliveira

Alfredo Weiszflog

Alfredo Xavier Gomes

Amir Piedade

Antonio Erivan Gomes

Antônio Joaquim Severino

Antonio Xavier Gomes

Braz Dantas Cortez

Carlos Giannazi

Carlos E. Montaño

Cirlane Cristina de Souza

Cristina Viana

Danilo A. Q. Morales

Demerval Mattos Júnior

Elaine Nunes

Elisabete Borgianni

Elsa del Milagro Bailón

Emerson Gimenes da Silveira

Enilson Xavier Gomes

Francisca Xavier Gomes

Francisco Chagas Garcia

Francisco Ednilson Xavier Gomes

Geraldo Takeshi Enokihara

Gilvan Henrique

Inês Cristina Faustino

Íris Xavier Gomes

Itã Cortez

Jair Canizela

Joabel Rodrigues de Souza

João Antônio de Medeiros Neto

José Castilho Marques Neto

José Garcia Filho

José Nizário Gomes

José Oscar Beozzo

José Paulo Netto

Leobaldo Dantas Cortez

Letícia Gomes Ferraz Taboada

Lourdes Alves de São Leão

Luiz Antônio de Mello Lula

Luiz Gonzaga Cortes

Manoel Bueno de Lima

Mara Regina Beserra Xavier Cortez

Marcel Cleante

Marcia Beserra Xavier Cortez

Marcílio Rodrigues de Carvalho

Marcos Cezar de Freitas

Maria Clara Gomes Ferraz Taboada

Maria do Socorro Dantas

Maria da Guia de Souza Silva

Maria das Graças Soares Rodrigues

Maria de Fátima Dantas

Maria do Carmo Oliveira

Maria do Céo Alves

Maria Isabel Braun

Maria Júlia de Paiva

Maria Teresa Santos Cunha

Marilda Iamamoto

Marilu Garcia do Amaral

Maura Pardini Bicudo Véras

Miriam Beserra Xavier Cortez

Mizael Xavier Neto

Neusa Tomie Miabayashi Enokihara

Orozimbo José de Moraes

Osmar Correia da Cunha

Pedro José Fanelli

Potira Beserra Xavier Gomes

Regina Oliveira

Rava Feldman

Rita Raul da Silva

Rodney Galan Taboada

Rosely Boschini

Rossana Ramos Henz

Simone Pereira Siqueira Campos

Teresa Sales

Valdir Marinho Lobato

Veralucia Xavier Gomes Dantas

Wagner Bezerra

Zeno Xavier Dantas

Bibliografia

ANDRADE, Carlos Drummond de. *Reunião:* 10 livros de poesia. 8. ed. Rio de Janeiro: J. Olympio, 1977.

ALBUQUERQUE JR., Durval Muniz de. *A invenção do Nordeste e outras artes.* 4. ed. rev. São Paulo: Cortez, 2009.

ASSIS, Ângelo. *Dicionário gonzagueano, de A a Z.* São Paulo: Edição do autor, 2006.

BANDEIRA, Manuel. *Estrela da vida inteira.* 19. ed. Rio de Janeiro: José Olympio, 1991.

BOAS, Sergio Vilas. *Biografias & biógrafos* — Jornalismo sobre personagens. São Paulo: Summus, 2002.

_____. *Perfis e como escrevê-los.* São Paulo: Summus, 2003.

_____. *Biografismo* — Reflexões sobre as escritas da vida. São Paulo: Editora Unesp, 2008.

BOSI, Ecléa. *O tempo vivo da memória* — ensaios de psicologia social. 2. ed. São Paulo: Ateliê Editorial, 2003.

_____. *Memória e sociedade* — Lembranças de velhos. 3. ed. São Paulo: Companhia das Letras, 1994.

DINES, Alberto. *Morte no paraíso* — A tragédia de Stefan Zweig. 3. ed. ampl. Rio de Janeiro: Rocco, 2004.

FARIAS, João Batista-Campos-de. *Do acolhimento no doce lar... À bienal familiar.* Cordel. Currais Novos: Julho de 2008.

GONÇALVES, Ruy Mendes. *O serelepe.* São Paulo: Saraiva, 2009.

MEDINA, Cremilda. *A arte de tecer o presente* — Narrativa e cotidiano. São Paulo: Summus, 2003.

MEDINA, Cremilda. *Entrevista* — O diálogo possível. 5. ed. São Paulo: Ática, 2008.

NETTO, José Paulo. *Capitalismo monopolista e serviço social*. 4. ed. São Paulo: Cortez, 2005.

_____. CARVALHO, M.C. Brant. *Cotidiano:* conhecimento e crítica. 7. ed. São Paulo: Cortez, 2005.

NEVES, André. *Sebastiana e Severina*. São Paulo: DCL, 2002.

OYAMA, Thaís. *A arte de entrevistar bem*. São Paulo: Contexto, 2008.

PEREIRA, Mario José. *José Olympio* — O editor e sua Casa. Rio de Janeiro: Sextante, 2008.

RIBEIRO, Jonas. *A vez do menino Cortez*. São Paulo: Cortez, 2005 (edição não comercial).

ROSA, João Guimarães. *Grande sertão: veredas*. 19. ed. Rio de Janeiro: Nova Fronteira, 2001.

SALES, Teresa. *Brasileiros longe de casa*. São Paulo: Cortez, 1999.

SOARES, Antônio Jorge. *Histórias do Sítio* — Quarenta e seis razões para não esquecer o Sítio Santa Rita. Currais Novos: Edição do Autor, 2006.

SOUZA, Joabel Rodrigues de. *Totoró* — Berço de Currais Novos. Natal: Editora da UFRN, 2008.

Mídia eletrônica

"Do garimpo à edição de livros", *PublishNews*, São Paulo, 27 abr. 2005.

Homenagem ao Sr. Cortez, XI Congresso Brasileiro de Assistentes Sociais. Fortaleza, out. 2004 (CD).

GONÇALVES FILHO, Antônio. "Temas polêmicos na literatura infantojuvenil", *PublishNews*, São Paulo, 23 mar. 2004.

"José Xavier Cortez", programa *Jô Soares Onze e meia*. 16 mai. 2008.

Sebastiana e Severina: Um drama nordestino, disponível em: http://nastrilhasdaliteratura.blogspot.com/2010/01/sebastiana-e-severina-um-drama.html, acesso em 14 fev. 2010.

LIMA, Paulo. "Faulkner no Brasil — Romance recria a visita que o escritor americano fez a São Paulo", disponível em http://www.sergipe.com.br/balaiodenoticias/paulo_118. htm, acesso em 25 fev. 2010.

MAUÉS, Flamarion. "O momento oportuno: Kairós, uma editora de oposição", disponível em http://www.scielo.br/scielo.php?pid=S0101-90742006000200006&script=sci_arttext, acesso em 20 abr. 2010.

NEOTTI, Clarêncio. "Cem anos da Revista de Cultura Vozes", disponível em http://www. intercom.org.br/boletim/a03n68/memoria_vozes.shtml, acesso em 25 fev. 2010.

Documentos impressos

"Cidadão Paulistano", *Tribuna do Norte*, Natal, 16 abr. 2005.

"De pequeno agricultor no Seridó para editor de livros acadêmicos", *Diário de Natal*, Natal, 28 jun. 2002.

"Eleições na ABDR", *Leitores e Livros*, São Paulo, 22 mar. 2003.

"Livraria Cabeça", *Revista Época*. São Paulo, nov. 2008.

"Um editor com a cara do Brasil", *Revista Fale*, Fortaleza, out. 2004.

AMARAL, Marilu G. "Cortez é homenageado pela Câmara Municipal: diretor-presidente da Livraria e Editora Cortez recebe título de cidadão paulistano", *Amigos do Parque*, São Paulo, jun. 2005.

ARAÚJO, Ricardo. "De flanelinha a editor", *Jornal de Brasília*, Distrito Federal, 7 jan. 2001.

ALBUQUERQUE, Nelson. "Muito além de uma livraria", *Diário do Grande ABC*, Santo André, 6 dez. 2003.

BRANDÃO, Ignácio de Loyola. "No forró, deixar-se levar", *O Estado de S. Paulo*, São Paulo, 16 jan. 2009.

CREDIDIO, Valéria. "Conquistando o público infantil", *Diário de Natal*, Natal, 19 jun. 2004.

CORTEZ, José Xavier. "A importância do livreiro", *Leitores & livros*, São Paulo, ago. 2002.

CORTEZ, José Xavier. "Amadorismo em Guadalajara", *Gazeta Mercantil*, São Paulo, 12 jan. 2004.

DENARDI, Eveline. "Universidade combate cópias ilegais de livros", *Jornal da PUC*, 1ª quinzena, abr. 2003.

FRANCERLE, Francisco. "O exemplo de Cortez", in: *Diário de Natal*, Natal, 26 jun. 2006.

GADOTTI, Moacir. "José Xavier Cortez — Trajetória de um editor comprometido com a educação", *Diário de Natal*, 26 mar. 1996.

GIANNASI, Igor. "Livraria promove feira e mostra de obras de cordel", *O Estado de S. Paulo*, 28 jun. 2002.

NEVES, Cássio Gomes. "Ano dos livros na Sacadura — Crescente interação entre Livraria Cortez e comunidade andreense aponta sucesso em inclusão social", *Diário do Grande ABC*, Santo André. 10 dez. 2004.

PACHECO, Thiago. "Um livreiro nascido na PUC", *Jornal da PUC*, 1ª quinzena, jun. 2001.

SALLOWICZ, Mariana. "Cortez Editora aplica R$ 1,5 mi e aposta no setor infantojuvenil", *DCI,* São Paulo, 26 mar. 2004.

SANTIAGO, Vandeck. "Pirataria assombra segmento editorial", *Diário de Pernambuco,* Recife, 1 out. 2003.

Contatos:

Teresa Sales
e–mail: tsales@uol.com.br

Goimar Dantas
e–mail: goimar@uol.com.br

José Xavier Cortez
e–mail: cortez@cortezeditora.com.br